Behr/Pfleger · Schach-WM 1995

PraxisSchach

Band 22

Herausgegeben von
IGM Viktor Kortschnoi
IGM Helmut Pfleger
EGM Rudolf Teschner

1995
EDITION OLMS

André Behr und Helmut Pfleger

Schach-WM 1995
Kasparow – Anand

Ausführliche Kommentare zu allen Partien
von den Großmeistern Michail Gurewitsch,
Artur Jussupow, Viktor Kortschnoi, Ian Rogers
und Elisbar Ubilawa

Mit einem Bericht zur WM der Micro Computer
13. ICCA 1995 in Paderborn

1995
EDITION OLMS

Von Helmut Pfleger ist in der Edition Olms bereits erschienen:

Taktik und Witz im Schach	ISBN 3-283-00252-5
Schach-WM 1993	ISBN 3-283-00276-2
So denkt ein Großmeister	ISBN 3-283-00217-3

Die Deutsche Bibliothek – CIP-Einheitsaufnahme

Behr, André / Pfleger, Helmut:
Schach-WM 1995, Kasparow – Anand / Helmut Pfleger
und André Behr. Ausführlich kommentiert von M. Gurewitsch,
A Jussupow, V. Kortschnoi, I. Rogers und E. Ubilawa.
Beigebunden: Bericht zu WM der Micro Computer
- Hombrechtikon / Zürich: Edition Olms, 1995
(Praxis Schach, Bd. 22)
ISBN 3-283-00295-9
NE: Praxis Schach

Breitlenstr. 11 · CH-8634 Hombrechtikon/Zürich

Printed in Germany
Gedruckt auf säurefreiem und alterungsbeständigem Papier

Herstellung: Druckhaus Friedr. Schmücker GmbH, D-49624 Löningen
Umschlag: Prof. Paul König, D-31137 Hildesheim

ISBN 3-283-00295-9

Inhaltsverzeichnis

Die beiden Türme der Schach-WM: Das World Trade Center Downtown New York.

Foto: Thomas Frey

Die virtuelle Schach-Weltmeisterschaft

Von André Behr

Während wir an der Reling auf dem windigen Dach von Turm zwei des New Yorker World Trade Center lehnen und unsere Blicke dem Hudson River entlang flussabwärts bis zur Freiheitsstatue treiben lassen, die aus über 400 Meter Höhe wie eine Miniatur im Wasser zu stehen scheint, wundert sich der kleinere der beiden deutschen Journalisten, warum das World Trade Center vom Boden aus gesehen viel weniger gross wirkt, als wenn man oben steht und hinunterschaut. «Das liegt wohl daran», bemerkt er dann, «dass man aus einiger Entfernung an diesen Türmen die Fenster nicht sehen kann.»

Right. Als Fassaden ranken sich an den zwei Manhattaner Riesen ineinander verschlungene orientalische Verstrebungen hoch. Ein Auge, das von unten die Höhe abschätzen will, findet nichts, an dem es sich vergleichend festhalten kann.

Der philosophisch gestimmte Deutsche, der den ersten freien Tag nach dem Finale des US Tennis Open hergegeben hatte, damit er vor der Rückreise über den Atlantik noch beim Auftakt der Schach-Weltmeisterschaft zwischen Titelverteidiger Garri Kasparow und Herausforderer Anand Viswanathan dabeisein kann, hatte seinen Gedanken so unvermittelt und unbeschwert geäussert, dass es Zeit brauchte, bis eine Parallele gezogen war.

Unter dem Druck der lästigen Kritik, vor allem in den europäischen Medien, hüllen sich auch die beiden Wahrzeichen der Professional Chess Association (PCA) in ornamental gewundene Superlative, bis einem schwindlig wird. Bob Rice, der bleiche New Yorker Anwalt und Geschäftsführer der veranstaltenden PCA, wollte die Geschichtsschreibung schon vor Beginn des Wettkampfs davon überzeugen, dass seine Schach-WM «auf dem Gipfel der Welt», das heisst auf dem Observation Deck des Two World Trade Center, die technisch modernste sei. Und Garri Kasparow, der dynamische russische Weltmeister, forderte seit Jahren das träge Schachvolk heraus, endlich auf seine Richtung umzuschwenken und einzusehen, dass der eingeschlagene Weg der 1993 gegründeten PCA der allein richtige in eine erfolgreiche Zukunft sei. Das zweite PCA-WM-Match vom 11. September bis zum 10. Oktober, beharrte Kasparow stellvertretend für die PCA an der Pressekonferenz auch nach seinem 10½:7½-Sieg über Anand, kröne den ersten WM-Zyklus der PCA und sei ein historischer Moment in der Schachgeschichte: «Wir haben bewiesen, dass Schach als professioneller Sport bestehen kann.»

Wenn Kasparow etwas erreichen will, pokert er hoch. Im Kampf um die Werbegelder, ohne die kein Spitzensport professionell betrieben werden kann, muss man das. Die PCA kann da keine Ausnahme sein, und sie hat zu Recht darauf bestanden, dass man ihr eine Chance gibt. Zu lange dümpelt der Weltschachverband FIDE chaotisch in seichten Gewässern daher. Nur nützen sich Superlative superschnell ab. Sie haben keine Steigerungsform. Deshalb geben viele Kasparow misstrauisch die Frage zurück, die er selber an die FIDE stellte: Was will die PCA?

Weil in Schachkreisen nicht alle die Arbeit der PCA loben, lobt sie sich selber. Dieser PR-Trick gefällt den Sponsoren, Zuschauern und Grossmeistern jedoch weniger. Sieht man davon ab, dass die WM-Züge in New York erstmals über Internet abrufbar waren, reduzieren sich die Fortschritte der PCA-Version 1995 gegenüber früheren WM-Veranstaltungen auf Bequemlichkeiten: Als VIP-Zuschauer durfte man in Sichtweite der Spieler reden, eine

Fototermin auf dem «Gipfel der Welt» vor dem Match.
Foto: Albert Toby

Pizza verdrücken oder eine King-size-Cola schlürfen, ja sogar ein Baby konnte schreien, ohne dass Kasparow oder Anand hinter ihren Windows in der Spielkabine, wo vor dem Match ein Souvenirladen stand, zusammengezuckt wären und Ordnungskräfte eingriffen. Nicht dass der Lärm nicht zu hören war, aber die Spieler mussten mitmachen in diesem «Zirkus», wie ein Reporter den Anlass beschrieb.

Die New Yorker WM, so betont die PCA, war ein Anfang. Man habe eigene Vorschläge sowie lukrative Angebote, um beim nächsten Mal die auch von Kasparow unbestrittenen technisch-organisatorischen und spielerischen Mängel zu beheben. In den USA ist tatsächlich vieles möglich. Vielleicht lassen sich sogar grosse Medienkonzerne auf das Abenteuer Schach ein.

Skepsis über eine freudige Zukunft des Schachsports ist trotzdem berechtigt, solange die PCA nicht aus ihrer Verteidigungsposition herausfindet und sich der Kritik verschliesst. Unabhängig davon, ob die Vereinigung zwischen FIDE und PCA zustande kommt. Soll Schach auch nur annähernd so erfolgreich werden wie etwa Tennis, und das ist möglich, denn Schach ist internationaler als die meisten anderen Sportarten, müsste sich auch die PCA organisatorisch massiv verstärken. Intern oder durch Verträge mit fähigen Sportorganisationsfirmen.

Wer aber soll diese Umstrukturierungsarbeit leisten? Kasparow gefällt die Kleinheit seiner Gruppe, in der er das Sagen hat. Der Russe kümmert sich zwar als einziger Spitzenspieler darum, dass auch andere Grossmeister Geld verdienen können, aber er hat auch einen Titel zu verteidigen, und sein Einfluss auf WM-Zyklus und WM-Match erhöht die natürlichen Spannungen zwischen Weltmeister und Konkurrenz. Zudem sind die Sponsoren an der Vermarktung seines Genies interessiert, weniger am Schach selber und kaum an der PCA in der heutigen Form. Kasparows Auftritte garantieren die Einschaltquoten. Das allein genügt jedoch nicht für eine Veränderung im Schachsport, die Bestand haben soll. Jede Pyramide braucht eine tragfähige Basis.

In New York, das jeden Tag Dutzende von Grossereignissen anzubieten hat, konnte die PCA die Basis noch nicht erreichen. Die Medienpräsenz der WM war keineswegs rekordverdächtig, wie behauptet wird, und vor der Kasse zum Observation Deck kehrten die meisten Touristen um, weil sie nicht einsahen, warum sie wegen zweier Schachspieler statt sechs Dollar fünfzehn bezahlen sollen, wenn sie doch die in jedem Reiseführer beschriebene fantastische Rundsicht geniessen wollen. Ohnehin waren die Räumlichkeiten für mehr

als 400 Zuschauer ungeeignet.
Deshalb wurde das wichtigste Ereignis des Schachkalenders bisher fast immer in einem Theatersaal gefeiert. Keineswegs perfekt, aber bestimmt zuschauerfreundlicher. In New York hat die PCA auch diesen klassischen Rahmen verlassen. In gewisser Weise war das Match Kasparow vs. Anand die erste virtuelle Schach-WM, mit einem «Aquarium» als Spielraum und einigen Studiogästen, aber computervernetzt mit der Welt. Diese Ansätze wären ausbaubar. Das privatisierte Observation Deck wird nächstens zu einem multimedialen Spektakelpark umgebaut. Dann kann Schach vom «Dach der Welt» ganz abheben, und die Zuschauer dürfen sitzend im geplanten «television theatre» oder zu Hause vor dem Monitor durch die Adern eines gigantischen Variantenbaumes hinaus ins Schachuniversum fliegen.

Der Weltmeister (l.) und sein Herausforderer: Small Talk an der Eröffnungsfeier.

Foto: Michael Kupferschmidt

Dank an die Mitarbeiter: Die folgenden Texte sind auszugsweise im Zürcher «Tages-Anzeiger» erschienen, dessen Infrastruktur, insbesondere das Korrektorat, eine wichtige Ressource war. Die Autoren sind sich bewusst, dass Partieanalysen grundsätzlich lükkenhaft sind. Besonderer Dank gehört neben den Kommentatoren und dem Reinkarnations-Psychologen Albert Toby, die immer für Fragen offen waren, dem deutschen Journalisten und Internationalen Meister Stefan Löffler, ohne dessen grosse Fantasie, Gedächtnis und Redigierarbeit dieses Buch so nicht hätte erscheinen können; dem Stadtzürcher Grafiker und Layouter Beat Almstädt, der mit seinem Power-MacIntosh einstieg, wo andere aussteigen, und fast Unmögliches möglich gemacht hat; dem Internationalen Meister Beat Züger aus Siebnen, der die Züge in Zeitnot noch einmal überprüft hat und – last, but not least – meiner Lebensgefährtin Marlene Frei für ihre Liebe, sowie dem Verlag. Ihnen allen sind allfällige Fehler keinesfalls anzulasten.

Sizilianisches Grundlinienspiel

1. Partie

Das Gedränge auf dem Observation Deck des World Trade Center ist gross an diesem ersten Montag der New Yorker PCA-WM. Über 20 Fernsehkameras sind auf den Glaskasten im sogenannten Kingsclub gerichtet, in dem Garri Kasparow und Anand Viswanathan um 15.10 Uhr zu ihrer Auftaktpartie erwartet werden. Fotografen kämpfen um den besten Platz, dahinter warten die Journalisten, Offizielle, Betreuer oder Freunde der Spieler. Vor dem Treppchen, das zum Königsklub hinunterführt, der für VIP-Gäste oder Zuschauer gedacht ist, denen die exklusive Sicht auf die Spieler 75 Dollar Eintritt wert war, bildet sich eine Reihe, in der die Ungeduld wächst und zu Wutausbrüchen führt, je länger sich der WM-Beginn hinauszögert.

Kasparow sitzt gemütlich in seinem Ruheraum, Anand, der sich für die Fahrt hoch in den 107. Stock in die Schlange der Touristen hatte einreihen müssen, weil ihm ein übereifriger Wachmann den Zutritt zum hausinternen Aufzug verwehrt hatte, läuft im Zwischengang hinter der Spielkabine auf und ab. New Yorks

Die Show beginnt: New Yorks Bürgermeister Rudolph Giuliani eröffnet die WM (daneben Schiedsrichterin Carol Jarecki).
Foto: Michael Kupferschmidt

Bürgermeister Rudolph Giuliani, der jede Gelegenheit wahrnimmt, sich vor den Medien in Szene zu setzen, hat 15 Minuten Verspätung. Match-Schiedsrichterin Carol Jarecki nützt die Zeit, erklärt Kasparow und Anand den Ablauf der kleinen Eröffnungsszene und gibt ihnen letzte Tips, wann ein Lächeln in die Objektive die grösste Wirkung haben dürfte.
Dann endlich ist er da, der Bürgermeister, der allein schon mit seiner Präsenz die Wichtigkeit des Ereignisses untermauern soll, redet in seiner Begrüssung von New York, der Hauptstadt der Welt, die nun für fünf Wochen zur Hauptstadt im Weltschach werde, und schiebt dann nach dem Shakehands mit den Spielern im Blitzlichtgewitter der Kameras vor dem Glashaus auf dem Brett in der Kabine Anands c-Bauer zwei Felder nach vorne.
Giuliani hat zwar wenig Ahnung von Schach, und er dürfte kaum gewusst haben, dass Anand immer mit 1. e4 eröffnet; sein 1. c4 jedoch als amüsanten Missgriff oder als Ignoranz zu bezeichnen, wie das später vielerorts und genüsslich geschah, ist ungerecht. Denn Anand hatte sich einen Witz erlaubt, und nachdem der Bürgermeister und sein Gefolge zum nächsten Medientermin aufgebrochen waren, wurde laut Jarecki wie abgesprochen die Grundstellung wieder aufgebaut, und Anand eröffnete seinen mit so viel Hoffnung beladenen WM-Match gegen Kasparow mit dem Königsbauer.
Die Unruhe war überall spürbar. Während Kasparow sich wie erwartet im Scheveninger System auf seinen ersten drei Reihen einigelte, versuchten Techniker ein fehlendes Kabel zu finden, das die Video-Übertragung der Bilder aus dem Spielraum lahmlegte, und die Internetseiten mit den aktuellen Partiezügen waren auch noch nicht abrufbereit. Boris Gulko konstatierte im Presseraum ein «unsicheres Spiel in der Eröffnung», doch Anand setzte vor allem auf äusserste Vorsicht. Er liess seine Königsflügelbauern unberührt, setzte mit 18. Lh5 nur einmal kurz zum Angriff an, blies die Aktion aus Sicherheitsgründen aber sofort wieder ab und nahm gerade dann das erste Remis-Angebot des Weltmeisters an, als «Daily Telegraph»-Reporter Malcolm Pein für Weiss einen «sizilianischen Alptraum» aufziehen sah.
In der Pressekonferenz kurz nach der Partie, zu der immer der Sieger oder der Spieler mit den schwarzen Steinen erschien, gab Kasparow zu, dass er nervös gewesen sei. Er habe möglicherweise die etwas bessere Stellung gehabt, aber eine WM-Auftaktpartie habe ihre eigenen Regeln, und deshalb sei er mit dem Unentschieden zufrieden, zumal Anand die Eröffnungsphase schneller gespielt habe und im Zeitvorteil gewesen sei. «Anand und ich sind beides Spieler, die wie im Tennis zum Netz vorstürmen», hatte Kasparow im Vorfeld der WM einmal gesagt.
Diese 1. Partie war eher ein sizilianisches Grundlinienspiel.

Anand - Kasparow

Sizilianisch, Scheveninger
Kommentiert von Viktor Kortschnoi

1. e4

Anand Viswanathan beurteilt diesen ersten Zug als den solidesten und spielt ihn deshalb fast ausschliesslich. Nur in weniger bedeutenden Wettbewerben, wie etwa dem Schnell- und Blindschachturnier in Monte Carlo, lässt er sich mit Weiss auf geschlossene Positionen ein, die nach 1. d4 oder 1. c4 entstehen.

1. ... c5 2. Sf3 d6 3. d4 cxd4 4. Sxd4 Sf6 5. Sc3 a6

Kasparow wählt die scharfe Najdorf-Zugfolge,

auf die Nigel Short beim ersten PCA-WM-Match 1993 in London ehrgeizig mit 6. Lg5 und 6. Lc4 reagiert hatte.

6. Le2

Anand wählt eine ruhigere Fortsetzung als Short. Mit dem sogenannten Englischen Angriff 6. Le3 e6 7. f3, gefolgt von Dd1-d2, 0-0-0, g2-g4 usw., hat er zwar schon eine Reihe schöner Partien gewonnen. Doch gegen den gut vorbereiteten Kasparow spielt er betont solid, denn der Russe hatte in den Monaten vor dem WM-Match diesen Aufbau beim bulgarischen Newcomer Veselin Topalow zweimal widerlegt.

6. ... e6

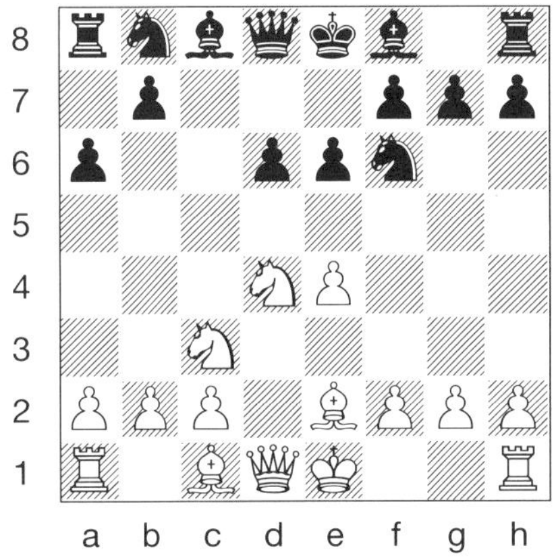

Die Najdorf-Fortsetzung 6. ... e5 ist Kasparow zu statisch. Das Scheveninger System zählt dagegen zu seinen stärksten Waffen. Schon vor Jahren habe ich die Behauptung aufgestellt: Wer Kasparow entthronen will, muss sein wichtigstes Verteidigungs- und Gegenangriffssystem durchbrechen. Nigel Short ist diesem Ziel vor zwei Jahren in London immerhin sehr nahe gekommen. Doch von den vier oder fünf vielversprechenden Stellungen, die er sich mit Weiss erspielt hatte, gewann er nur eine – die 16. Partie, als er im Match bereits hoffnungslos 4½:10½ zurücklag. Die Frage stellte sich also auch in New York: Kann Anand der Schachwelt im Scheveninger Neues zeigen?

7. a4

Ich sehe keinen Grund für diese frühe Prophylaxe, denn b7-b5 ist noch keine echte Drohung. Im Schach ist zuwenig Prophylaxe genauso gefährlich wie zuviel Prophylaxe!

7. . . . Sc6 8. 0-0 Le7 9. Le3 0-0 10. f4 Dc7 11. Dd2

So wurde das Scheveninger System bereits vor 70 Jahren bekämpft. Später kam die Umgruppierung Dd1-e1-g3 in Mode, aber nach direkt 11. De1 gleicht 11. ... Sxd4 12. Lxd4 e5 aus, denn gegen 13. fxe5 dxe5 14. Dg3 hat Schwarz 14. ... Lc5! zur Verfügung. Darum wird dieser Plan in der Regel mit 11. Kh1 vorbereitet.

11. ... Te8!?

Ein typischer Kasparow-Zug! Er hofft, dass später die e-Linie aufgeht, wenn Weiss aktiv wird.

12. Kh1

Wieder Prophylaxe. Die Alternative ist sofort 12. Tad1.

12. ... Ld7 13. Tad1 Tad8 (1.28)*

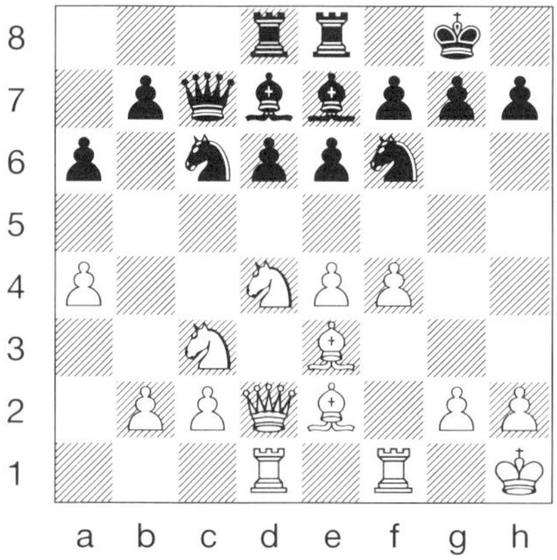

Manche Grossmeister würden diesen Turm eher nach c8 oder b8 stellen, doch Kasparow hat sich aufgrund seiner jahrelangen Erfahrung in diesem Stellungstyp ein eigenes Verständnis erarbeitet. Nun hat er in manchen Abspielen die Option, mit b7-b6 und Ld7-c8-b7 umzugruppieren, ohne seinen Turm einzusperren. Es ist typisch für Kasparow, dass er lieber die Spannung hält, statt mit 13. ... Sxd4 14. Lxd4 e5 zu vereinfachen.

14. Sb3 (1.52)

Dieser Rückzug ist gerechtfertigt wegen der Standarddrohung 14. ... Sxd4 15. Lxd4 e5. Trotzdem gefällt mir die Alternative 14. De1!? besser, denn nach 14. ... Sxd4 15. Lxd4 e5 16. fxe5 dxe5 gewinnt Weiss dank der Fesselung 17. Dg3! Material. Man sollte aber nicht vergessen, dass jeder Grossmeister seinen eigenen Stil hat.

14. ... Lc8 (1.22)

Kasparow folgt dem Plan, den er selber in die Praxis eingeführt hat. In ähnlicher Stellung wird gerne Sc6-a5 gespielt, damit nach einem Springertausch der Läufer nach c6 aufrücken kann. Dagegen spricht hier jedoch 14. ... Sa5 15. Sxa5 Dxa5 16. Lf3, und dank der Drohungen b2-b4, Sc3-d5 oder Dd2-f2 hat Weiss klaren Vorteil. Die 9. Partie ist ein gutes Beispiel für diesen Positionstyp.

15. Lf3 b6 (1.08) **16. Df2** (1.18) **Sd7**

Perfektes Timing auf engstem Raum. Die Schwächen am Damenflügel sind gedeckt. Dafür fehlen nun die schwarzen Figuren auf der anderen Seite. Dies müsste Weiss zu einem Königsangriff ausnützen können. Aber wie?

17. Sd4 (1.09)

Hat Weiss das schwarze Gegenspiel im Zentrum (d6-d5 oder e6-e5) unter Kontrolle, lanciert er oft einen Königsangriff, indem er den f- oder g-Bauer bis zur sechsten Reihe vorrückt und Linien öffnet. Anand operiert jedoch ausschliesslich mit den Figuren und lässt seine Bauern da stehen, wo sie sind!

17. ... Lb7 18. Lh5!? (0.58)

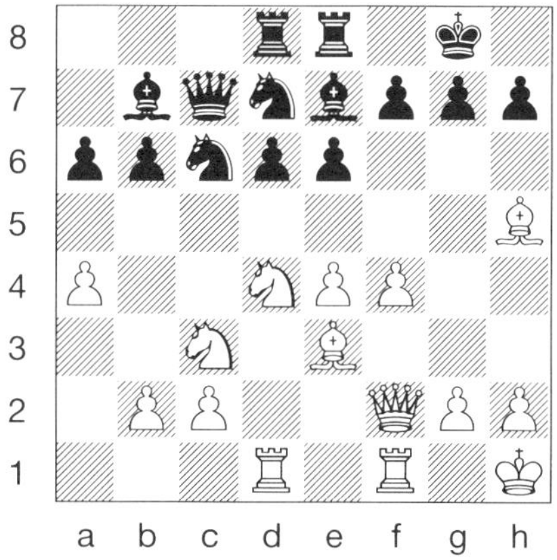

Anand will g7-g6 provozieren, worauf sich der Läufer nach f3 zurückzieht und der Vorstoss f4-f5 an Kraft gewinnt. Der Textzug stellt zudem zwei Fallen. Nach 18. ... Sxd4 19. Lxd4 Lf6? schlägt der weisse Angriff mit 20. e5! Le7 21. f5 durch, und das naheliegende 18. ... Sf6 führt nach 19. Sxc6 Dxc6 20. Lf3 Sd7 21. e5 d5 22. Ld4 zu weissem Vorteil.

18. ... Tf8! (0.55)

Kasparow ist und bleibt auf der Hut!

19. Dg3 (0.49)

Verpasst es Anand an dieser Stelle, Kasparow vor schwierige Verteidigungsaufgaben zu stellen? Sehr stark sieht 19. f5!? aus, denn Schwarz muss exakt spielen: 19. ... Sxd4! (aber nicht 19. ... Lf6? 20. Lxf7+!) 20. Lxd4 exf5 (wieder gewinnt nach 20. ... Lf6? 21. Lxf7+! Kxf7 22. fxe6+ Kxe6 23. Df5+ Kf7 24. Dxh7, zum Beispiel 24. ... Th8 25. Lxf6! Sxf6 26. Txf6+ Kxf6 27. Tf1+ usw.) 21. Dxf5 Lf6 (falls 21. ... Sf6 22. Le2, behält Weiss starken Druck am Königsflügel, und nach 21. ... g6?! 22. Df4! Se5 23. Dh6 kommt 23. ... Te8 mit der Standardidee Le7-f8-g7 zu spät wegen 24. Txf7) 22. Tf3! Se5 (nicht 22. ... g6? 23. Lxf6! oder 22. ... Lxd4? 23. Lxf7+ Kh8 24. Dxh7+! Kxh7 25. Th3 matt) 23. Th3 Lc8! 24. Lxf7+

Analysediagramm

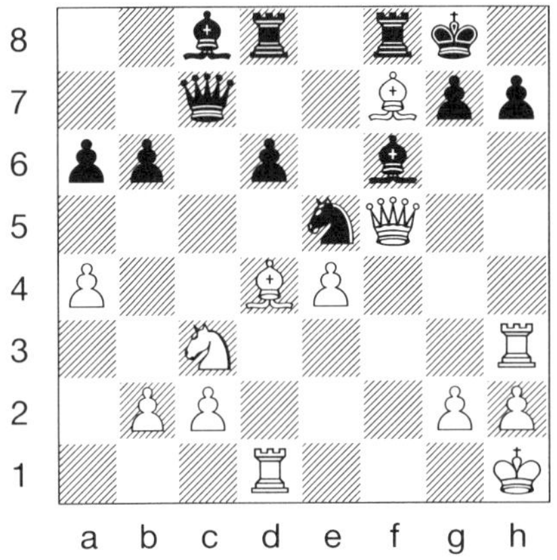

Kxf7 25. Dh5+, und wenn es sich hier einer leisten kann, die Zugwiederholung 25. ... Ke6 26. Df5+ Kf7 zu vermeiden, ist es Weiss, der mit zwei Bauern (h7 hängt) für die Figur und einem starken Springerposten auf d5 den exponierten schwarzen König bedrängen kann. Dieses Remis durch Dauerschach wäre jedenfalls ein würdiger Schluss dieser Auftaktpartie gewesen.

19. ... Sxd4 20. Lxd4 Lf6 (0.51) **21. Le2**

Weiss trommelt zum Rückzug.

21. ... e5 (0.38) **22. fxe5**

Im Vergleich zur Partie ist 22. Le3 exf4 23. Lxf4 Le5! für Weiss keine Verbesserung. Weil b6 nicht hängt, kann Schwarz die Umgruppierung Sd7-c5-e6 ins Auge fassen.

22. ... Lxe5 23. Df2 (0.40) **Sc5 24. Lf3**

Kasparow gab nach der Partie die Ausgleichsvariante 24. Lxe5 dxe5 25. Txd8 Txd8 26. Lc4 an.

24. ... Tfe8 25. h3 a5

Nach dem sofortigen 25. ... Lc6, wie Kasparow ursprünglich geplant hat, wäre a4-a5 unangenehm.

26. Tfe1 Lc6 27. b3 h6 remis (0.22 – 0.18).

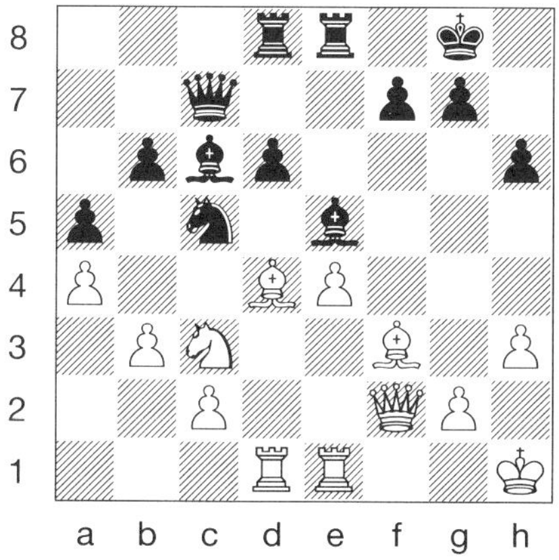

Zunächst erscheint der Bauer e4 anfälliger als sein schwarzer Kollege auf d6. Doch angesichts der etwas schlechteren Bedenkzeit bietet der Weltmeister Remis an, was sein Herausforderer lächelnd akzeptiert.

** Anmerkung zu den Bedenkzeitangaben: In Klammern ist die verbleibende Zeit, wie auf der Digitaluhr der Spieler angegeben, aber nur bei signifikantem Zeitverbrauch, d.h. ab etwa 3 Minuten. Dieses Prinzip wird nur unterbrochen, wenn sich der Hinweis lohnt, dass ein sehr starker oder sehr schwacher Zug besonders schnell ausgeführt worden ist. Die Bedenkzeit jedes Spielers betrug 2 Stunden für 40 Züge, dann 1 Stunde für die nächsten 20 Züge und anschliessend 30 Minuten für den Rest der Partie. Die Angaben stützen sich vor allem auf Schiedsrichterin Carol Jarecki, die die Bedenkzeit jedoch erst ab der zweiten Woche notiert hat. Für die ersten vier Partien liegen die Bedenkzeiten nur unvollständig vor.*

Makellose Verteidigung

2. Partie

So sicher Kasparows Verteidigung in der 1. Partie stand, so makellos erreichte auch Anand in seiner ersten Schwarz-Partie Remis. Das beeindruckte und steigerte bei seinen vielen Freunden im Presseraum zusätzlich die Hoffnung, dass dem Inder das Kunststück gelingen könnte, den Weltmeister zu besiegen. Auch Carol Jarecki wunderte sich. Nicht über die streng strategischen Züge der Spieler in dieser Partie, sondern über deren Nahrungsverbauch. Kasparow liess sich im Ruheraum Nussschokolade, zwei Bananen, einen Apfel und Schweppes bereitstellen, Anand Nüsse, Schokolade, Orangensaft und Mineralwasser, doch keiner von beiden machte Gebrauch davon. Dafür trank Kasparow den Tee, den ihm seine Mutter Klara Kasparowa immer brachte, die sich meist von der zweiten Spielstunde an in den Königsklub begab und zuschaute, während Anands Eltern häufiger schon zu Beginn jeder Partie in Sichtweite ihres Sohnes sassen.

Von den Fernsehkameras beim Auftakt blieben schon ab Partie zwei nicht mehr viele übrig. Dennoch galt für den teuren Königsklub sowie für den VIP-Raum auf der Südseite des Observation Deck eisern die Regel, dass Journalisten nur zu Beginn einer Partie hinein durften, danach mindestens in den ersten zwei Wochen nicht mehr, auch wenn die 50 Stühle weitgehend unbenutzt waren. So blieben denn vorbeiziehende Aussichtstouristen vor der fensterlosen Öffnung zum Kingsclub stehen und schauten verwundert auf die einsamen Spieler und die Schiedsrichterin in der Ecke des Glaskastens, die an ihrem Tischchen sass, auf dem ein Blumenstrauss und ein Monitor stand, und sich die Zeit damit vertrieb, die Angaben der Digitaluhr aufzunotieren und festzuhalten, wann Anand oder Kasparow den Raum verliessen und wieder zurückkamen.

Kasparow hatte in dieser 2. Partie also herausgefunden, dass Anand auf 1. d4 gut vorbereitet war, und auch Anand gab sich an seinem ersten Auftritt vor der Presse zufrieden: «Dies ist meine erste Weltmeisterschaft. Ich denke, jetzt bin ich im Match.» Von Albert Toby, dem Amsterdamer Freund und Begleiter Anands, konnte man später jedoch erfahren, dass Anand eine konventionelle Bühne lieber gewesen wäre als dieses «Aquarium», obwohl die technischen Anfangsprobleme behoben waren und auch die Kommentatoren gleich neben dem Spielraum ihre Mikrophone leiser eingestellt hatten.

Trotzdem drangen ihre Erklärungen für die jeweils vielleicht 300 Zuschauer noch bis ins «Aquarium» vor. «Ich werde mich wohl daran gewöhnen müssen», sagte Anand an der Pressekonferenz wie immer zurückhaltend, doch laut Jarecki soll er sich ihr gegenüber den Witz erlaubt haben: «Wenn der Lärm so bleibt, ist es mir recht, denn er stört Kasparow offensichtlich mehr als mich.» Auf den 40 Schritten, die Weiss zu seinem Ruheraum zurücklegen musste – die Aufenthaltszimmer wurden nach jeder Partie getauscht –, waren die grossmeisterlichen Bemerkungen bis zum Ende des Matchs deutlich zu hören.

Kasparow - Anand

Nimzoindisch

Kommentiert von Michail Gurewitsch

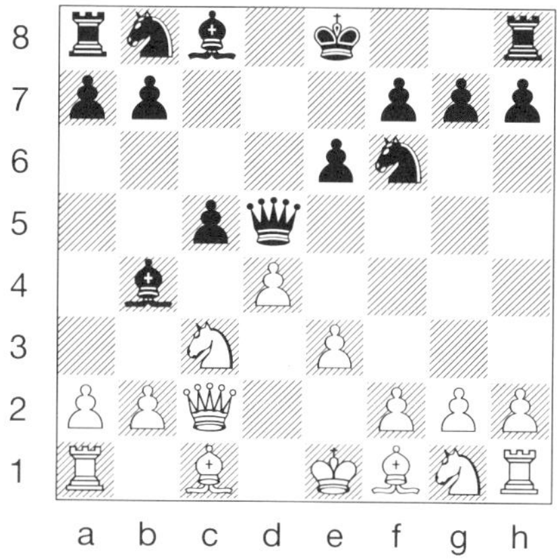

Nachdem Kasparow beim PCA-Turnier in Riga im April 1995 Anand im Stil der Romantiker mit dem Evans-Gambit in 25 Zügen geschlagen hatte, sagte er später in Moskau zu mir mit einem Lachen: «Anand muss auf die ganze Bandbreite der alten Eröffnungen gefasst sein.» Man konnte also sicher sein, dass Kasparow in New York 1. e4 spielen würde. Die Frage war nur: Wann?

1. d4!?

Vermutlich war dies nicht nur für die zahlreichen Grossmeister in New York eine Überraschung, sondern auch für Anand. Doch dies gehört zu Kasparows Matchstrategie. Der Gegner soll vor dem eigentlichen Angriff abgelenkt und verwirrt werden.

1. ... Sf6 2. c4 e6 3. Sc3 Lb4

Nimzoindisch war über Jahre hinweg Anands bevorzugte Verteidigung gegen 1. d4. Anands Nimzo-Experte Artur Jussupow konnte sich erstmals stolz zurücklehnen. Diese Variante gehörte sicher zu seinem Aufgabengebiet.

4. Dc2 d5 5. cxd5 Dxd5

Das führt zu ruhigeren Stellungen als 5. ... exd5, wie Short vor zwei Jahren in London zweimal gespielt hatte.

6. e3 c5

7. Ld2

Kasparow serviert eine moderne Version der schon in den 30er Jahren populären Variante 5. ... Dxd5. An der Olympiade 1994 in Moskau wandelte er gegen Pedrag Nikolic auf den Spuren Aljechins, kam aber mit 7. a3 nicht in Vorteil: 7. ... cxd4 8. axb4 dxc3 9. bxc3 b5 10. Sf3 0-0 11. c4 bxc4 12. Lxc4 De4 13. Ld3 Dxb4+ 14. Ke2 Db6 15. La3 Te8 16. Lc5 Dc7 17. Thc1 a5 18. Lb4 Dxc2+ 19. Txc2 La6 20. Txa5 Lxd3+ remis.

Auch Alexander Aljechin selber hatte in seiner 10. WM-Partie gegen Max Euwe 1937 in Den Haag nicht mehr erreicht: 7. a3 Lxc3+ 8. bxc3 Sc6 9. Sf3 0-0 10. c4 Dd6 11. Lb2 cxd4 12. exd4 b6 13. Ld3 Lb7 14. 0-0 Tac8 15. De2 Df4.

7. ... Lxc3 8. Lxc3 cxd4 9. Lxd4 Sc6

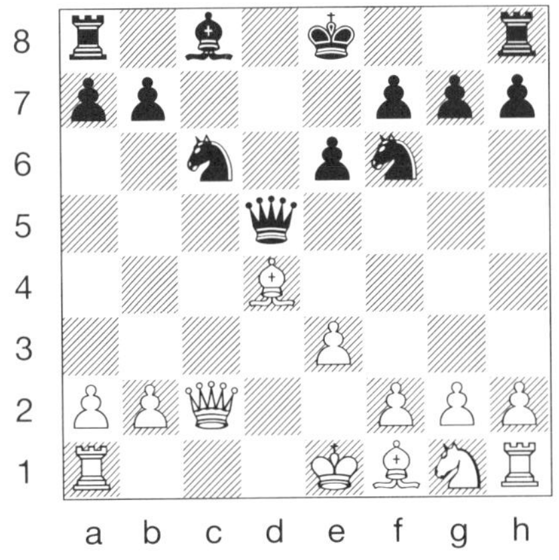

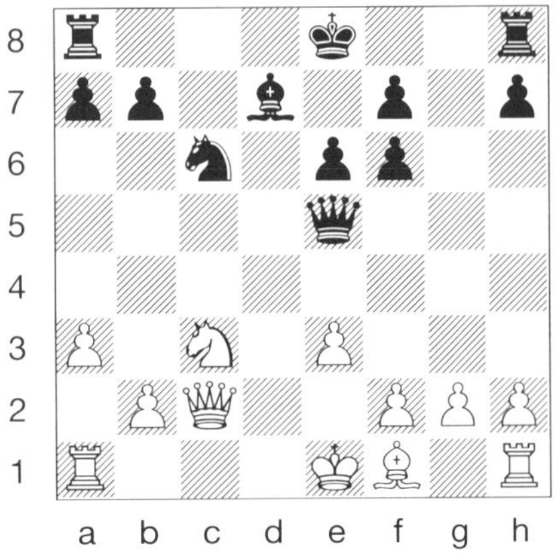

10. Lxf6

Da ist sie, die theoretische Neuerung. Kasparow trennt sich freiwillig von seinem mächtigen, von ihm im besonderen Masse verehrten Läufer, um Unordnung im schwarzen Königsflügel-Bauerngerüst zu schaffen. Die Erhaltung des Läuferpaars verspricht dagegen keinen Vorteil, wie die 1988 in London gespielte Partie Finegold - Smyslow zeigt: 10. Lc3 e5 11. Sf3 Lg4 12. Le2 0-0.

10. ... gxf6 11. Se2 Ld7

Gelassen bereitet Anand die grosse Rochade vor und erzwingt wegen der Drohung Sc6-b4 einen «Tempoverlust».

12. a3

Nach 12. Sc3 Sb4 13. De2 Da5 14. a3 Sd5 verflacht das Spiel sofort.

12. ... De5 13. Sc3

13. ... f5

Ich schätze diesen Zug im speziellen, Anands ruhige Zentrumsaktionen im allgemeinen. Nach der Partie hat man den Herausforderer gefragt, was eigentlich gegen 13. ... Sd4?! spricht. Anands weise Antwort: «In diesem Moment blickte Kasparow so zufrieden aufs Brett, dass ich keine Lust verspürte, etwas zu riskieren!» Der wahre Grund liegt in 14. Dd3!? (und nicht 14. Dd1? Sf5 15. Le2 0-0-0, mit leichtem Vorteil für Schwarz.) 14. ... Sb3, mit folgenden Abspielen:

a) 15. Td1 Sc5 16. Dc4 Lc6 17. b4 Se4 18. Sxe4 Lxe4 19. f4 Df5 20. Db5+ Lc6 21. Dxf5 exf5 führt zum Ausgleich.

b) 15. f4!? Dc7 16. Td1 (aber nicht 16. Sd5? Da5+ 17. Kf2 Dxd5) 0-0-0 17. Dc4 Dxc4 18. Lxc4 Sa5 19. Ld3 gibt Weiss etwas Vorteil oder 18. ... Sc5 19. b4 Sa4 20. Se4 Lc6 21. Txd8+ Txd8 22. Sxf6 Sb2 23. Le2 Lxg2 24. Tg1, und es ist nicht ganz klar, ob auch dieses Endspiel günstiger für Weiss ist.

Diese kleine Analyse verdeutlicht, warum

Anand keine Lust hat, den Tiger mit 13. ... Sd4 zu kitzeln.

14. 0-0-0 0-0-0

Die Absicht ist f5-f4, aber zum richtigen Zeitpunkt: 14. ... f4? 15. Dd2 0-0-0 16. exf4

15. g3 (1.23)

Kasparow hätte zweifellos die aktive Fortsetzung 15. Sb5 gewählt, wenn damit etwas zu erreichen wäre. Aber nach 15. Sb5 Kb8 16. Sd6 Le8 17. Sc4 Txd1+ 18. Dxd1 Dc7 ist die Stellung ausgeglichen.

15. ... Kb8 16. Le2 (0.39)

Kasparow investiert 44 Minuten in diesen Zug. Auf 16. Lg2 folgt 16. ... Sa5 mit der Idee Ld7-c6.

16. ... Se7

Wenn der Läufer den Platz des Springers auf c6 einnimmt, tauschen sich die Schwerfiguren auf der d-Linie, und der Remisschluss rückt näher. Versucht Kasparow nun 17. Td4 Lc6 18. Thd1 Txd4 19. Txd4, hat Schwarz nach 19. ... Tc8! die Drohungen Lc6-e4 oder Se7-d5 und gutes Gegenspiel. Ärger hätte höchstens Weiss, und das mag Kasparow natürlich nicht. Statt dessen bietet er ein Damenopfer an:

17. Dd3 Dc7!

Anand nimmt cool alle Drohungen aus der Stellung und bleibt damit seiner schon früher in dieser Partie angedeuteten Strategie treu. Er kann auch mit 17. ... Lc6?! 18. Dxd8+ Txd8 19. Txd8+ Kc7 20. Thd1 Sd5 das Opfer annehmen.

Analysediagramm

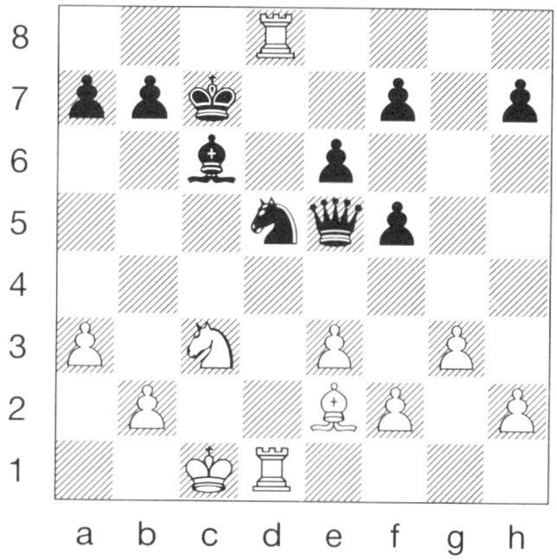

Aber nach 21. T8xd5! exd5 22. Td4 gefolgt von 23.Lf3 spielt nur noch der Weisse auf Gewinn, obwohl er zunächst als Kompensation lediglich einen Turm und einen Springer hat.

18. Dd6

Nach dem Damentausch entsteht ein Endspiel, in dem der weisse Vorteil – die bessere Bauernstruktur – rein symbolischer Natur ist.

18. ... Lc6 19. Dxc7+ Kxc7 20. The1 Txd1+ 21. Txd1 Td8 22. Txd8 Kxd8 23. Kd2 Sc8!

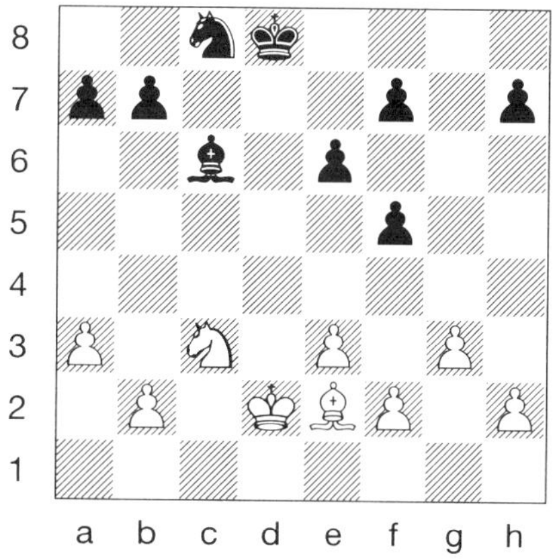

Mit diesem präzisen Verteidigungszug, gefolgt von 24. ... Sd6, 25. ... b6 und gelegentlich f7-f6, schafft Anand eine uneinnehmbare Festung. Ungenau wäre dagegen 23. ... Kd7 24. Kd3 Kd6 25. Kd4 e5+ 26. Kc4, und Weiss darf sich noch Hoffnungen machen.
Früher bereiteten solche Endspiele Anand Schwierigkeiten. Aber einige Trainingssitzungen mit mir vor und nach seinem Kandidatenmatch 1991 gegen Anatoli Karpow und natürlich Anands Zusammenarbeit mit Artur Jussupow verfeinerten seine Endspieltechnik enorm. Deshalb habe ich diese Partie mit grösstem Vergnügen verfolgt.

24. Kd3 Sd6 25. Kd4 b6 26. b4 Ke7 27. f4

Sonst spielt Schwarz f7-f6 und e6-e5.

27. ... h6 28. a4 f6 29. a5 Ld7 remis.

Mit technisch einwandfreiem Spiel hat sich Anand den halben Punkt mehr als verdient. Kasparow erhielt in seiner ersten Weisspartie nicht den Hauch einer Gewinnchance.

Die Spielkabine, auch «Aquarium» genannt: Garri Kasparows erster Weiss-Test (1. d4).
Foto: Michael Kupferschmidt

Stilleben mit der Schiedsrichterin: Carol Jarecki in einem der beiden Ruheräume.
Foto: Mark Reintjes

Die unerwartete Chance

3. Partie

Spätestens nach dieser 3. Partie war allen klar, dass in New York über Kasparow wie Anand die Vorsicht regierte. Der Inder hatte aus dem Variantenkoffer, den er mit seinem Team vier Monate lang aufgefüllt hatte, ein schärferes System gegen Kasparows Scheveninger ausgepackt. Er erhielt nach einigen zu ehrgeizigen Zügen Kasparows auch eine vielversprechende Stellung, doch zur Opferserie konnte er sich nicht entschliessen. Während die Partie schon wieder langsam ins Remis verflachte, verstärkte sich um alle Analysebretter die Überzeugung, dass der Läufereinschlag auf h7 gewonnen hätte.
Kasparow gab später zu, dass er hätte verlieren können, obwohl er an der Pressekonferenz selber nur von einer «gefährlichen Situation» gesprochen hatte, in der er sich «sehr ungemütlich, danach aber zufrieden» gefühlt habe, weil er die Stellung habe verteidigen können. Den 19. Zug hatte Kasparow jedenfalls mit einem unschuldigen Blick und ohne allzu langes Grübeln ausgeführt – und Anand hatte sich bluffen lassen. «Ich glaube, ich habe ihm etwas zu viel Kredit gegeben», kommentierte Anand einen Tag danach.
Vielleicht hatte Anand die kritische Stellung tatsächlich nicht erkannt, wie sein Sekundant Artur Jussupow sagt. Auch für Computerprogramme sind die zu berechnenden Varianten zu tief. Immerhin habe Anand gezeigt, dass er Kasparow in Verlegenheit bringen könne, trösteten sich die indischen Matchberichterstatter und hofften bereits wieder auf die nächste Runde. Nur bei weniger gläubigen Anand-Fans weckte die unerwartete und verpasste Chance jetzt schon ungute Ahnungen.

Anand - Kasparow

Sizilianisch, Scheveninger
Kommentiert von Elisbar Ubilawa

1. e4 c5 2. Sf3 d6 3. d4 cxd4 4. Sxd4 Sf6 5. Sc3 a6

Kasparow bevorzugt diese Zugfolge zum Scheveninger-System, um den nach 5. ... e6 möglichen Keres-Angriff 6. g4 zu verhindern.

6. Le2 e6 7. 0-0 Le7 8. a4 Sc6 9. Le3 0-0 10. f4 Dc7 11. Kh1 Te8

Unserem Team ist klar gewesen, dass dies Kasparows wichtigste Verteidigung sein konnte. Wir hatten uns deshalb während der Vorbereitung detailliert mit allen Möglichkeiten dieses Systems vertraut gemacht. Eine davon ist:

12. Ld3

Dieser aggressive Zug zwingt Schwarz wegen der Drohung 13. Sxc6, gefolgt von der Diagonalöffnung Richtung h7 mittels 14. e5, sofort etwas gegen den Läufer zu unternehmen.

12. ... Sb4 13. a5

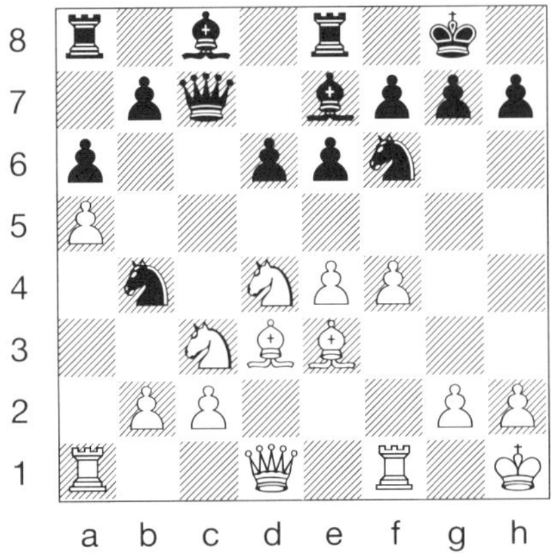

Schwarz hat sich die Option gesichert, den gefährlichen weissen Läufer nötigenfalls abzutauschen. Dafür blockiert Weiss das schwarze Gegenspiel am Damenflügel durch die Kontrolle über das Feld b6.

13. ... Ld7 14. Sf3 Lc6?!

Vor dem Match waren wir stark beeindruckt von Kasparows tiefem Verständnis dieses Systems, doch diese 3. Partie zeigt, dass die Vorbereitung des Weltmeisters nicht so perfekt gewesen ist wie etwa vor seiner ersten Titelverteidigung gegen Karpow 1986. In der 5. Partie wird er diesen zweifelhaften Plan nicht wiederholen und den korrekten Zug 14. ... Tac8 spielen, um seiner Dame den Schritt auf das günstigere Feld b8 zu ermöglichen. In der Praxis hat sich 14. ... Lc6 nach 15. De1 Sxd3 16. cxd3 Sd7 17. Ld4 e5 in der Partie Arachamia - Mathe (1993) bewährt. Aber Anand spielt stärker:

15. Lb6! Dc8

Wir dachten, dass die beiden anderen Rückzugsfelder natürlicher wären. Aber auf d7 verstellt die Dame dem Springer einen wichtigen Platz, und im Falle von 15. ... Db8 könnte sich in einigen Varianten rächen, dass e6 nicht überdeckt ist.

16. De1 Sd7?!

Die Überführung des Springers zum Damenflügel ist viel zu ehrgeizig. In wenigen Zügen wird dem schwarzen König ein wichtiger Verteidiger fehlen.

17. Ld4 Sc5?

Hier steht der Springer endgültig zu weit weg von seinem König. Kasparow folgt dem mit 14. ... Lc6 begonnenen Plan. Hätte er die Gefahr kommen sehen, hätte er hier wenigstens noch zu 17. ... Lf8 oder 17. ... Sxd3 greifen können, und Schwarz stünde schlechter, aber längst nicht verloren.

18. Dg3

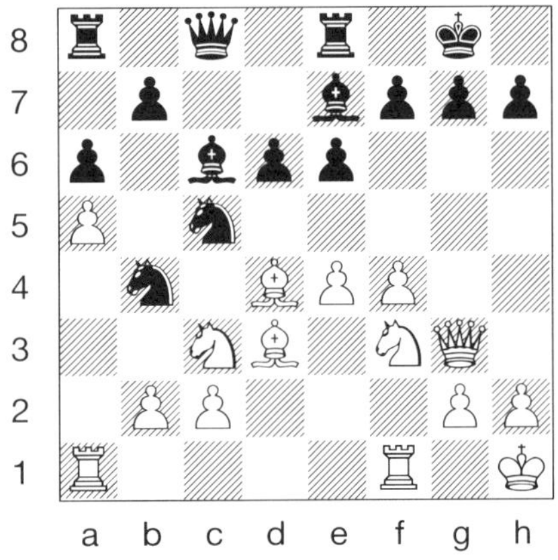

Wahrscheinlich hat Schwarz schon keine befriedigende Verteidigung mehr gegen die Mattdrohung 19. Dxg7:

a) 18. ... Lf8?! 19. f5 exf5 20. exf5 Sbxd3

21. Lxg7 Lxg7 (nach 21. ... Dxf5 22. Sh4 Te3 23. Sxf5 Txg3 24. hxg3 Lxg7 25. cxd3 steht Weiss auf Gewinn) 22. f6 Se6 23. cxd3 gibt Weiss klaren Vorteil.

b) 18. ... g6 sieht stärker aus. Wir haben diese Partie wie alle anderen gründlich untersucht. Jonathan Speelman fand nach 19. f5 Scxd3 20. fxg6 fxg6 21. cxd3 Sxd3 das interessante Bauernopfer 22. Sh4! (nach 22. Sg5 Lxg5 23. Dxg5 Se5 hat Schwarz keine Probleme) 22. ... Lxh4 23. Dxh4 Dc7 (23. ... Se5? 24. Lxe5 dxe5 25. Tf7! führt zum Gewinn für Weiss, wie uns Artur Jussupow gezeigt hat), und Weiss hat auf den schwarzen Feldern gute Kompensation für den geopferten Bauern.

Möglicherweise schlägt sogar der Hazardangriff 19. Sg5!? durch: 19. ... Sbxd3 20.Sxh7 Sb4 (aber nicht 20. ... Kxh7?? 21. Dh3+ nebst Matt, auch 20. ... e5 überlässt Weiss nach 21. f5 starken Angriff, z.B. 21. ... exd4 22. fxg6 f6 23. Dh4! Dc7 24. Sg5 Ld8 25. Sf7) 21. f5 (21. Sf6+? Lxf6 22. Lxf6 Sd7 23. e5 verliert leicht, z.B. 23. ... dxe5 24. fxe5 Td8 25. Dh4 Sxf6 26. exf6 Td2) 21. ... Sxe4 22. Sxe4 Lxe4 23. fxg6 fxg6 (23. ... Lxg6? 24. Txf7!) 24. Dg4 (hier bringt 24. Df4 Lf5 nichts) 24. ... d5 (24. ... Dxc2? 25. Dxe6+ oder 24. ... Lf5? 25. Txf5 sind ganz schlecht) 25. Df4!, und ich sehe keine Verteidigung mehr für Schwarz. Nach 25. ... Lxg2+ lässt Weiss nicht mit 26. Kxg2? Dxc2+ 27. Kh1 De4+ Damentausch zu, sondern erwidert gelassen 26. Kg1.

Kasparow versucht die dritte Möglichkeit:

18. ... f6 19. e5!!

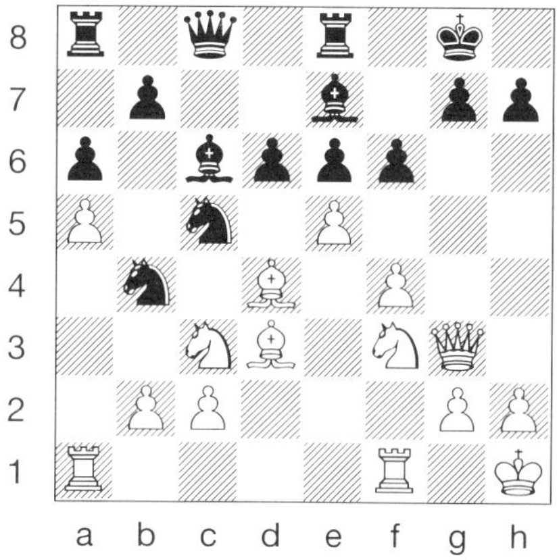

Anand hat diese Lösung nach einer halben Stunde Nachdenken am Brett gefunden. Weiss sprengt das Zentrum und öffnet zugleich die Diagonale b1-h7. Nun ist es zu spät, den gefährlichen Läufer mit 19. ... Sxd3 zu tauschen, wegen 20. exf6.

Aber auch das naheliegende 19. ... dxe5 hilft nicht mehr: 20. Lxh7+! (20. fxe5 bringt nichts wegen 20. ... f5, und Schwarz kann gefahrlos den Läufer vom Brett tauschen) 20. ... Kxh7 21. fxe5 Sxc2 (21. ... f5 22. Lxc5 Lxc5 23. Sg5+ Kg8 24. Dh4 bzw. 22. ... Lxf3 23. Lxb4 Lxg2+? 24. Kxg2 Lxb4 25. Dh4+ Kg8 26. Dxb4 ist trivial gewonnen für Weiss). 22. Dh4+ und jetzt:

Analysediagramm

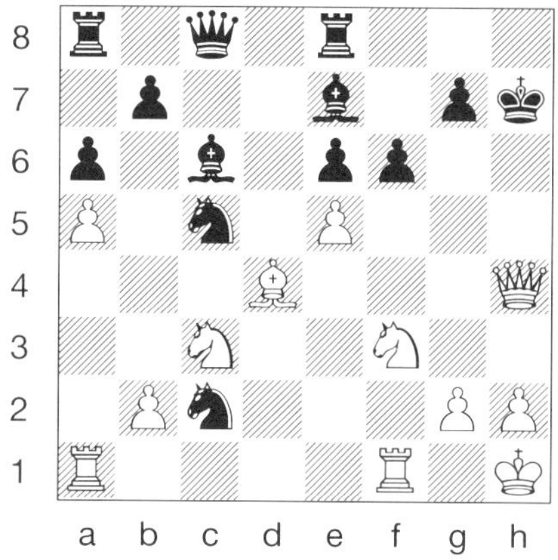

a) 22. ... Kg8 23. exf6 Sxd4 24. f7+ Kf8 25. Dh8+ Kxf7 26. Se5 matt,

a1) 24. ... Kxf7 25. Sg5+ Kg6 26. Dh7+ Kxg5 27. h4+ Kg4 28. Dg6+ Kxh4 29. Tf4 matt,

b) 22. ... Kg6 23. Dg4+ Kh7 (nach 23. ... Kf7 24. Sg5+ Kg8 25. exf6 gewinnt Weiss leicht) 24. Dh5+ Kg8 25. exf6 und jetzt:

b1) 25. ...Sxd4 26. f7+ Kf8 27. Dh8+ Kxf7 28. Se5 matt,

b2) 25. ... Lxf3 26. f7+ Kf8 27. Dh8+ Kxf7 28. Dxg7 matt,

b3) 25. ... gxf6 26. Dg6+ Kf8 27. Sg5,

b4) 25. ... Lxf6 26. Sg5 Lxg2+ 27. Kxg2 Dc6+ 28. Kh3 e5 29. Dh7+ Kf8 30. Txf6+ Dxf6 31. Lxc5 nebst matt.

Anstelle von 22. Dh4+ gewinnt übrigens auch 22. exf6. Nach 22. ... Lxf6 setzt Weiss dann nicht mit 23. Sg5+? Lxg5 24. Dxg5 fort wegen 24. ... Dc7, sondern mit 23. Lxf6 gxf6 24. Dh4+ (wieder genügt 24. Sg5+ nicht, diesmal wegen 24. ... fxg5 25. Tf7+ Kg6 26. Taf1 Dd8) 24. ... Kg7 25. Se5 Lxg2+ 26. Kxg2 Se3+ 27. Kh1 Sxf1 28. Txf1 nebst matt.

Anmerkung der Redaktion: Zu prüfen ist der Vorschlag von Matthias Wahls 19. ... fxe5

19. ... Tf8 20. Lxc5?

Boris Gulko zeigt im Presseraum, wie Anand hätte gewinnen können: Läufer schlägt Bauer h7. Foto: Mark Reintjes

Welch eine Täuschung! Anand verpasst den zuerst von Boris Gulko gefundenen Gewinnweg 20. exf6 Lxf6 21. Lxh7+! Kxh7 22. Sg5+

Analysediagramm

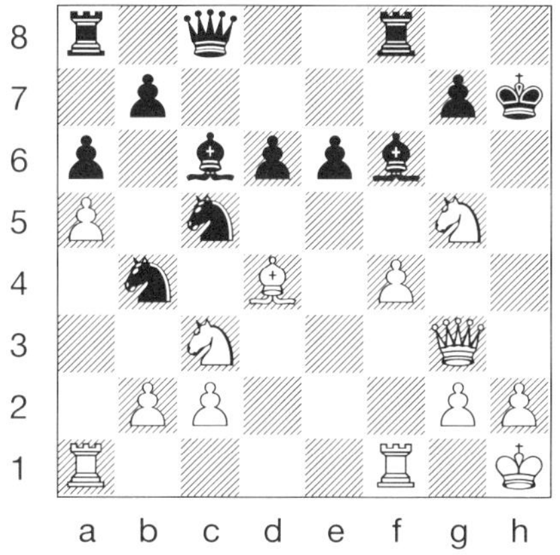

a) 22. ... Kg6 23. f5+! exf5 24. Se4+ Kh7 25. Sxf6+ gxf6 26. Tf4 hatte Anand am Brett noch gesehen. Aber irgendwo kam er in den folgenden Varianten nicht weiter:

b) 22. ... Kg8 23. Dh4 Lxg5 24. fxg5,

b1) 24. ... Tf5 25. g6 e5 26. Dh7+ Kf8 27. Dh5,

b2) 24. ... De8 25. Txf8+ Kxf8 (25. ... Dxf8 25. g6) 26. Tf1+ Ke7 (26. ... Kg8 27. Lxg7 Kxg7 28. Dh6+ Kg8 29. Tf6 ist durch Zugumstellung Abspiel c1) 27. g6+ Kd7 28. Tf7+ und Weiss gewinnt die Dame: 29. ... Dxf7 30. gxf7 usw. oder 29. ... Ke8 30. Lxg7 (droht 31. Tf8) 30. ... Sd7 31. Dxb4,

c) 22. ... Lxg5 23. fxg5

c1) 23. ... Txf1+ 24. Txf1 De8 25. Dh4+ Kg8 26. Lxg7 Kxg7 27. Dh6+ Kg8 28. Tf6! (stärker als 28. g6 De7 29. Tf7 Dxf7 30. exf7+ Kxf7 31. Dh7+ Kf6 32. Dh4+ Kf5! 33. Dxb4 Tg8, und Schwarz steht nicht schlechter, aber Weiss kann vorteilhaft 31. Df4+ spielen) 28. ... Tc8 (28. ... Td8 29. Tg6+ Dxg6 30. Dxg6 Kf8 31. Df6+ Ke8 32. g6 Td7 33. Dh8+ Ke7 34. g7) 29. Tg6+ Dxg6 30. Dxg6+ Kh8 31. Dh6+ Kg8 32. g6 Tc7 33. Dh4! und die Doppeldrohung 34. Dd8+ und 34. Dxb4 erzwingt den Sieg,

c2) 23. ... Kg6 24. Tf6+! gxf6 25. gxf6+ Kh5! 26. Dh3+ (26. Le3?? ist ein schrecklicher Fehler wegen 26. ... Lxg2+ 27. Kg1 Tg8) 26. ... Kg5 27. Tf1, und allem Anschein nach hat Schwarz keine Verteidigung mehr.

20. ... dxc5

Er sei so glücklich gewesen, dass Anand das Läuferopfer nicht gespielt habe, dass er die Alternative 20. ... Sxd3 am Brett gar nicht geprüft habe, sagte Kasparow nach der Partie. Dabei hätte er nach 21. Lxd6 Lxd6 22. cxd3! schlicht und ergreifend einen Bauern weniger.

21. Lc4 Ld5

Damit vermeidet Schwarz unangenehme Probleme, die nach 21. ... Lxf3 entstehen, zum Beispiel: 22. Txf3 Sxc2 23. f5 Sd4 24. fxe6 Sxf3 25. Sd5! Dd8 26. exf6 Lxf6 27. e7 Lxe7 28. Sc7+! (schlecht ist 28. Sxe7+ Kh8 29. Sg6+ hxg6 30. Dh3+ Dh4) 28. ... Kh8 29. Se6 Dd4 30. Sxd4 Sxd4 31. Dc7, mit klarem Vorteil.

22. Sxd5 exd5

Schwach ist 22. ... Sxd5 wegen 23. f5.

23. Lb3 c4 24. La4 Sc6

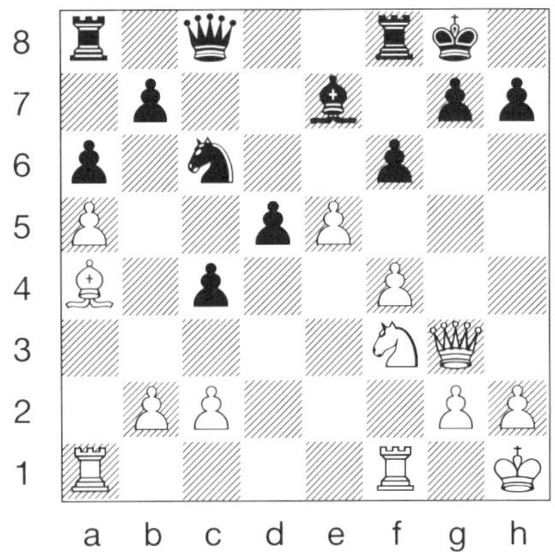

Die letzte Chance für Weiss, auf Gewinn zu spielen, ist ein Bauernopfer für die Initiative: 25. Tae1! Sxa5 (nach 25. ... fxe5 26. Sxe5 Sxe5 27. Txe5 hat Weiss klaren Vorteil), und erst jetzt 26. c3 nebst 27. Lc2 gibt Weiss exzellente Kompensation. Dagegen ist von 25. Tad1 nichts zu befürchten. Im Gegenteil steht Schwarz nach 25. ... fxe5 26. fxe5 De6 27. Lxc6 Dxc6 28. Sd4 Dg6 29. Dxg6 hxg6 30. Se6 Txf1+ 31. Txf1 Lb4 32. Sc7 Td8 33. e6 d4 ausgezeichnet.

25. c3 fxe5

Kasparow lässt sich nicht auf 25. ... Sxa5 26. Sd4 ein, und Weiss hätte ähnlich wie im obengenannten Abspiel gute Kompensation für den Bauern.

26. Sxe5 Sxe5 27. fxe5 De6 28. Lc2 Txf1+ 29. Txf1 Tf8 30. Txf8+ Lxf8 31. Df4 g6

Kasparow hat alle Gefahren überstanden, doch Anand muss für den halben Punkt noch einige genaue Züge finden.

32. Ld1 Df7

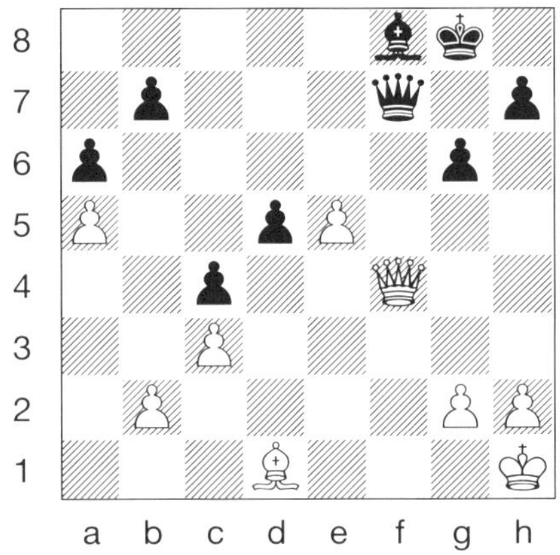

Neben dem Textzug kann Weiss auch mit 33. g3 Lh6 34. e6! Dxe6 35. Db8+ Lf8 36. Lf3 das Remis erreichen. Dagegen gelangt der schwarze Läufer nach 33. Dxf7+? Kxf7 34. Lg4 Lc5 35. Lc8 b6 36. axb6 Lxb6 mit fürchterlichen Folgen nach c1.

33. Dd4 Df1+ 34. Dg1 Dxg1+

Auch 34. ... Df4 35. Lf3 Dd2 (35. ... Dxe5 36. Dd1) 36. Dd4 De1+ 37. Dg1 Dxe5 38. Dd1 wird Remis.

35. Kxg1 Kf7 36. Lg4 b6 remis (0.17 – 0.39).

«Kollege Kramnijaks» Eröffnung

4. Partie

«1. d4 oder 1. e4?» fragten sich zwei Journalisten auf dem Weg vom Lift zum Presseraum, doch der Monitor zeigte gerade Kasparows 1. Sf3, als sie um 15 Uhr eintrafen, den superflexiblen Eröffnungszug, den Wladimir Kramnik so oft spielt. War das ein Zeichen? War der 20jährige wirklich als Sekundant des Weltmeisters in New York? Noch hatte ihn niemand gesehen, oder etwa doch?

Als der australische Grossmeister Ian Rogers bei seiner Einreise am Flughafen den US-Beamten erklärte, er sei Schachspieler und berichte von der WM, bekam er zu hören: «Great, wir hatten vorige Woche schon einen Schachgrossmeister. Ihr Kollege Kramnijak ist auch in New York.» Bald fand sich ein zweites Indiz. Ein dänischer Journalist wollte den Russen im World Trade ausgemacht haben. Wie sich bestätigte, war Kramnik tatsächlich in New York und am ersten Spieltag sogar kurz auf dem Aussichtsdeck.

Stoff für Gespräche lieferte am Ende dieser ersten WM-Woche auch der Anand-Kommentar in der Freitagsnummer von «USA Today». Die PCA hatte die Spieler verpflichtet, nach jeder Runde eine Analyse für die grösste Tageszeitung der USA abzuliefern. «Zuerst kürzen sie das Preisgeld, dann fordern sie diese Arbeit für die Presse, das ist zuviel», hatte sich Anand beschwert – natürlich nur gegenüber einem Freund. Doch Anands Kommentar der 3. Partie war nicht derselbe, den Albert Toby, der im Team des Inders für die Übermittlung zuständig war, am Vorabend an PCA-Geschäftsführer Bob Rice geschickt hatte. Er habe Tobys Fax nie erhalten, verteidigte sich Rice, der die WM ins World Trade Center gebracht hatte. Was in «USA Today» zu lesen war, hatte der Amateurspieler selber gedichtet.

Eine andere Ungereimtheit wurde ebenfalls zurechtgerückt. Der amerikanische Schachverband USCF hatte sich zunächst unter dem Titel «Die FIDE im Chaos» kritisch über den Weltschachbund FIDE und dessen Präsident Florencio Campomanes geäussert und den Vorstoss der Franzosen unterstützt, die eine ausserordentliche Mitgliederversammlung forderten. Da der französische Verband nicht auf der schachpolitischen Linie der PCA-Führung war, hätte man das Schreiben der USCF falsch interpretieren können. Deshalb wurde zu Beginn der vierten Runde im Presseraum eine weitere Erklärung der USCF verteilt, in der der US-Verband eine Lobeshymne auf die PCA und ihre Leistung bei der Organisation der WM anstimmte: «Die PCA erhöht das Schach zum Top-Ereignis in den Medien.»

Die 4. Partie selber liess alle ernsthaft am Ehrgeiz der beiden Spieler zweifeln. Anand brachte ein chancenreiches Bauernopfer, setzte dann aber einmal mehr auf Sicherheit. «Als ich Kasparows Gesicht sah, wusste ich, dass er jeden Moment remis anbieten würde», sagte Anand bei der Pressekonferenz. Kasparow ergänzte später, er habe mit 21. Le3 eine «praktische Entscheidung» getroffen, da er nicht gesehen habe, wie Weiss Fortschritte machen könne. Anands Freund Maurice

Perea, der mit seiner Frau Nieves das ganze Match über in New York weilte, traf im Flur einen Bekannten: «Ein Gata Kamsk hätte an Kasparows Stelle wohl noch 40 Züge weitergespielt, Maurice.» – «40 sagst Du? Eher 140!»

Kasparow - Anand

Englisch

Kommentiert von Ian Rogers

1. Sf3

Ein Signal, dass Kasparow mit Weiss einer theoretischen Debatte noch aus dem Weg gehen und Anands Repertoire weiter testen will. Fast ausnahmslos eröffnet er sonst mit einem der beiden Zentralbauern. Doch Anands Vorbereitung hat ihn beeindruckt. Erst in der 10. Partie wird Kasparow seine erste Chance erhalten, eine wirklich gute und neue Idee anzubringen.

1. ... Sf6 2. c4 e6 3. Sc3 Lb4 4. g3

Kein Wechsel mit 4. d4 zu Nimzoindisch. Solange der weisse d-Bauer nicht zwei Felder vorrückt, steht der schwarze Läufer auf b4 nicht besonders – der Springer ist nicht gefesselt, und nach Lb4xc3 kann Weiss in manchen Fällen mit dem d-Bauern zurückschlagen.

4. ... 0-0 5. Lg2 d5 6. Db3 c5 7. 0-0

Über d5-d4 muss sich Weiss keine Sorgen machen, denn nach der Vertreibung des Springers – zum Beispiel mit 7. ... d4 8. Sa4!? – könnte der schwarze Läufer b4 in Verlegenheit geraten.

7. ... Sc6 8. d3!?

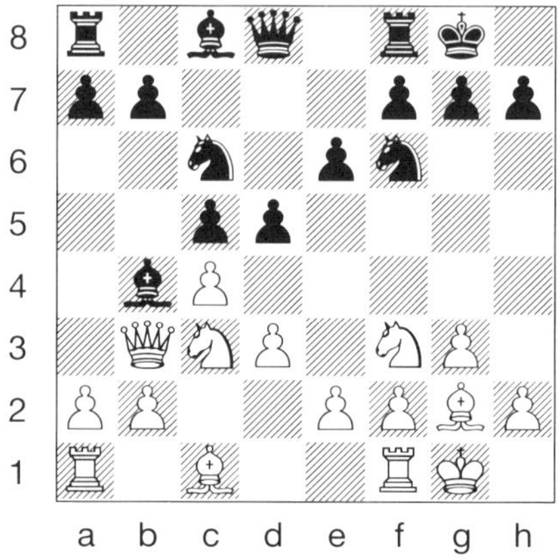

Gewöhnlich schiebt Weiss zuvor 8. a3 La5 ein, doch Kasparows Zugfolge droht 9. cxd5 exd5 10. Lg5, ohne auf die Schimäre 8. ... Sa5 hereinzufallen: 9. Dc2 dxc4 10. dxc4 Sxc4 verliert den Bauern nach 11. Sa4! b5 12. a3 La5 13. Sxc5 gleich wieder mit klarem Vorteil für Weiss zurück.

8. ... h6 9. e3

Sicherlich eine neue Idee, aber keine, die Anand ängstigen könnte. Schwarz wird auf diese Weise entmutigt, d4 zu spielen, doch da direkte Drohungen fehlen, setzt er einfach seine Entwicklung fort.

9. ... Te8 10. a3 dxc4

Schwarz muss auf die Reihenfolge achten: 10. ... Lxc3 11. Dxc3 dxc4? erlaubt 12. Dxc4. Nach dem Textzug dagegen verliert 11. Dxc4? wegen 11. ... Sa5 einen Bauern.

11. dxc4 Lxc3 12. Dxc3 e5 13. b4

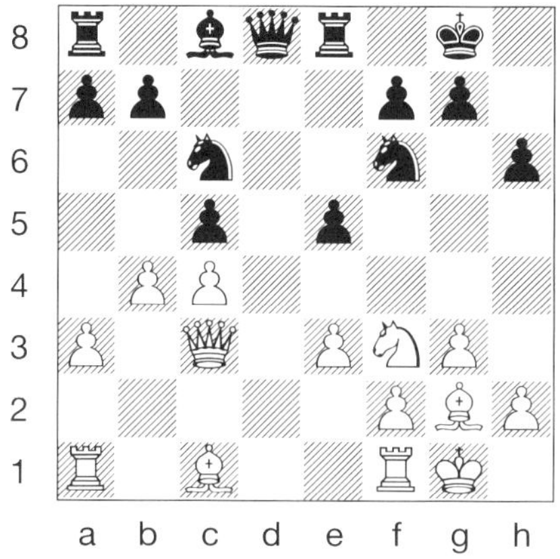

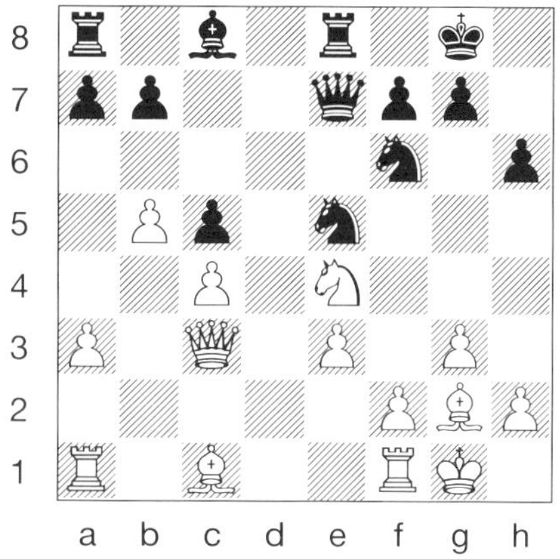

Auf den ersten Blick sieht die weisse Position vielversprechend aus und, falls er unbehelligt Lc1-b2 und b4-b5 spielen könnte, hätte er sogar klaren Vorteil. Doch Anand ist am Zug, und er hat einen Weg entdeckt, wie er auf Kosten eines Bauern die Initiative übernehmen kann.

13. ... e4! 14. Sd2 De7!

Wenn Schwarz keinen Bauern hergeben will, kann er hier auch 14. ... Lf5 spielen, aber das Opfer ist stark.

15. b5

Anstatt Anand zum Opfer seines e-Bauern zu nötigen, hätte Kasparow wahrscheinlich seine Bauernstruktur beweglich halten sollen, obwohl Schwarz auch nach 15. Lb2!? Lf5! komfortabel steht.

15. ... Se5

Zieht der Springer auf ein anderes Feld, folgt natürlich 16. Lb2 mit Vorteil für Weiss.

16. Sxe4

16. ... Sf3+?

Nachdem er das starke Konzept 15. ... Se5 gefunden hat, entschliesst sich Anand nach längerem Nachdenken für ein Endspiel, das er zu Unrecht als einfaches Remis abschätzt. Mit etwas mehr Ehrgeiz hätte er 16. ... Lh3! gespielt, doch am Brett schien ihm das zu riskant. Dabei ist es Weiss, der nach 16. ... Lh3! Probleme zu lösen hat, wie Kasparow einige Tage später zugab. Weiss steht vor der unangenehmen Wahl zwischen vier Erwiderungen:

a) 17. Sd2 Lxg2 18. Kxg2 Tad8 ist vielleicht noch das stärkste, gibt Schwarz aber starke Initiative für den Bauern,

b) 17. Sxf6+ Dxf6 18. e4 (18. Lxh3?? Sf3+ stellt die weisse Dame ein) 18. ... Lxg2 19. Kxg2 De6!, und Schwarz erobert den Bauern mit Vorteil zurück,

c) 17. Lxh3 Sf3+! 18. Kh1 Dxe4 (vielleicht klarer als 18. ... Sxe4 19. Db2) 19. Lg2 Te5! 20. Lb2 Th5 21. Lxf3 Dxf3+ 22. Kg1 Td8 gibt Schwarz mehr als genug Kompensation für den Bauern,

d) 17. Lb2 Lxg2 18. Sxf6+ Dxf6 19. Kxg2 Df3+

Die Halle der Zuschauer und Quelle des Lärms: Daniel King diskutiert die Endstellung. Foto: Michael Kupferschmidt

20. Kg1 Tad8 21. Dc2 h5 22. Lxe5 h4! überlässt Schwarz ebenfalls exzellente Angriffschancen.

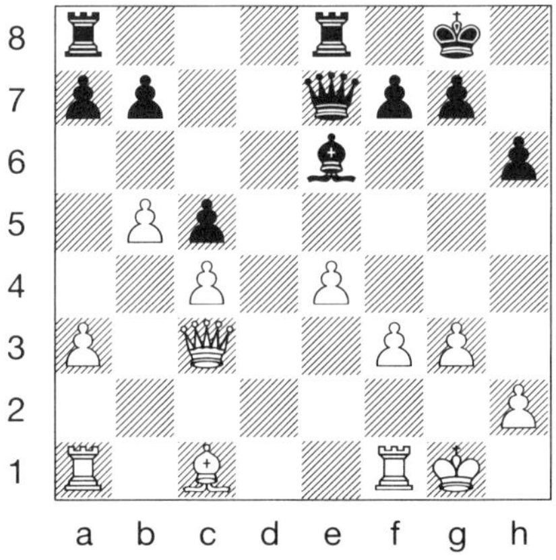

17. Lxf3 Sxe4 18. Lxe4!

Weiss hat es nicht nötig, Risiken einzugehen, nur um sich das schöne Läuferpaar zu erhalten (18. Dc2 Lf5, mit guter Kompensation für Schwarz). Die folgenden Züge zeigen jedoch, dass auf den weissen Feldern keine Gefahr droht. Deshalb konsolidiert Kasparow seinen Mehrbauern.

18. ... Dxe4 19. f3 De7 20. e4 Le6

21. Le3? remis (1.02 – 0.55).

Unter all den acht Remisschlüssen zu Beginn des Matches ist dies der rätselhafteste für mich. Kasparow hat einen Bauern mehr und kann nicht verlieren. Sein Remisangebot war ein klares Zeichen dafür, dass etwas mit seiner Motivation oder mit seinem Urteil nicht stimmte. Nach der Partie vertraten beide Spieler die Meinung, dass Weiss trotz Mehrbauer keine Fortschritte machen kann. Kasparows Ansicht war wahrscheinlich davon beeinflusst, dass Anand diese Position freiwillig angestrebt hat, und der Inder sagte nach der Partie: «Kasparow hätte noch einige Züge weiterspielen können, bevor er Remis gibt. Ich spiele einfach f7-f6, b7-b6, De7-f7 und tausche die Türme auf der d-Linie. Sein c-Bauer ist so anfällig, dass Weiss nicht auf einen Gewinn hoffen kann.»

Nach Kasparows letztem Zug ist an Anands Einschätzung nicht zu rütteln. Doch anstelle von 21. Le3 hätte das offensichtliche 21. Lb2 f6 22. e5! f5 (22. ... fxe5? wird stark mit 23. Tae1 erwidert) 23. Tfd1 Df7 gute Gewinnchancen ergeben.

Analysediagramm

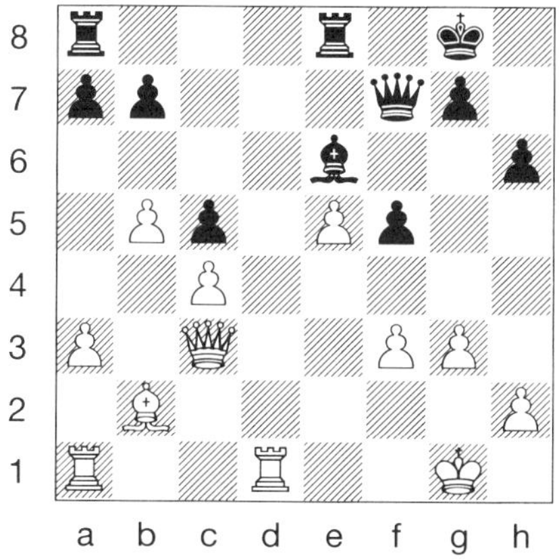

Kasparow hat erklärt, ihm habe hier in seiner Vorausberechnung 24. Tac1 f4!? nicht behagt. Aber 24. Td6! ist ungleich stärker, denn 24. ... Lxc4? 25. Txh6!! gxh6 (25. ... Lxb5 26. e6 ist nicht besser, und 25. ... Le6 26. Th4 überlässt Weiss ein sehr gesundes Bauernplus) 26. e6 Dh7 27. Dxc4 gibt Weiss gewinnbringenden Angriff. Ljubomir Ljubojevic schlug für Schwarz die bessere Verteidigung 24. ... f4 vor, um selbst Königsangriff zu erhalten. Einige Kommentatoren versteiften sich sogar auf die Idee, Kasparow habe den laschen Zug 21. Le3 nur gespielt, um sein Remisgebot zu rechtfertigen. Wie dem auch sei: Hätte er 21. Lb2 gezogen, wäre Anand ohne Zweifel vor einer schwierigen Verteidigungsaufgabe gestanden.

«Die Psychologie spielte die grösste Rolle»

Weltmeister Garri Kasparow über seine neuen Ziele

«Ich bin wirklich müde, all das Zeugs immer wieder zu hören.»

Foto: Dominique Meienberg

Nach dem Sieg in New York schnell nach Moskau und dann ans Horgener CS Masters. Garri Kasparow war müde, als er in der Schweiz eintraf, doch er hatte immer noch genug Energie für eine Rekapitulation der vergangenen fünf Wochen. Und er hat neue Ziele: Er will sich weniger mit Politik herumplagen, dafür wieder mehr Schach spielen und bis ins Jahr 2000 Weltmeister bleiben.

Garri Kasparow, zu Beginn des WM-Matchs gegen Anand Viswanathan in New York konnte man den Eindruck gewinnen, Sie seien müde.

Kasparow: Dieses Match war anders als meine WM-Kämpfe zuvor. Mir fehlte die nötige Aggression. Ich war am Anfang nicht bereit, in den grossen Fight einzusteigen, und war leicht beunruhigt. Auch für mich war die Situation neu. Ich wusste nicht, was auf mich zukommt, was Anand an Überraschungen mitbringt. Vielleicht wirkte ich von aussen gesehen müde, aber ich habe zu meiner Stärke zurückgefunden.

Sie konnten nicht genau abschätzen, wie stark Anand wirklich ist?

Kasparow: Ja. Ich musste intuitiv einige Entscheidungen treffen. Sie stellten sich als erfolgreich heraus, und auch psychologisch lag ich richtig.

Wie meistens hatten Sie auch vor New York wieder alle Hände voll zu tun mit schachpolitischen Fragen.

Kasparow: Ich hatte zwar ein optimales Trainingsprogramm absolviert, aber wenn man so viel um die Ohren hat, kann man nicht einfach über Nacht die Augen schliessen und sich sagen: Vergessen wir das, nichts wird geschehen. Ich habe versucht, mich von diesen störenden Ausseneinwirkungen abzuschotten, musste jedoch trotzdem hier und dort etwas erledigen. Es brauchte seine Zeit während des Wettkampfs, bis mein Kopf zu hundert Prozent mobilisiert war.

Wann war das der Fall?

Kasparow: Um die 6. Partie herum. In der zweiten Woche fühlte ich, dass mein Kopf fast vollständig da war, dann kam die Niederlage in der 9. Partie, und ab da war ich wirklich wach.

Hatten Sie schon während der 6. Partie, als der offene Spanier das erste Mal auf dem Brett stand, die Idee zu dieser wichtigen theoretischen Neuerung?

Kasparow: Nein, es war mir im Training nicht klar gewesen, welche Variante Anand gegen Springer g5 wählen würde. Die Idee der langen Rochade war Kramniks Vorschlag, doch ich nahm das nicht so ernst und sagte: Nein, nein, das kann er nicht spielen. Die lange Rochade ist tatsächlich ein guter Zug, nur war ich zu der Zeit mit anderen Abspielen beschäftigt und musste mich beschränken. Mir war nur klar, dass in dieser Stellung für Weiss etwas zu finden sein müsste. Doch es zeigte sich in der 6. Partie, dass mein Optimismus nicht allzutief begründet war, und dann kam Anands brillantes Qualitätsopfer, und er bewies, dass Schwarz in dieser Position mehr als genug Verteidigungsressourcen hat. Dann erreichten wir ein Endspiel, in dem meiner Meinung nach Schwarz im Vorteil ist, doch er behandelte das sehr schwach. So bot ich das Remis an, aber genau im falschen Moment, denn ab da hätte Anand für das Remis hart arbeiten müssen. Ich war in dieser zweischneidigen Stellung zu ängstlich. Nach dieser Partie bin ich nach Hause gegangen und habe nach Verbesserungen gesucht, doch der Gedanke zu Läufer c2 kam erst Freitagnacht.

Viele haben sich über das Niveau des Matchs beklagt, insbesondere über die zahlreichen Unentschieden. Genauer betrachtet war Ihr Sieg über Anand jedoch ein psychologisches Meisterwerk.

Kasparow: Das Match war meine wichtigste psychologische Schlacht, die Psychologie spielte die grösste Rolle. Die grössere jedenfalls als das Schach selber. Die Anzahl guter Partien ist tatsächlich begrenzt, aber immerhin, eine Partie wird ihre Gültigkeit für ewig bewahren: die zehnte. Ich kenne nicht viele Weltmeisterschafts-Matches, von denen eine Partie direkt in die Schatzkiste des Schacharchivs einging.

Trotzdem hat die Remisserie die Zuschauer gelangweilt.

Kasparow: Der Herausforderer bestimmt die Strategie eines WM-Matchs, und Anand wollte keinen harten Kampf. Er versuchte, jedem direkten Schlagabtausch auszuweichen. Aber die Kritik an den vielen Remis ist berechtigt. Im nächsten WM-Match wird sich dies ändern. Wir werden einen Teil des Preisgeldes als Bonus für Siegpartien einsetzen. Sie sehen, die PCA ist durchaus flexibel und bereit, die WM wenn nötig attraktiver zu gestalten.

«Dieser Rhythmuswechsel traf Anands Team unvorbereitet.»
Foto: Dominique Meienberg

Zurück zu Ihrer psychologischen Strategie. Sie haben mit Weiss zu Beginn jedesmal die Eröffnung gewechselt, und Sie sind wohl auch der einzige Spieler, der mit Weiss auf alles zurückgreifen kann...

Kasparow: Ja, ich kann viele Eröffnungen spielen.

... und so haben Sie Anands Repertoire getestet und damit vor allem sein Sekundantenteam in Trab gehalten.

Kasparow: Nein, nein, denn da konnte ich Anand mit Weiss noch keine ernsthaften Probleme stellen. Das war übrigens einer ihrer Fehler. Sie hatten in den ersten zwei Wochen nur sehr wenig zu tun, aber nach der 11. Partie plötzlich sehr viel. Dieser Rhythmuswechsel traf Anands Team unvorbereitet. Allerdings haben meine Variationen den Druck erhöht, denn sie mussten damit rechnen, dass ich irgendwann mit etwas komme und einen Schock auslöse. Das tat ich in der 10. Partie. Der wahre Grund für meinen Eröffnungswechsel war aber ein anderer: Ich habe ab der 2. Partie erkannt, dass Anand wirklich sehr gut gearbeitet hatte, und eine Lücke gesucht, den schwächsten Punkt in ihrer Vorbereitung. Auch den Spanier hatte ich nicht wirklich testen wollen, aber nach der 6. Partie war mir klar, dass ich auf die richtige Spur gestossen war.

In den Matchs gegen Ihren Rivalen Anatoli Karpow genügte Ihnen ein Blick in seine Augen, um die Gedanken zu lesen. War das gegen Anand auch so?

Kasparow: Ich fühlte recht viel während des Matchs, ich konnte bei jeder Partie seine Kampfeinstellung abschätzen und wusste, was er vorhatte.

Wie gross war Anands Kampfgeist?

Kasparow: Zu Beginn recht gross, doch gegen Ende war davon fast nichts mehr übriggeblieben.

Die zweite psychologische Taktik, die ich Ihnen unterstelle, waren Ihre Remisangebote in fast jeder Partie.

Kasparow: Das ist mein Recht, ich verteidigte meinen Titel.

Niemand klagt Sie deswegen an.

Kasparow: Zudem kamen meine Remisofferten bei Matchanfang in völlig ausgeglichenen Stellungen. Okay, ich stand wahrscheinlich in der 1. Partie leicht besser, doch das ist immer eine besondere Partie. Auch in der 4. Partie hätte ich weiterspielen können, denn ich hatte einen Mehrbauern und überhaupt kein Verlustrisiko, aber da wirkte noch meine Zufriedenheit aus der Eröffnungsphase nach, und in der 6. Partie natürlich, aber in der 11. Partie lehnte er Remis in einer völlig ausgeglichenen Stellung ab und patzte danach fürchterlich.

Genau dies war die Folge einer Verunsicherung Anands, der diese Remisangebote immer interpretieren musste. Haben Sie diese Taktik nun bewusst angewandt oder nicht?

Kasparow: Zum Teil bewusst.

Hatten Sie je ernsthaft befürchtet, das Match zu verlieren?

Kasparow: Ich habe immer Zweifel vor einem WM-Match. Anand war zudem wirklich gut trainiert und äusserst zuversichtlich, aber ich war mir auch sicher, dass ich im Ernstfall genug Energie mobilisieren kann, um meinen Titel zu verteidigen.

Als Sie gegen Karpow zurücklagen, konnten Sie Ihre Strategie umstellen. Das ist Anand nicht gelungen.

Kasparow: Weil ich im ersten Match viel lernen konnte. Der Wettkampf wurde abgebrochen, und ich verlor ihn nicht, obwohl ich zeitweise 0:5 zurücklag. Das war eine wichtige Erfahrung. So hatte ich im zweiten Match von 1985 genügend Stärke und Selbstsicherheit, als ich die 4. und 5. Partie verlor und wieder 2:3 in Rückstand geriet, um die nächsten Partien zu halten. Dann brach Karpow ein.

Dieses psychologische Niveau hatten Sie aber schon als 22jähriger erreicht. Anand ist jetzt 25 Jahre alt.

Kasparow: Das ist wahr. Aber ich konnte die Erfahrung machen, gegen den damaligen Weltmeister ein 0:5 zu überleben. Anand hat vor New York nie gegen einen Weltmeister gespielt, nie gegen einen Spieler mit solchem Format. Er hat nur gegen Kamski gespielt, doch ein Match gegen Kamski ist nicht zu vergleichen mit einem Match gegen Kasparow. Das war ihr grösster Fehler in der Vorbereitung. Sie haben die psychologische Stärke des amtierenden Weltmeisters unterschätzt. Vor und besonders im Match hatte Anand den nötigen Respekt vor meinen Fähigkeiten verloren.

Das erstaunt, denn besonders Anands Hauptsekundant Artur Jussupow hätte Ihre psychologische Raffinesse richtig einschätzen müssen.

Kasparow: Genau. Das hat auch mich erstaunt. Vielleicht stand Anand zu stark unter dem Einfluss anderer Freunde, die ihn in dieser Respektlosigkeit unterstützt haben. Nur so kann ich mir dieses Desaster in der 11. Partie erklären. Ich biete Remis an, und er spielt weiter, und dann dieses Springer b6. Wie kann man ernsthaft glauben, dass ich einen Qualitätsverlust übersehe? Anand schaute fünf oder sechs Minuten auf die Stellung und lief trotzdem geradeaus in die Falle.

Sahen Sie diese Falle schon bei Läufer e6?

Kasparow: Natürlich schon bei König g7. Aber ich konnte nicht glauben, dass er hineinrennt. Ich spielte Le6 à tempo, schaute nervös drein, und schon spielt er Bauer b4.

Jeweils in einer bestimmten Phase der Eröffnung haben Sie Ihre Uhr abgestreift und neben sich hingelegt. War das ein Zeichen, dass die Partie wirklich beginnt?

Kasparow: Ja, für mich schon.

Manchmal hat Anand im Vergleich zu Ihnen wie ein Junge gewirkt.

Kasparow: Das ist sein Stil. Aber täuschen Sie sich nicht!

Haben Sie sich mit ihm nach dem Match noch länger unterhalten?

Kasparow: Nein, aber wir haben sehr gute Beziehungen.

Larsens oder Taimanows WM-Karrieren waren nach der Niederlage gegen Bobby Fischer zu Ende. Droht Anand nun ähnliches?

Kasparow: Ich hoffe nicht, aber das werden wir bald feststellen können. Doch die Verarbeitung der Niederlage wird ihm sicher Probleme bereiten.

Wen sonst sehen Sie als Ihren nächsten Herausforderer? Kramnik oder Kamski?

Kasparow: Kamski? Nein, das glaube ich nicht, das ist ein Witz. Aber die Frage ist schwer zu beantworten. Anand könnte sich durchaus wieder qualifizieren, Kramnik hat eine Chance, okay, Kamski hat auch eine, aber auch Iwantschuk. Er ist ein ausgezeichneter Spieler, wenn ihm seine Nerven keinen Streich spielen.

Sie sind nun schon seit zehn Jahren Weltmeister. Ist dieser Titel im Schach nicht zu hoch bewertet, wenn man etwa mit Tennis vergleicht?

Kasparow: Das ist eine Frage der Tradition, und die lässt sich nicht so einfach ändern. Nehmen Sie das Boxen, auch da hat der Titel sehr viel Prestige. Und dort zählt sogar nur ein Match, der Spitzenkampf. Schach steht dem Boxen näher als dem Tennis. Zudem existiert im Tennis ein etabliertes Turniergefüge. So was haben wir im Schach nicht.

Man könnte doch auch im Schach zum Beispiel Grand-Slam-Turniere einführen.

Kasparow: Ich denke nicht, dass dies eine gute Idee ist. Ein grosses Match ist und bleibt ein grosses Match und zieht die Werbung und die grösste Aufmerksamkeit auf sich.

Die WM ist vorbei. Ankunft im Zürcher Flughafen Kloten.
Foto: Dominique Meienberg

Im Tennis werden die Grand-Slam-Turniere auch sehr stark beachtet.

Kasparow: Aber Tennis hat in bezug auf Werbung viel mehr Kredit als Schach.

Ich habe dieses Thema angesprochen, weil Sie als bester Spieler der Welt zugleich auch bei Fragen der WM-Organisation entscheiden, in schachpolitischen Fragen...

Kasparow: schachgeschäftlichen.

... und diese Machtposition bei vielen Spitzenspielern auf Misstrauen stösst.

Kasparow: Ich würde die lieben, die Sponsorengelder auftreiben. Wenn Karpow Turniere organisieren würde, würde ich dorthin gehen und mitspielen. Aber niemand anderer tut das. Für mich wäre es auch einfacher, auf diese Arbeit zu verzichten, denn durch die PCA habe ich grosse finanzielle Einbussen gehabt, in den zwei PCA-Jahren wahrscheinlich in der Höhe von einer halben Million Dollar. Wegen des Schnellschachzyklus wurde die Preissumme für die Weltmeisterschaft gesenkt, im Schnellschach können mehr Spieler Geld verdienen, und ich spiele keine Turniere, an denen Startgelder ausbezahlt werden. Ich habe das alles getan, um eine professionelle Schachszene aufzubauen und unsere ersten Erfolge zu stabilisieren. Wenn Sie das können, gut, tun Sie es, ich habe nichts dagegen. Ich bin wirklich müde, all das Zeugs, all die Lügen immer wieder zu hören, die dann von Journalisten wiederholt werden. Soeben habe ich beschlossen, nicht mehr zu viele meiner Interessen zu opfern und einige PCA-Aktivitäten mit persönlichen Geschäftsinteressen ausserhalb der PCA zu kombinieren.

Trotzdem suchen Sie die Einigung mit dem Weltschachbund FIDE. Was geschieht, wenn die andere Seite nicht mitmacht?

Kasparow: Wir werden augenblicklich mit unserem nächsten PCA-WM-Zyklus starten. Das Geld für ein WM-Qualifikationsturnier für die 50 besten Spieler liegt bereit. Danach folgen Viertelfinal, Halbfinal und Final der Kandidaten und 1997 der dritte PCA-Titelkampf, und 1996 werden sechs statt vier Schnellturniere organisiert. Wir wollen und brauchen den Frieden mit dem Weltschachbund, aber die FIDE braucht ihn viel dringender.

Die FIDE ist blockiert, weil ihr Präsident Florencio Campomanes heftig umstritten ist.

Kasparow: Das ist ein politischer Kampf. Keiner von denen, die Campomanes kritisieren, ist fähig, Geld aufzutreiben. Kann Karpow etwa auch nur einen Penny auftreiben? Bei aller Kritik an Campomanes, er findet keine Sponsoren für FIDE-Matchs, weil diese keinen Wert haben. Abgesehen davon, dass Campomanes ohnehin nie Geld für eine WM finden konnte. Seit zwölf Jahren sitzt er da, wartet auf Bewerbungen und wählt dann eine aus.

Müsste deshalb nicht die gesamte FIDE-Führung ausgewechselt werden?

Kasparow: Soll die vom Mond herunterkommen? Man kann in dieser Organisation nicht von Null an neu beginnen.

Das klingt pessimistisch.

Kasparow: Nein, es kümmert mich ganz einfach nicht mehr, zum ersten Mal in meinem Leben. Ich werde auf diese Fragen keine Energie mehr verschwenden. Ich weiss auch nicht, was die FIDE wirklich will.

Wie verliefen die Vertragsverhandlungen zwischen der PCA und der FIDE?

Kasparow: Die Materie war und ist sehr kompliziert. Es ist nach diesem Match in New York offensichtlich, dass die PCA die grösseren Erfolge aufzuweisen hat. Ich bestehe darauf, dass ich meinen Weltmeistertitel unter denselben Bedingungen verteidigen kann, wie ich ihn 1985 gegen Karpow gewonnen habe. Zurzeit fliesst nur aus zwei Quellen Geld ins Schach. Die eine liegt in Moskau, wo der russische Verbandspräsident Andrei Makarow viel erreicht hat, die andere Intel, und beide Quellen sind mit meiner Person verbunden. Bei politischen Spielen und Intrigen mache ich nicht mehr mit.

Die PCA hatte für das FIDE-Match finanzielle Hilfe angeboten. Wie hoch war die?

Kasparow: Wir haben mit Intel gesprochen, und die Firma offerierte 100 000 Dollar. Das entspricht zurzeit dem realen Marktwert einer FIDE-Weltmeisterschaft. Doch Karpow verlangte gleich viel, wie in New York ausbezahlt worden ist. Man kann nicht mit Leuten verhandeln, die von Sinnen sind und nicht in einer realen Welt leben. Wenn Karpow von der

«Ein Match in den USA wird auch in Europa beachtet, umgekehrt weniger.»
Foto: Dominique Meienberg

Bildfläche verschwindet, wird niemand mehr davon Notiz nehmen. Okay, Pech für das Schach, aber den Sponsoren, den Organisatoren ist das egal, und einen Kramnik, einen Iwantschuk oder einen Lautier wird das auf ihrem Weg auch nicht aufhalten.

Wo soll das Vereinigungsmatch stattfinden?

Kasparow: Wir haben zwei Angebote.
Eines kommt vom World Trade Center in New York. Und das andere?

Kasparow: In New York steht der Bürgermeister Rudolph Giuliani hinter uns, wir werden das nächste Mal mehr Geld haben, ausgezeichnete Werbung und in der Lage sein, alles technisch noch besser zu organisieren. Über das andere Angebot kann ich noch nicht sprechen. Aber glauben Sie mir, es ist sehr gut.

Das heisst, Intel bleibt der PCA als Sponsor erhalten.

Kasparow: Ja. Sie waren vom Erfolg in New York begeistert. Wir haben auch noch zwei Nebensponsoren gefunden.

Haben Sie auch an das Hotel «MGM Grand» in Las Vegas gedacht?

Kasparow: Wir verfolgen verschiedene Ideen. Ich kenne den Mann, der das Hotel gebaut hat.

Stimmen Sie mit Bob Rice überein, der die WM in New York fest einrichten möchte?

Kasparow: Das ist uns nicht klar, ob wir das tun sollen. Nach meinem Gefühl werden wir die Weltmeisterschaft noch einmal im World Trade Center durchführen, sonst aber dort vielleicht nur Schnellschachturniere austragen.

Könnte ein Match in Europa nicht nützlich für den Schachfrieden sein?

Kasparow: Sicher wäre eine Weltmeisterschaft in Europa ausgezeichnet. Nur, ein Match in den USA wird auch in Europa beachtet, umgekehrt weniger. Um CNN oder ESPN hinter sich zu haben, muss man in den USA spielen. Wir brauchen weltweite Publizität, sonst erhalten wir das Geld nicht, und Giuliani ermöglicht uns auch den Zugang zu wichtigen Firmen.

Vor einem Jahr hatten Sie Motivationspro-

bleme und davon gesprochen, 1997 vielleicht zurückzutreten. Gilt das nun immer noch?

Kasparow: Noch diesen Frühling hatte ich mit dem Gedanken gespielt, in meinem Moskauer Bezirk für das russische Parlament zu kandidieren. Meine Mutter hat mir davon abgeraten und mich davon überzeugt, meine Kraft wieder auf das Schach zu konzentrieren.

Beharrlich hält sich auch das Gerücht, Sie hätten dereinst Ambitionen auf das höchste Amt Ihres Landes.

Kasparow: Klar ist nur, dass ich weiter Schach spielen, meine persönlichen Probleme lösen, mich geschäftlich mehr engagieren und mich nicht mit Politik herumplagen werde.

Kurz nach der WM war die Rede von einer Air Kasparow.

Kasparow: Ach nein, meine Beratungsfirma verhandelt mit einer russischen Fluggesellschaft über eine Beteiligung.

Sie sind das analytische Gehirn der Kasparow Consulting?

Kasparow: Okay, ich kann bei manchem helfen, insbesondere bei Fragen zum russischen Luftverkehr. Diesen Weg werde ich weiterverfolgen.

An der Börse wollen Sie Ihre phantastischen mentalen Fähigkeiten nicht in Kapital umsetzen?

Kasparow: Nein, nein, meine Fähigkeiten sind limitiert.

Neu ist auch, dass Sie nun bis zum Jahr 2000 Weltmeister bleiben wollen.

Kasparow: Das ist meine Absicht.

Motivieren Sie historische Gründe?

Kasparow: Nein. Mein Potential ist noch nicht ausgeschöpft. Solange mich niemand schlagen kann, warum sollte ich aufhören?

Es könnte langweilig werden.

Kasparow: Nein. Eine gewisse neue Motivation ist in diesem Match entstanden: Zu viele hatten sich meine Niederlage gewünscht. Man dachte schon, meine Zeit sei vorbei.

Hat Sie das belastet?

Kasparow: Nicht sehr, aber wenn ich zu Beginn nicht zu 100 Prozent motiviert war, dadurch bin ich es geworden.

Was haben Sie als Wichtigstes aus dem Match gegen Anand gelernt?

Kasparow: Dass Schach immer noch die erste Priorität in meinem Leben hat.

Interview: André Behr

Das elegante Springerpendel

5. Partie

Die Remis-Serie wurde zur Geduldsprobe für die Zuschauer. Man will Sieger sehen, vor allem die Amerikaner, die deshalb in ihren Lieblingssportarten Baseball und Basketball die Unentschieden abgeschafft haben, doch für Kasparow und Anand befand sich das Match auch zu Beginn der zweiten Woche noch in der Phase des gegenseitigen Abtastens. Der Weltmeister wurde in den ersten Runden ohnehin noch zu stark von schachpolitischen Fragen abgelenkt, um sich voll auf die 64 Felder konzentrieren zu können. Gespräche mit Andrei Makarow, dem russischen Vizepräsidenten der FIDE und offiziell nur ferienhalber in New York, und FIDE-Schatzmeister Willy Iclicki fanden statt. Entwürfe des Vereinigungsvertrags gingen zwischen den FIDE-Vertretern und PCA-Chef Kasparow hin und her. Erst nach ihrer Abreise konnte die Schach-WM für Kasparow wirklich beginnen.

Vorerst setzte der Titelverteidiger mit Schwarz weiter auf seinen Scheveninger, den er gegenüber der 3. Partie verbesserte und Anand damit zum erstenmal ein wenig in

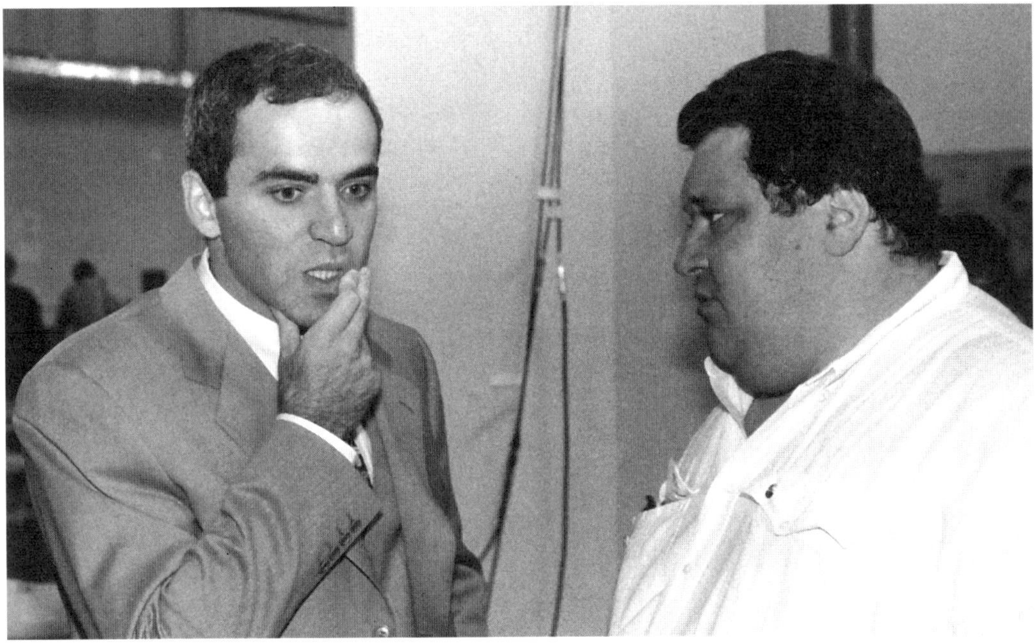

Politik und Schach: Garri Kasparow mit dem russischen FIDE-Vizepräsidenten Andrei Makarow.

Foto: Jerome Bibuld

Verlegenheit brachte. Im Analyseraum rechneten einige Kommentatoren sogar schon mit einem Sieg Kasparows, doch der Inder fand im richtigen Moment die Lösung in einem eleganten Springerpendel. Der Titelverteidiger gab sich anschliessend zufrieden, dass sich die Aufregungen aus der dritten Partie nicht wiederholten. Einmal mehr gefragt, ob ihm die schnellen Punkteteilungen nicht peinlich würden, nachdem er doch «stilformendes Schach» angekündigt hatte, schob er die Verantwortung wie zuvor auf Anand: «Was erwarten Sie von mir, wenn Weiss auf Sicherheit spielt? Anand weiss, dass dieses Match kein Sprint, sondern ein Langstreckenlauf ist. Er ist erstklassig vorbereitet. Ich habe nie erwartet, dass er in der Eröffnung Fehler macht.»
Kramnik bezeichnete die 5. Partie später als inhaltlich eine der besten Partien, die leider von vielen unterschätzt worden sei. Auch Roman Dschindschichaschwili hatte offensichtlich nur das Resultat vor Augen, als er im virtuellen Internet-Schachklub sein Publikum fragte: «Glaubt da draussen irgend jemand, dass sich heute einer der beiden ernsthaft in Gewinngefahr befindet?»

Anand - Kasparow

Sizilianisch, Scheveninger

Kommentiert von Michail Gurewitsch

1. e4 c5 2. Sf3 d6 3. d4 cxd4 4. Sxd4 Sf6 5. Sc3 a6 6. Le2 e6 7. 0-0 Le7 8. a4 Sc6 9. Le3 0-0 10. f4 Dc7 11. Kh1 Te8 12. Ld3 Sb4 13. a5 Ld7 14. Sf3

Bis hierher ist alles identisch mit der 3. Partie, und wieder stellt sich die Frage: Wer wird als erster abweichen?

14. ... Tac8

In der 3. Partie war der a8-Turm nach 14. ... Lc6 15. Lb6 Dc8 vorerst aus dem Spiel. Kasparows vorbereiteter neuer Versuch löst dieses Problem und verschafft der schwarzen Dame den günstigeren Schlupfwinkel b8, von wo sie das wichtige Feld e5 kontrolliert.

15. De2

Eine andere Möglichkeit ist analog zur 3. Partie 15. Lb6 Db8 16. De1, aber Schwarz erhält hier sowohl mit 16. ... Lc6 17. Dg3 Sxd3 18. cxd3 d5!, als auch mit 16. ... e5!? Gegenspiel.

15. ... Lc6 16. Lb6 Db8 17. Sd4 Sxd3 18. cxd3 d5!

Nach 18. ... Sd7 übernimmt Weiss mit 19. f5! die Initiative. Kasparows Figuren stehen so harmonisch, dass er im Zentrum bereits jetzt zum Gegenangriff übergehen kann.

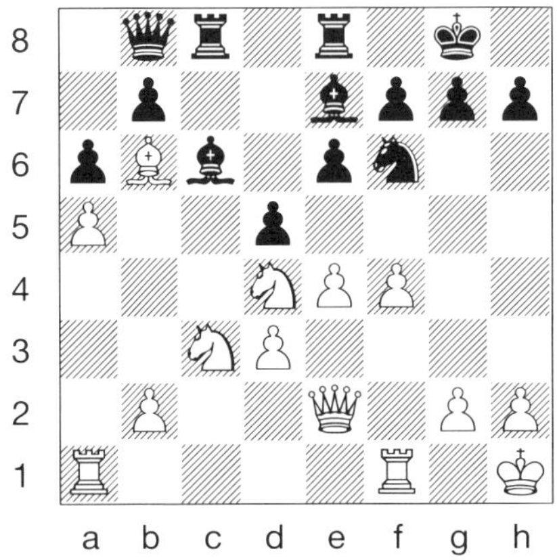

19. Df3

Einmal mehr in diesem WM-Match bevorzugt der Herausforderer eine solide, vielleicht zu solide Fortsetzung. Anand investiert mehr als eine halbe Stunde, bevor er sich entschliesst, die Spannung im Zentrum aufrechtzuerhalten. Die Entscheidung ist aber auch alles andere als einfach:

a) Das Zentrum zu schliessen gefällt mir nicht: Nach 19. e5?! Sd7 20. Sxc6 Txc6 (auch 20. ... bxc6 ist gut spielbar) 21. Ld4 Lc5 hat Schwarz das bessere Spiel. In der Presserunde bezeichnete Kasparow 19. e5 als einzigen Weg, mit Weiss um die Initiative zu kämpfen, aber ich weiss nicht, was er damit meint. Vielleicht findet ein guter Taktiker Gefallen an 19. ... Sd7 20. Dg4 Sxb6 21. axb6 Lc5 22. Sf3, wo Weiss einen verrückten Angriff lanciert und auf seinem Weg alles opfert, was zu opfern ist. Ich kenne Anand seit Jahren und glaube nicht, dass er dies ernsthaft in Erwägung gezogen hat.

Anmerkung der Redaktion: Elisbar Ubilawa berichtet, dass Anands Team 19. e5 Sd7 ebenfalls untersucht hatte und zunächst begeistert war von den weissen Chancen. Sie studierten die Angriffsführung 20. Dh5 Sxb6 21. axb6 Lc5 22. Sf3, fanden aber auch die richtige Verteidigung 22. ... Tf8! 23. d4 (nicht 23. g4? d4) 23. ... Lxb6 24. g4 Le8! mit der Idee 25. ... f6. Als die Analyse aus zeitlichen Gründen abgebrochen werden musste, kamen auch Anand und seine Sekundanten nicht über das Verdikt «unklar, aber interessant» hinaus.

b) Gutes Spiel gibt Schwarz 19. Sxc6 Txc6 20. Ld4 Td8 21. Le5 Dc8 (aber nicht 21. ... Da7?! und Weiss gewinnt straflos einen Bauern durch 22. Lxf6 Lxf6 23. exd5 exd5 24. Sxd5).

19. ... Sd7!

Kasparow kann mit 19. ... dxe4 20. dxe4 Sd7 (heikel wäre 20. ... e5?! wegen 21. Sf5 exf4 22. Ld4) 21. Sxc6 Txc6 22. Ld4 Td8 eine gleiche Stellung erreichen, nutzt aber lieber die Chance, seinem Herausforderer einige Probleme aufzugeben. Weiss muss nämlich bereits genau spielen, um die Balance zu halten.

20. Sxc6

Anand lehnt das Danaergeschenk ab. Nach 20. exd5 exd5 21. Sxd5 Lxd5 22. Dxd5 Sxb6 23. axb6 Tcd8 (aber nicht sofort ins Endspiel 23. ... Dd6?! 24. Dxd6 Lxd6 25. Sf5 Lc5 26. d4, und Weiss steht etwas besser) 24. Dc4 Dd6 erhält Schwarz den Bauern leicht zurück und darf dank der verbleibenden weissen Schwächen auf klaren Vorteil pochen.

20. ... bxc6

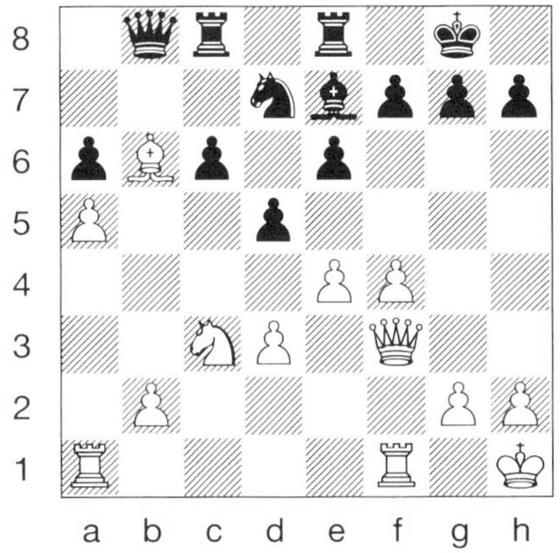

Zunächst scheint es, als ob Weiss die Probleme nicht in den Griff bekommt. Der b6-Läufer ist bedroht, und die beiden Bauern a5 und b2 sind anfällig. Nun führt 21. Ld4?! c5 (natürlich nicht 21. ... Dxb2?? 22. Tfb1 Dd2 23. Ta2 mit Damenfang) 22. Le5 Dxb2 23. Sxd5 Sxe5 24. Sxe7+ Txe7 25. fxe5 Dxe5 ebenso zu Vorteil für Schwarz wie 21. De3 Ld8 22. Lxd8 Texd8. Viele Grossmeister würden in dieser Situation leicht dem Eindruck erliegen, dass mit der Initiative auch der Vorteil zur Gegenseite gewechselt hat. Aber nicht Anand. Er findet ein exzellentes Verteidigungsmanöver, das die Partie ohne Wenn und Aber rettet.

21. Sa4!

«Springer am Rand, grosse Schand», schulmeisterte Siegbert Tarrasch zu Beginn dieses Jahrhunderts. Doch jede Regel hat eine Ausnahme, zumal sich dieser Zug als cleverste Lösung erweist. Anand öffnet die halboffene c-Linie für seinen Turm und verplombt zugleich seinem Gegner die halboffene b-Linie. Für einmal steht der Springer am Rand goldrichtig.

21. ... Dd6

Nach 21. ... Sxb6 22. axb6 Ld8 23. Df2 haben beide Seiten Chancen. Nicht mehr als Ausgleich ergibt 21. ... Ld8 22. Df2, und vielleicht hat Weiss mit dem von Kasparow gezeigten 22. f5!? sogar mehr. Der Textzug riskiert nichts, die Dame schwenkt auf das aktive Feld b4, aber in der Zwischenzeit können sich die weissen Figuren gegenseitig decken.

22. De3 Db4 23. Tfc1

Jetzt stehen die weissen Figuren zum Gegenspiel am Damenflügel bereit.

23. ... c5

Nach 23. ... Sf6 24. Lc5! Lxc5 (der Bauer ist tabu: 24. ... Dxa5? 25. Lxe7 Txe7 26. Sb6, und Weiss gewinnt) 25. Sxc5 kann Weiss sogar wieder auf Vorteil hoffen.

24. Df3 Sf6

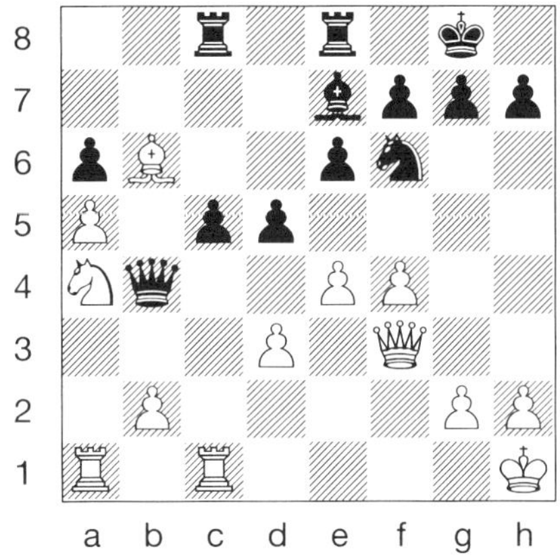

25. Sc3!

Anands Verteidigung stimmt: Sowie der schwarze Springer den Angriff auf b6 aufgibt, ist sein weisser Kollege von seiner Pflicht entbunden und kann wieder Richtung Zentrum wirken. Dieses hübsche Springerpendel hält die Partie im Gleichgewicht.

25. ... Ld8

Damit gesteht Kasparow ein, dass Anand die Gratwanderung überstanden hat. Der Bauernraub 25. ... dxe4 26. dxe4 Dxb2? führt nach 27. Tcb1 Dd2 (27. ... Dc2? 28. Ta2) 28. Td1 Dc2 29. Tac1 Db2 30. e5 zu klarem weissem Vorteil. Und falls Schwarz das Zentrum schliesst – 25. ... d4 26. Sa4 Tc6 27. Tc4 Db5 28. Tac1 Tec8 –, sind die weissen Chancen nicht schlechter.

26. exd5 exd5

In der Pressekonferenz nach der Partie erwähnte Kasparow 26. ... Lxb6 27. axb6 Dxb6 als letzte Chance, wenn Schwarz kämpfen will. Diese Fortsetzung ist komplizierter als der Textzug. Nach dem korrekten 28. dxe6

Analysediagramm

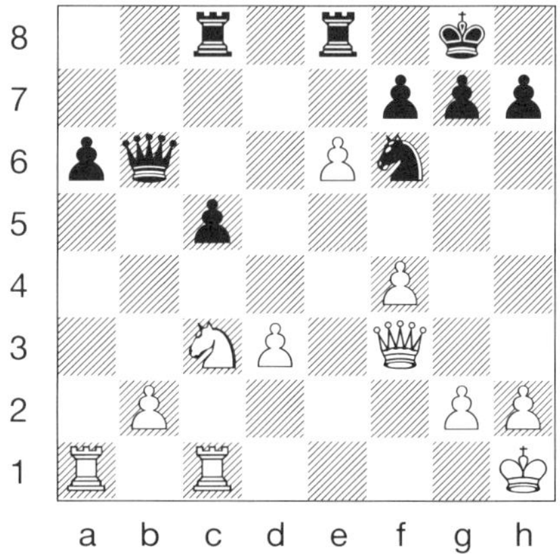

28. ... Txe6 (genauer als 28. ... Dxe6 29. h3, denn Weiss droht mit 30. Sa4 die schwarzen Schwächen zu attackieren) 29. Sa4! Db4 (29. ... Dd6 30. b4 bringt Weiss sogar in Vorteil) 30. h3 mit der Idee 31. Tc4 dürfte Weiss aber auch hier knapp das Remis behaupten.

27. Sxd5 Sxd5 remis.

Nach der sehr naheliegenden Tauschfolge 28. Dxd5 Lxb6 29. axb6 Dxb6 30. b3 ist die Stellung völlig ausgeglichen. Anand dürfte das Remisangebot nach seiner nicht einfachen, aber sauber gespielten Verteidigungsleistung mit Erleichterung akzeptiert haben.

Die Unvollendete

6. Partie

Nachdem Anand mit Schwarz die Tests 1. d4 und 1. Sf3 bestanden hatte, wechselte Kasparow erstmals zu 1. e4. Mit dem offenen Spanier konnte er rechnen, denn dies war Anands wichtigste Verteidigung im Kandidatenfinale gegen Gata Kamski und zugleich die Spezialität seines Hauptsekundanten Artur Jussupow. Als Kasparow mit 11. Sg5 in eine taktisch brisante Variante lenkte, die schon Anatoli Karpow beim WM-Match 1978 in Baguio City gegen Viktor Kortschnoi gespielt hat und mit der Anand als Weisser 1994 beim Europapokal-Final gegen Ivan Sokolov verlor, erreichte die New Yorker WM ihren ersten Höhepunkt. Doch auch diese bisher spannendste Partie blieb unvollendet. Niemand ahnte zu dem Zeitpunkt, dass Kasparow eine Woche später diesen Spanier zu einem Meisterwerk machen würde.

«Einer hätte die Schlussposition verloren», glaubte der in Belgien lebende russische Grossmeister Michail Gurewitsch zunächst, doch wer dies sein würde, konnte er zu dem Zeitpunkt nicht sagen. Dasselbe Problem hatten Kasparow und Anand, als sie im kritischen Moment jedes Weiterspielen vermieden. «Wir wussten beide nicht, was los war», sagte Anand nach der Partie und vertröstete die enttäuschten Zuschauer: «Die heutige Partie war auch so spannend genug.»

Kasparow dagegen ärgerte sich tags darauf und behauptete, er habe den Kampf genau in dem Moment abgebrochen, als die Stellung zu seinen Gunsten kippte, denn Anand habe das Endspiel misshandelt. Michail Gurewitsch widerspricht nun sowohl Kasparow als auch seiner früheren Einschätzung: Die Endstellung sei für keine Seite gewonnen, sondern remis. Natürlich speiste auch das sechste Remis die unausrottbaren Verschwörungstheorien, die bei jeder Weltmeisterschaft zu Gast sind. Ein schlagender Beweis dafür, dass die Spieler auch in New York geheime Botschaften austauschen, lautete folgendermassen: «Was war der letzte Zug von Schwarz?» – «Bauer c5.» – «Und was war der letzte Zug von Weiss?» – «Bauer e4.» – «Wie wird also Weiss die nächste Partie eröffnen?» – «Wahrscheinlich mit Bauer e4.» – «Und wie wird Schwarz antworten?» – «Sizilianisch.»

Kasparow - Anand

Spanisch, offene Variante

Kommentiert von Michail Gurewitsch

1. e4

Endlich spielt Kasparow den Eröffnungszug, der ihm schon eine Reihe hübscher Siege gegen Anand eingebracht hat, zuletzt im April in Riga, wo er den Inder mit dem Evans-Gambit überraschte.

1. ... e5 2. Sf3 Sc6 3. Lb5

Aber gegen einen vorbereiteten Gegner ist Kasparow das Bauernopfer 3. Lc4 Lc5 4. b4!? zu riskant.

3. ... a6 4. La4 Sf6 5. 0-0 Sxe4
Bisher hat es niemand gewagt, Kasparow den offenen Spanier vorzusetzen. Anand hat mit dieser Variante in den letzten Jahren viel Erfahrung gesammelt, und es überrascht nicht, dass er sie zur WM mitgebracht hat, denn der wohl grösste Experte ist sein Hauptsekundant Artur Jussupow.

6. d4 b5 7. Lb3 d5 8. dxe5 Le6 9. Sbd2 Sc5 10. c3 d4

Im Halbfinale des PCA-Kandidatenturniers 1994 in Linares hat Michael Adams gegen Anand in dieser Stellung 11. Lxe6 Sxe6 12. cxd4 Scxd4 13. Sxd4 Dxd4 14. Dc2 Td8 15. a4 Dd5 16. axb5 axb5 17. De4 Lc5 18. Dxd5 Txd5 19. Se4 Ld4 versucht, und Schwarz stand bereits etwas besser.

11. Sg5

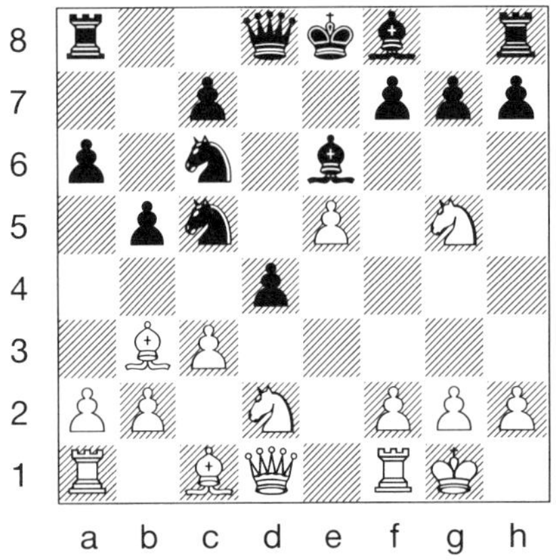

Dieser von Anatoli Karpow eingeführte Springerausfall vermag heute niemanden mehr zu überraschen. Schlagen sieht obskur aus, ist aber möglicherweise spielbar: 11. ... Dxg5 12. Df3 0-0-0 (Sowohl 12. ... Kd7 13. Ld5 als auch 12. ... Ld7 13. Lxf7+ Ke7 14. Ld5 wäre riskanter.) 13. Lxe6+ fxe6 14. Dxc6 Dxe5 15. Sf3 Dd5 16.Sxd4 e5 17. Dxd5 Txd5 18. Sb3 führte 1992 in einer Schaupartie Patrick Wolffs gegen den Computer Mephisto zum Ausgleich.

Anand hat 11. Sg5 übrigens selbst schon mit Weiss gespielt, und zwar beim Europacupfinale 1994 in Lyon gegen Ivan Sokolov. Nach 11. ... Ld5 12. Lxd5 Dxd5 13. Sb3 Sxb3 14. axb3 Le7 15. Sf3 Sxe5 16. Sxd4 Sg6 17. Df3 Dxf3 18. Sxf3 hatte Weiss nicht mehr als Ausgleich. Statt nun auf der anderen Seite des Brettes die Idee des Bosniers zu übernehmen, reagiert Anand wie vor 17 Jahren Viktor Kortschnoi:

11. ... dxc3 (1.52) **12. Sxe6 fxe6 13. bxc3 Dd3 14. Sf3 0-0-0!?**

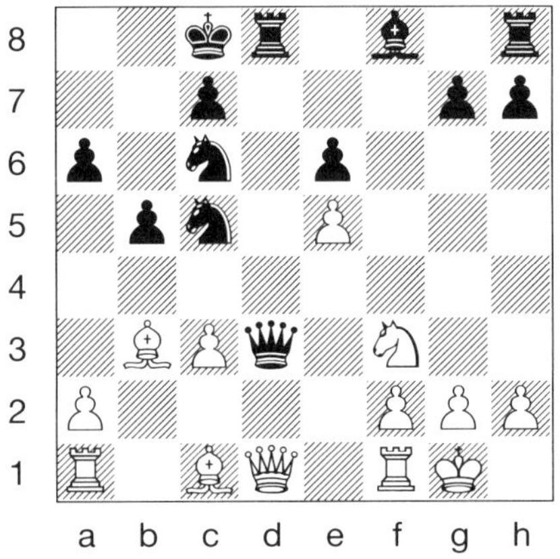

Dieser ebenso interessante wie logische Zug dürfte eine Verbesserung sein gegenüber dem sofortigen Damentausch, der Karpow und die KPdSU gegen einen armen Dissidenten in einem berühmten WM-Match 1978 in Baguio City in Vorteil brachte: 14. ... Dxd1 15. Lxd1 Le7 16. Le3 Sd3 17. Lb3.

15. De1!? (1.50)

Ich verstehe, warum Kasparow die Damen auf

dem Brett behalten will. Die geschwächte schwarze Königsstellung nährt Angriffshoffnungen. Dennoch dürfte 15. Lg5 die natürliche Fortsetzung sein.

15. ... Sxb3 (1.33) **16. axb3 Kb7** (1.23)

Solange Schwarz die d-Linie beherrscht, bedarf es vieler Phantasie, die weisse Dame in den Angriff einzuschalten.

17. Le3 (1.30)

Zunächst habe ich diesen Zug für einen Fehler gehalten, zumal der Läufer bereits im nächsten Zug nach g5 umquartiert wird. Doch das sofortige 17. Lg5 erwidert Schwarz nicht mit 17. ... Le7 18. Lxe7 Sxe7, denn 19. c4 gibt Weiss Schwung, sondern stärker 17. ... Td7. Um h7-h6 nebst g7-g5 mit starkem Angriff für Schwarz zuvorzukommen, müsste Weiss dann 18. Td1 spielen. Doch nach 18. ... Dxd1 19. Dxd1 Txd1 20. Txd1 h6 21. Le3 Le7, gefolgt von Th8-a8 nebst a6-a5-a4, hat Schwarz das aussichtsreichere Endspiel – nicht eben der Traum Kasparows.

17. ... Le7 (1.15) **18. Lg5**

Die tiefere Logik hinter dem Tempoverlust: Nun kann Anand dem Läufertausch nicht ausweichen. Auch Kasparow hat hinterher keine Verstärkung angeben können, zum Beispiel 18. Ta2 Thf8!? 19. Da1 Txf3! (nach 19. ... Dd5 20. c4 übernimmt Weiss die Initiative) 20. gxf3 Dg6+ (nicht so klar ist 20. ... Sxe5 21. Txa6 Sxf3+ 22. Kh1 De4 23. Da5) 21. Kh1 Df5, und Schwarz hat ein Remis in der Tasche. Vielleicht sogar mehr.

18. ... h6

Die folgenden Varianten zeigen, warum Schwarz gut daran tut, das Feld g5 zu kontrollieren:

a) 18. ... Lxg5 19. Sxg5 Df5 20. Se4 Dxe5 21. b4 nebst 22. Sc5+ gibt Weiss Angriff.

b) 18. ... Thf8 19. Lxe7 Sxe7 20. Sg5 Df5 21. Se4 Dxe5 22. b4, mit ähnlichen Folgen.

19. Lxe7 Sxe7 20. Sd4 (1.24)

Nun wäre 20. c4?! Sc6 günstig für Schwarz.

20. ... Txd4!

Dieses nach nur zwei Minuten Nachdenken gespielte Qualitätsopfer ist zweifellos die beste Fortsetzung und zugleich der stehende Beweis, dass Anand vor seinem starken Gegner keine Angst hat. Kasparows Hoffnung auf 20. ... Dg6, um mit 21. Dc1 nebst 22. Da3 oder auch 21. b4 nebst Sd4-b3-c5 am schwarzen Monarchen zu schnuppern, löst sich in Luft auf.

21. cxd4 Dxb3 (1.07)

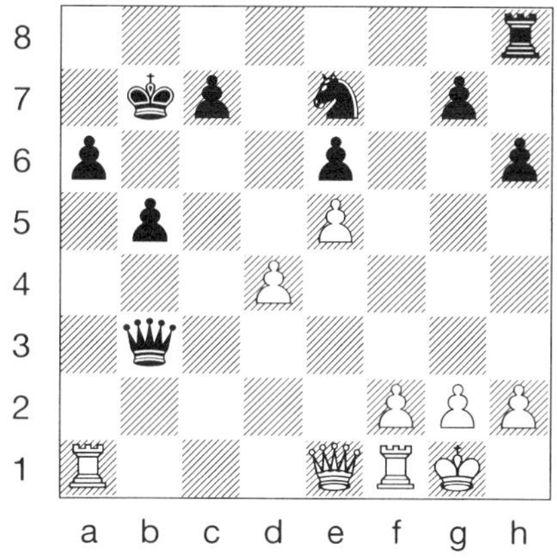

Schwarz hat zwar nur einen Bauern für die Qualität, doch seine beiden verbundenen Freibauern können sehr gefährlich werden.

Nach einer halben Stunde Nachdenken verwirft Kasparow einen Angriff gegen den schwarzen König und sieht im Damentausch die beste Gewinnchance. Wie steht es konkret mit den Alternativen?

a) 22. Da5 Ta8 23. Tfc1 c6 (aber nicht 23. ... Sc6? 24. Txc6 Kxc6 25. Tc1+ Kd5 26. Dxc7 mit entscheidendem Angriff für Weiss), und es sieht nicht danach aus, als ob Weiss den Angriff verstärken könnte.

b) 22. Dc1!? Td8

b1) 23. Txa6 Kxa6 24. Dxc7 Txd4 25. Ta1+ (25. Dxe7? Td1) Ta4 26. Dd6+ Ka5 27. Dc7+ führt zum Dauerschach.

b2) 23. Dc5 Sc6! (23. ... Td7? 24. Txa6 Kxa6 25. Ta1+ Kb7 26. Da7+ Kc6 27. Da8+ Kb6 28. Ta6 matt) 24. Txa6 Dd5 25. Da3 Dxd4 26. h3, und Schwarz kommt der Aktivierung des Königturms durch «Ewiges Gardez» zuvor mit 26. ... Dd3 27. Da2 Dd2 28. Da1 Dd4, denn nach Damentausch hat nur Schwarz Gewinnchancen.

22. De3 (0.59) **Dxe3** (1.03)

Der Rückzug 22. ... Dd5? erlaubt 23. Da3.

23. fxe3 Sd5 (0.59) **24. Kf2**

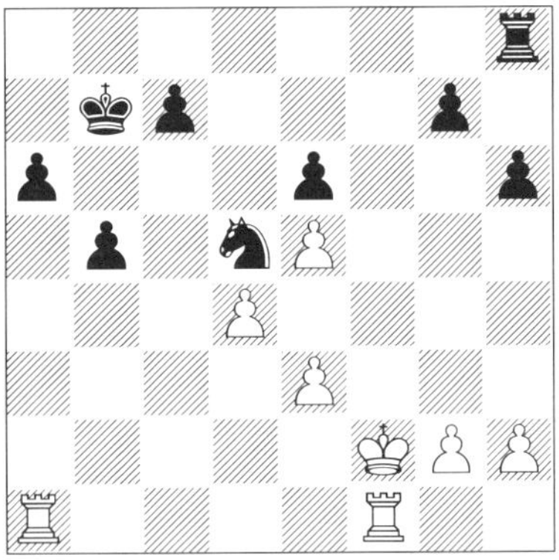

Nicht ganz klar sind die Folgen von 24. Tf7 Sxe3 25. Txg7 Sf5 26. Td7 Kc6 27. Tf7 Sxd4 28. Txa6+ Kd5 29. Txc7 Kxe5. Deshalb hält sich Kasparow an die klassischen Endspielregeln und zentralisiert seinen König. Doch auch Anand rückt seinen König vor, damit er seinen a-Bauern vorstossen kann. Dagegen ist 24. ... Tf8+?! 25. Ke2 Txf1 26. Txf1 fragwürdig. Prinzipiell ist es für Schwarz hier günstiger, die Türme auf dem Brett zu lassen. Während das weisse Turmpaar nicht zusammenspielt, übernimmt der schwarze Turm nicht nur wichtige Verteidigungsaufgaben, sondern unterstützt auch den Gegenangriff und den Weg der Freibauern.

24. ... Kb6(0.51) **25. Ke2** (0.49) **a5 26. Tf7 a4** (0.46)

Der a-Bauer ist Anands wichtigster Trumpf. Verständlicherweise verschwendet er keine Zeit damit, seine Bauern auf der Königsseite zu verteidigen, denn nach 26. ... g5 27. Kd2 b4 28. e4 Sc3 29. Kd3 Td8 30. Tf6! übernimmt Weiss die Initiative.

27. Kd2! (0.37)

Klar ist, dass Kasparow nicht 27. Txg7 spielt

wegen 27. ... b4, und die Springergabel tabuisiert den Bauern a4. Aber ich habe eine Weile gebraucht, um zu verstehen, warum er den Springer nicht sofort vertreibt. Nach 27. e4?! lässt sich Schwarz nicht auf 27. ... Sc3+ 28. Kd3 b4 29. Kc4 ein, sondern spielt stärker 27. ... Sb4! 28. Te7 (28. Tc1 Td8 29. Ke3 Sc6 gibt Schwarz gutes Gegenspiel) 28. ... Sc2! 29. Txe6+ Kb7! (viel stärker als 29. ... Ka5? 30. Td1 b4 31. Tc6 b3 32. Txc7 a3 33. Tc5+ Kb4 34. Kd3 nebst 35. Txc2 bzw. 30. ... Td8 31. d5 c5 32. Tc6 Sd4+ 33. Txd4 cxd4 34. e6 jeweils mit klarem weissem Vorteil im Turmendspiel) 30. Td1 a3 31. Kd3 Sxd4! 32. Kxd4 Td8+ 33. Td6 cxd6 34. e6 Ta8 35. Kc3 (zäher als 35. Kd5? a2 36. e7 Kc7 37. Ke6 b4 mit leichtem Gewinn für Schwarz) 35. ... Kc7, mit guten Gewinnaussichten.

Fast alle Kommentatoren halten nun 27. ... Td8 für genauer, eine Einschätzung, die auch Anands Team teilt, wie sein Sekundant Elisbar Ubilawa bestätigt. Kasparow ist sogar so weit gegangen, den Textzug einen entscheidenden Fehler zu nennen, nachdem Weiss besser, wahrscheinlich sogar auf Gewinn stehe. Mir erscheinen die Vorzüge von 27. ... Td8 nicht so eindeutig, denn damit gibt Schwarz seinen Königsflügel gewissermassen auf: 28. Txg7 c5 (schwächer ist 28. ... Ka5 29. e4 Sb6 30. Kd3 Sd7 31. Kc2 und 32. Te7 folgt), und Weiss hat die Wahl, mit 29. dxc5 auf Sicherheit zu spielen oder die haarsträubenden Verwicklungen 29. Tg6 Sc7 30. Txh6 c4 31. g4 Ka5 32. Th7 Tc8 zu riskieren. Trotz mehrerer Stunden Analyse habe ich die «definitive Wahrheit» hier nicht finden können. Nur soviel ist klar: Beide Seiten schweben nach 27. ... Td8 in grosser Verlustgefahr. Anand ist nicht der Spieler, der sich auf derartig spekulative Varianten einlässt, und trifft deshalb eine pragmatische Entscheidung:

27. ... c5 (0.40) **28. e4 remis** (0.32 – 0.31).

Und auf einmal schütteln sie sich die Hände.

Die Grossmeister vor Ort haben sich noch Stunden nach der Partie gestritten, ob Kasparows Remisangebot so schlau war, wie zunächst vermutet, oder übervorsichtig. Kasparow nannte die 6. Partie später seine einzige verpasste Chance in der ersten Matchhälfte. Die dürfte aber eher sein verfrühtes Remisgebot in der 4. Partie gewesen sein. Denn auch Anands Team hat sich am Tag nach der 6. Partie mehrere Stunden mit dieser Position beschäftigt, und seine Einschätzung schwankte immer wieder zwischen Gewinnstellung und klarem Vorteil für Schwarz. Ob der Meinungsunterschied darin begründet liegt, dass die beiden verschiedene Springerzüge untersucht haben? Ich vertrete jedenfalls eine dritte Einschätzung: Beide in Frage kommenden Springerzüge führen zum Remis.

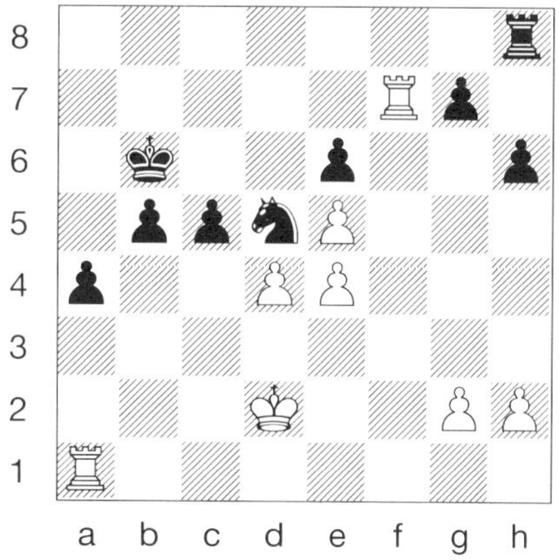

a) 28. ... Sb4 ist möglicherweise der Zug, den Kasparow erwartet hat: 29. dxc5+ Kxc5 löst die Probleme nicht, denn nach der bestmöglichen Folge 30. Td7! Tf8 31. Tc1+ Kb6 32. Td6+ Ka5 33. Tc7 Ta8 34. Txe6 a3 35. Kc3 Sa6 36. Tcc6! Sc5! 37. Txc5 a2 38. Kb2 a1=Dame+ 39. Kxa1 Kb4+ 40. Kb2 Kxc5 41. Te7 hat Weiss tatsächlich gute Gewinnchancen im Turmendspiel. Aber meines Erachtens kann Schwarz selbst hier mit 29. ... Kc6! 30. Txg7 Td8+ 31. Kc3 Kxc5 Remis halten, zum Beispiel 32. Tc7+ Kb6 33. Kxb4 Tb3! 34. Tb7+ Kxb7 35. Kxb5 a3 36. Kb4 Td4+ 37. Kxa3 Txe4.

b) 28. ... Sc7 ist der Zug, der laut Anands Team zum Vorteil für Schwarz führen soll: 29. dxc5+ Kc6 30. Txg7 (nach 30. Te7 Tf8 31. Ke3 Ta8 rückt Schwarz seine Bauern vor) Sa6 31. Te7 Sxc5 32. Tc1 Kb6 bietet Schwarz auch tatsächlich gute Chancen. Aber 30. Kc3 Sa6 (nach 30. ... Td8? 31. Te7 hat Schwarz keinen sinnvollen Zug) 31. Td1 Kxc5 (31. ... Sxc5?? 32. Td6 matt) 32. Td6 b4+ 33. Kb2 Ta8 dürfte die Stellung im dynamischen Gleichgewicht halten.

Die Gestik des Weltmeisters: Anand hat mit seinem Qualitätsopfer die Partie aus dem Gleichgewicht gebracht.
Foto: Michael Kupferschmidt

Traum einer Freundschaft

Von Albert Toby

Ich reiste Anfang September nach New York, um einen Traum in Erfüllung gehen zu sehen. Einen Traum, der vor acht Jahren begonnen hatte, als irgendwann im Sommer 1987 eines Nachts in meinem Kopf ein Wecker losrasselte und ich aufwachte. Die Botschaft war klar: Der Augenblick ist gekommen. Ich werde das nie vergessen.

Einige Andeutungen aus jenem lebhaften Traum genügten mir, die sonst unbegreifliche Entscheidung zu treffen. Dabei liebte ich meinen Job. Ich fuhr zu allen wichtigen Schachereignissen, um die niederländische Monatszeitschrift «New in Chess» unter die Leute zu bringen. Manchmal schrieb ich auch. Aber jetzt sah ich bei «New in Chess» keine Zukunft mehr für mich. Traurig gestimmt kündigte ich meine Stelle, kaufte ein Ticket von Amsterdam nach Colombo und liess alles zurück. Von der wunderschönen Insel Sri Lanka ging es weiter nach Madras, wo der nächstgelegene Flughafen auf dem indischen Subkontinent liegt. Dort begann meine eigentliche Reise. Ohne Ziel, ohne Route. Ich hatte sechs Monate Zeit bis zu meinem Rückflugtermin in der nepalesischen Hauptstadt Katmandu. So frei wollte ich immer schon sein.

Einige Wochen vor meiner Abreise nach Sri Lanka hatte mich Maxim Dlugy besucht. Ich hatte ihn für «New in Chess» interviewt, wir fanden uns sympathisch und waren Freunde geworden. Er kam zwischen zwei Turnieren, um bei mir ein wenig herumzuhängen. Den Zeitungen entnahmen wir jeden Morgen die Resultate von der Juniorenweltmeisterschaft in Manila. Maxim hatte diesen Titel 1986 gewonnen und war neugierig, wer sein Nachfolger werden würde. Das Endergebnis stimmte ihn zufrieden. Der neue Champion war ein 17jähriger Inder Namens Anand Viswanathan. Maxim kannte ihn. Die beiden hatten im Vorjahr eine verrückte Partie gegeneinander gespielt, die nach einem widersinnigen Verlauf remis endete. «Anand ist ein toller Typ. Warum besuchst du ihn nicht, wenn du in Indien bist?» – «Klar, warum nicht?» antwortete ich, ohne einen weiteren Gedanken daran zu verschwenden.

Bei meiner Ankunft im südindischen Madras war ich gezwungen, länger zu bleiben als beabsichtigt. An einem rasiermesserscharfen Korallenriff hatte ich mir auf Sri Lanka den Fuss verletzt, und die Wunde war noch nicht verheilt. Also beschloss ich, Manuel Aaron zu besuchen, den einzigen Schachspieler, den ich in Indien kannte. Kennen ist übertrieben, wir hatten während der Schacholympiade 1986 in Dubai vielleicht zehn Minuten miteinander gesprochen. Ich hielt dem Rikschafahrer die Visitenkarte hin und landete in einem Vorort.

Aaron fragte mich, ob ich schon von Anand gehört habe. «Willst du ihn besuchen?» Natürlich wollte ich. Er griff zum Telefonhörer. Ich verstand kein Wort von dem, was folgte. Die tamilische Sprache scheint nichts für nordische Temperamente zu sein. «Mein Sohn wird dir den Weg zeigen», sagte Aaron, nachdem er den Hörer aufgelegt hatte, und machte mich mit Arvind bekannt. Ich nahm Platz auf dem Rücksitz seines Motorrads, und Arvind umkurvte vorsichtig die Wasserbüffel und Monsuntümpel, in denen einige der Dickhäuter ihr nachmittägliches Bad nahmen. Nach fünf Minuten waren wir da. Anand wohnte buchstäblich um die Ecke.

Zum Glück hatte mir jemand einen Kassettenrecorder geliehen. Heutzutage weiss jeder, wie fix Anand spielen kann. Aber Junge, Junge, er spricht genauso schnell. Nach unserem Interview zeigte er mir das Haus, stellte mich seinen Eltern vor und lud mich zum Lunch ein. Ich überbrachte Maxims Grüsse. Wir hatten viel Spass an diesem Nachmittag. Ein barfüssiger Schreiber tippte das Interview für eine Handvoll Rupien in eine antike Maschine. Ich packte etwas Lokalkolorit und einige Fotos dazu und schickte alles an meinen früheren Arbeitgeber: «Mit Grüssen aus Indien.»

Die nächsten sechs Monate waren die unglaublichsten meines Lebens, aber das ist eine andere Geschichte. Zurück in Amsterdam, klingelte eines Tages mein Telefon. «Hi, hier ist Anand. Erinnerst du dich an mich? Ich bin am Flughafen.» An jenem Tag wurde meine Wohnung sein zweites Zuhause. In Europa kannte ihn damals so gut wie keiner. Wochenlang sass er mit Visaanträgen in Botschaften fest, entdeckte das Restaurant «El Taco», experimentierte mit meinem Rezept für Rühreier mit Bananen und indischer Currypaste, fand Gefallen an der niederländischen Turnierszene und lernte seinen ersten Satz Holländisch von einer Reklamewand: «Ongewenst zwanger, wat nu?» Er fragte Organisatoren und Schiedsrichter. Die amüsierten sich und blieben die Übersetzung («Ungewollt schwanger, was jetzt?») schuldig.

Vor einem späteren Besuch Anands meldete sich meine alte Fussverletzung, mein «Indienvirus», zurück. Ich konnte mich kaum bewegen und fiel fast in Ohnmacht vor Schmerzen, während er auf meiner Couch herumlümmelte und MTV glotzte. Am nächsten Tag musste ich zum erstenmal in meinem Leben ins Krankenhaus. Als mich Anand besuchte, hatte er seinen Kollegen Yasser Seirawan im Schlepptau. Der war ihm zufällig auf der Amsterdamer Jan Evertsenstraat begegnet, oder Jan Ehlveststraat, wie sie Anand nach dem estnischen Grossmeister zu nennen pflegt. Einige andere Patienten erkannten Anands Gesicht. Eine Partie gegen die Langeweile im Krankenbett konnte er ihnen nicht verweigern. Das war der Preis für seinen neuen Ruhm.

Vater und Sohn bei der Eröffnungsfeier. Im Hintergrund Anands Freund Albert Toby.

Foto: Arvind Aaron

Wenige Monate später besuchte ich Anand in Brüssel, wo ihn 1991 im Viertelfinale des Kandidatenturniers mit Anatoli Karpow der schwerstmögliche Gegner erwartete. Sein Sekundant Michail Gurewitsch predigte ihm die «Harmonie der Figuren». Anand imitierte Michails russischen Akzent, konzentrierte sich auf «Garmony» wie sonst nur Karpow selbst und brachte den Vizeweltmeister damit an den Rand einer Niederlage. Anand verstand es noch nicht, im entscheidenden Augenblick zuzuschlagen, doch sein Talent konnte keiner mehr leugnen. Seine Zeit würde kommen. Kein Grund zur Ungeduld, innere «Garmony» gehört auch dazu.

In Brüssel lernte ich Maurice und Nieves Perea kennen. Der ehemalige Geschäftsmann, eine durch und durch aristokratische Erscheinung, versteht selbst einiges von Schach. Er hatte vor vielen Jahren die Meisterschaften von

Texas und Pennsylvania gewonnen. Seine Frau Nieves organisiert die Weltklasseturniere im andalusischen Linares. Das Paar aus Madrid war trotz der 3½:4½-Niederlage stolz auf Anand. Wir alle waren uns einig, dass er im nächsten WM-Zyklus ein Team von Helfern um sich brauchte.

Spätestens jetzt hatte sich Anand einen Namen gemacht und war ein begehrter Teilnehmer bei den wichtigsten Turnieren der Welt. In der Regel schickten ihm die Veranstalter zwei Tickets. Ich begleitete ihn nach Monte Carlo, Moskau, Buenos Aires und anderswohin. Wir hatten jede Menge Spass, und er spielte erfolgreich. Trüben Herzens hatte ich mich vor Jahren durch die Hintertür vom Schach verabschiedet, jetzt stand die Vordertüre weit offen. Inzwischen hatte ich als Psychotherapeut eine eigene Praxis eröffnet. Meine Ausbildung ermöglichte es mir, Anand wenn nötig professionell zu betreuen. Allerdings versuche ich, Arbeit und Freundschaft getrennt zu halten. Als ich meiner amerikanischen Freundin Laura im Juni 1993 das Ja-Wort gab, schwänzte Anand die Schlussfeier des Turniers in Las Palmas, um die Pflichten des Trauzeugen zu übernehmen.

Anand qualifizierte sich dann sowohl im FIDE- als auch im PCA-WM-Zyklus für das Kandidatenturnier. In seinem Unterbewusstsein fehlte ihm jedoch das Interesse am FIDE-Wettbewerb. Ein Teil in ihm schien alles zu tun, um im Bieler Interzonenturnier zu scheitern. Als Zehnter qualifizierte er sich dann gerade noch als letzter für die Kandidatenwettkämpfe. Auch mit halber Kraft ist er den meisten anderen Grossmeistern überlegen. Die Lektionen aus dem FIDE-Zyklus nützte Anand, um die PCA-Ausscheidungen sehr überzeugend zu gewinnen. Auf dem Weg fand er einen neuen Freund. Artur Jussupow, den er im FIDE-Kandidatenturnier 1994 in Wijk aan Zee 4½:2½ besiegt hatte, wurde sein Sekundant. Eine erstklassige Wahl.

Anand kaufte ein hübsches, am Fuss der Berge gelegenes Haus in einem kleinen Dorf 50 km ausserhalb von Madrid. Die Landschaft und das Klima erinnern ein wenig an Indien. Ich bin mir sicher, dass er dort glücklich sein wird. Die Hilfe der Pereas, die nur einige Gehminuten entfernt wohnen, ist unschätzbar. Ihr Sohn Eduardo ging mit Anand joggen, oder sie tourten mit ihren Mountainbikes, damit Anand in seinen bevorstehenden Zweikämpfen körperlich topfit sei. Auch Elisbar Ubilawa, ein weiteres Mitglied seines Teams, wohnt ganz in der Nähe.

Das PCA-Kandidatenfinale gegen Gata Kamski in Las Palmas war wahrscheinlich Anands bisher bestes Match. Unser Teamgeist war harmonisch, und die Veranstalter übertrafen sich darin, unseren Aufenthalt so angenehm wie möglich zu gestalten. Anand bewies, dass er reifer geworden war, und spielte beinahe perfektes Schach. Die PCA war glücklich, dass sich nicht Kamski, sondern Anand für das WM-Match qualifiziert hatte. Er war ein Gentleman, ein Prinz und dabei kinderleicht zu vermarkten. Trotzdem kürzte die PCA Anands Preisgeld in Las Palmas um die Hälfte. Es tut mir leid, das feststellen zu müssen. Die PCA hat Anand nicht gerade wie einen Prinzen behandelt. Er bekam weder ein Mitspracherecht in Sachen Matchbedingungen, noch wurde er über die Vorbereitungen auf dem laufenden gehalten. Dass die Weltmeisterschaft von Köln nach New York verlegt wurde, erfuhr Anand ironischerweise nicht von der PCA, sondern von Artur Jussupow. In den USA erwarteten ihn höhere Steuern und Spesen als in Deutschland. Als nächstes wurde das New Yorker Preisgeld um zehn Prozent gekürzt und Anand auch noch untersagt, diese Reduktion gegenüber der Presse durchsickern zu lassen. Garri Kasparow log den Journalisten einfach frech ins Gesicht. Die PCA liebt runde Beträge und hasst kritische Fragen. Der Titelverteidiger beschuldigte den Deutschen Schachbund der

Sabotage an der WM, ohne Beweise anzuführen. Und er erklärte drei Minuten CNN für wertvoller als zwei Stunden im deutschen Fernsehen.

Die Pereas hatten bereits alle Vorbereitungen für den Kölner Aufenthalt in Angriff genommen. Wohnungen wurden ausgewählt, ein Koch engagiert, der Anand die besten indischen Mahlzeiten zubereiten sollte. Selbst an einen Chauffeur war bereits gedacht. Auch die indischen Botschaften in Spanien und Deutschland wollten ihren berühmten Landsmann so gut wie möglich unterstützen. In New York dagegen mussten die Vorbereitungen von Null an neu beginnen, so gut wie ohne Unterstützung der PCA. Zusammen mit seinen Eltern und den Pereas werde Anand im «Vista»-Hotel wohnen. Für den Rest des Teams wurden Zimmer im «Downtown Athletic Club» reserviert, einem Hotel mit Fitnessclub. Nach dem Match gegen Kamski waren Patrick Wolff und Jonathan Speelman, laut Anand «ein Engel», dazugestossen. Patrick, ein Sizilianisch-Kenner, wurde in New York ein bisschen abgelenkt. Er arbeitete zuweilen härter daran, Interviews zu geben und für sein eigenes WM-Buch zu werben.

Das Interessanteste an Kasparows Auftreten während des New Yorker Matches war für mich, wie er die Medien benützte, um seinen Gegner zu manipulieren. Es begann mit scheinbar harmlosen Anmerkungen wie: «Diesmal ist es ein Wettbewerb der Kulturen: der junge Herausforderer aus der Dritten Welt gegen den kosmopolitischen Weltmeister aus Russland.» Kasparow tat so, als ob dies ein Kompliment wäre, aber seine Worte sind nicht weniger beleidigend, als wenn Anand gesagt hätte: «In diesem Match trifft der von den Göttern gesandte Sohn Indiens auf einen ehemaligen Kommunisten.» Als nächstes nannte Kasparow Anand einen «sehr, sehr starken Gegner» und ergänzte: «Es wäre ein Desaster für das Schach, wenn ich meinen Titel verlieren würde.» Kasparow machte die Öffentlichkeit auch glauben, dass Anand für die Remisflut verantwortlich sei, obwohl er selbst ausser in zwei Partien jedesmal das Unentschieden angeboten hatte. Nachdem Kasparow in der 10. Partie glücklich eine starke Neuerung anbringen konnte, drohte er: «Wenn Anand seine Eröffnungen wiederholt, werde ich vorbereitet sein.» Ein starker Bluff. Als ob Kasparow Neuerungen dieses Kalibers en masse fände. An einem Tag lobt er Anands gründliche Vorbereitung, am nächsten mekkert er über dessen Sekundanten.

Psychologen nennen dieses Verhalten «double-bind». Das Schema lautet: «Anand ist mein Freund. Ich werde ihn zur Schnecke machen.» Kasparow widerspricht sich ständig. Aber nie ist eindeutig, ob er dies absichtlich tut. Er scheint jede Gelegenheit zu nützen, um seinen Gegner zu beeinflussen. Türen zuknallen, Grimassen ziehen, selbst ausnahmsweise darauf zu verzichten, wie zum Beispiel nach 19. ... Tf8 in der 3.WM-Partie, als er sich sehr selbstsicher gab, gehört zu seinem Repertoire, wenn es gilt, den Gegner in Zweifel zu stürzen. Ich beschwere mich nicht über Kasparows Verhalten. Ich will nur klarstellen, dass er es versteht, sich zu artikulieren.

Anand dagegen weiss sich zu benehmen. Während dieser New Yorker WM hoffte ich inständig, dass er zumindest einmal etwas Kritisches sagen, schreiben oder tun würde, von der Art, wie das sonst ein Prinz nicht tut. Auch einmal die Türe zuschlagen oder eine freche Partiezusammenfassung für «USA Today» schreiben. Mit Turnschuhen und T-Shirt zur Partie kommen oder sich über den Lärm in der bei weitem nicht schalldichten Spielkabine beschweren. Einen offiziellen Protest eindienen, Kasparow angreifen, beleidigen oder die PCA auf ihr wahres Mass zurechtstutzen. Egal was. Die PCA verdiente es. Kasparow bot zur Pflege der Freundschaft fast in jeder Partie Remis an. Anand hatte den Fuss auf der

Bremse, war eingefangen im Image des freundlichen Prinzen und eingeschläfert durch Kasparows Verhalten. Als Freund hoffte ich, dass auch Anand sich artikulieren und endlich ausbrechen würde.

Warum er in der 3. Partie eine Gewinnkombination ausliess, kommentierte Anand selbst so: «Kasparow schaffte es, seinen Turmzug überzeugend aussehen zu lassen. Ich habe ihm wohl etwas zuviel Kredit gegeben.» Dieser Satz bringt auf den Punkt, warum Anand das Match verloren hat: Er zeigte zuviel Respekt vor Kasparow. Er hatte Angst, Kasparow am Bart zu zupfen, und vergass, warum er selbst der «Tiger von Madras» genannt wurde. Vorsicht ist eine Tugend, aber Angst vor der eigenen Courage kann einen um die Früchte seiner Arbeit bringen. Nach seinem Patzer in der 11. Partie hielt Anand das Match für entschieden. Ich glaube, er war immer noch geschockt von Kasparows brillantem Wechsel zur Drachenvariante, die ihm auf Anhieb zwei volle Punkte einbrachte. Zum erstenmal in meinem Leben fand ich, dass Rustam Kamskis Methode etwas für sich hat. «Kein Sieg heute? Kein Fernsehen heute abend», ordnet der Vater an, wenn er mit Gata nicht zufrieden ist. Auf Terminator-Modus schalten.

Alle Freunde Anands waren in New York. Kasparow war verwundbar, vielleicht sogar ängstlich. Anand hatte eine reelle Chance, ihn zu besiegen. Nach dem Match war Anand der Meinung, er sei übertrainiert gewesen. Ein wichtiger Grund seiner Niederlage war eher, dass sein Glaube an einen Sieg verschwand, als Kasparow in Führung ging. Danach, so scheint es, wollte Anand nur noch den Schaden begrenzen, die Niederlage so knapp wie möglich halten, anstatt zu gewinnen. Als das danebenging, ging es richtig daneben.

Eigentlich hat Anand gegen sich selbst verloren. Doch dafür braucht er sich nicht zu schämen. In seinem ersten WM-Match gegen Anatoli Karpow 1984/85 lag Kasparow sogar fünf Punkte zurück. Ich habe gehofft, dass Anand den Weltmeister schon dieses Mal nicht nur am Bart zupfen würde. Doch der Traum ist noch nicht vorbei.

Der «Spion» im Presseraum: Anands Sekundant Jonathan Speelman bei seiner Notizenarbeit.

Foto: Michael Kupferschmidt

Die Dame im Käfig

7. Partie

Als Anand im vierten Sizilianer einen neuen Versuch startete, Kasparow aber nicht überraschen konnte, erlaubte sich auch Maurice Ashley Zweifel am Eröffnungskonzept des Herausforderers, zumal sein Kollege Daniel King Anand am Vortag gewissermassen zum Abschuss freigegeben hatte, indem er ihn als «feiges Huhn» bezeichnete. «Erst macht er sich die f-Linie frei, und dann zieht er seinen Turm weg», wunderte sich Ashley vor seinen Zuhörern, nachdem Anand mit 19. Te1 eine 20minütige Überprüfung der Heimanalyse abgeschlossen hatte. Albert Toby dagegen gab zu bedenken: «Anand weiss, was er tut. Es geht vor allen Dingen darum, die schwarze Dame vom Spiel auszusperren.» Das siebte Remis in Serie folgte nur sechs Züge später, nach etwas mehr als zwei Stunden Spieldauer. Der theoretische Gehalt dieser 7. Partie interessierte vor Ort allerdings kaum jemanden. Wieder wurde Kasparow an der Pressekonferenz mit dem Vorwurf der Remisschieberei konfrontiert, und wieder gab der Titelverteidiger seinem Gegner die Schuld, mit Formulierungen, in denen Toby die «Doublebind-Strategie» Kasparows erkannt hat: «Wenn mich meine Erinnerung nicht täuscht, hat Anand dieses System vorher nur zweimal gespielt, aber in diesem Match nun schon zum vierten Mal. In jeder Partie hat Anand versucht, meine aktiven Möglichkeiten zu reduzieren. Ich beschuldige ihn nicht, jeder Fehler könnte der entscheidende sein, der Druck steigt mit jeder Partie.» Langsam erreiche er seine normale Form, wegen der PCA-Geschäfte habe er sich bisher nicht auf sein Spiel konzentrieren können. Solange Weiss im Zentrum spielt, statt mit g2-g4 am Königsflügel loszuschlagen, könne Schwarz den Sieg nicht erzwingen, sagte Kasparow noch. Die Pointe: In der 9. Partie wird Anand am Damenflügel auf Position spielen – und gewinnen!

Miguel Najdorf unter den Zuhörern: Vergebliches Warten auf seine Eröffnungsvariante. Foto: Jerome Bibuld

Anand - Kasparow

Sizilianisch, Scheveninger

Kommentiert von Michail Gurewitsch

1. e4 c5 2. Sf3 d6 3. d4 cxd4 4. Sxd4 Sf6 5. Sc3 a6 6. Le2 e6 7. 0-0 Le7 8. a4 Sc6 9. Le3 0-0 10. f4 Dc7 11. Kh1 Te8 12. Ld3 Sb4 13. a5 Ld7 14. Sf3 Tac8

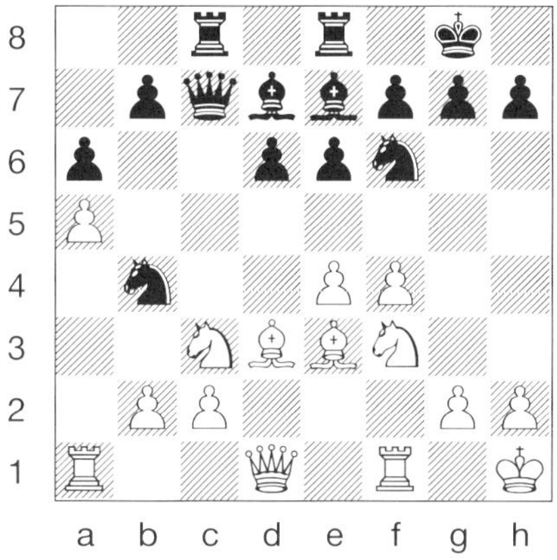

15. Lb6

In der 5. Partie konnte Anand Schwarz mit 15. Dc2 Lc6 16. Lb6 keine Probleme stellen. Seine Zugumstellung hat eine positionelle Begründung und verbirgt eine tiefe Falle. Die Stellung der weissen Läufer auf d3 und e3 legt einen Königsangriff nahe. Obwohl Anand einen Läufer an den Damenflügel beordert, leistet er dort paradoxerweise mehr für den Angriff als der scheinbar logischere Zug 15. e5:

a) 15. ... dxe5 16. fxe5 Sfd5? läuft direkt in das Standardopfer 17. Lxh7+ Kxh7 18. Sg5+ Lxg5 19. Dh5+ Kg8 (19. ... Lh6 20. Lxh6 gxh6 21. Txf7+ führt zum matt) 20. Lxg5 Lc6 21. Tf3, mit entscheidendem Angriff für Weiss.

b) 15. ... Sfd5? 16. Lxh7+ Kxh7 17. Sg5+ Lxg5 18. fxg5 verliert auf ähnliche Weise.

c) Doch Schwarz hat die Widerlegung 15. ... Sxd3!, denn nun scheitert 16. exf6 trivial an 16. ... Sxb2, und 16. Dxd3 dxe5 17. fxe5 Sd5 18. Sxd5 exd5 19. Dxd5 Le6 20. De4 Dxc2 21. Dxb7 Tb8 gibt Schwarz klaren Vorteil, zumal 22. Dxa6 wegen 22. ... Lc4 die Qualität einbüsst.

15. ... Db8 16. e5

Jetzt, da die schwarze Dame von der c-Linie abgedrängt ist, geht dieser Zentrumsdurchbruch.

16. ... dxe5 (1.50)

Wieder verbietet sich 16. ... Sfd5? 17. Lxh7+ Kxh7 18. Sg5+ Lxg5 19. fxg5 wegen Mattangriff für Weiss. Doch im Gegensatz zum vorigen Zug scheitert auch 16. ... Sxd3?! 17. Dxd3 dxe5 18. fxe5 Sd5 19. Sxd5 exd5 20. Dxd5, denn hier hat Schwarz für den Bauern keine Kompensation, zum Beispiel 20. ... Lc6 21. Db3 Lxf3 22. Dxf3 Tf8 23. De4. Kasparow hat nicht allzu lange über seiner Antwort gegrübelt, was darauf hindeutet, dass auch er das Abspiel schon auf dem Analysebrett hatte.

17. fxe5 Sfd5 18. Sxd5 exd5! (0.44)

Riskant ist 18. ... Sxd5?!, aber nicht etwa weil Weiss nach 19. Sg5 Lxg5 20. Dh5 dank Doppelangriff auf f7 und g5 seine Figur mit Vorteil zurückerobert. Mit 20. ... f5! erzwingt Schwarz ein echtes Figurenopfer, denn 21. Dxg5? Dxe5 ergibt einen gesunden Mehrbauern. Nach 21. exf6 Lxf6 22. Dxh7+ Kf8 23. Lg6 (dagegen überzeugt 23. c4 Sf4! 24. Le3 e5 25. g3 nicht wegen 25. ... Dd6!, und Schwarz geht zum Gegenangriff über) steht

Schwarz angesichts der Drohung 24. Txf6+ Sxf6 25. Dh8+ Sg8 26. Tf1+ vor unlösbaren Verteidigungsaufgaben:

Analysediagramm

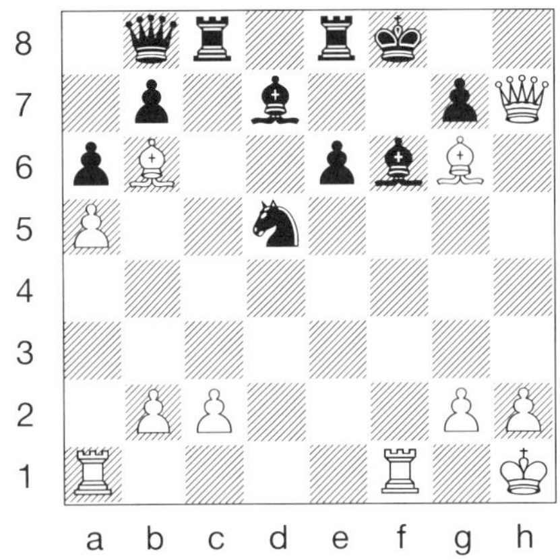

a) 23. ... Lb5 24. c4! ähnelt einem Motiv aus dem Problemschach. Entweder wird der Läufer von e8 oder von f1 abgelenkt: 24. ... Txc4 25. Txf6+ Sxf6 26. Dh8+ Sg8 27. Tf1+ Tf4 28. Lc5+ bzw. 24. ... Lxc4 25. Txf6+ Sxf6 26. Dh8+ Sg8 27. Lxe8 Txe8 28. Lc5+ Kf7 29. Dh5+ Kf6, und Weiss hat die Wahl zwischen dem Positionsvorteil nach dem simplen Figurenrückgewinn 30. Dh4+ und dem Mattangriff 30. Ta3!?, zum Beispiel 30. ... Sh6 31. Ld4+ e5 32. Tf3+ usw.

b) 23. ... Ke7 24. Txf6 Kxf6 25. Tf1+ Ke7 26. Dxg7+ Kd6 27. Lxe8 Txe8 28. Dd4, und Weiss gewinnt die Figur mit 29. c4 zurück, wie Raj Tischbierek in der Zeitschrift «Schach» angegeben hat.

c) 23. ... De5! ist am besten. Nach 24. c3! (24. Tae1 Dxb2) 24. ... Ke7 25. Ld4 Th8 26. Txf6! Dxh2+! 27. Dxh2 Txh2+ 28. Kxh2 gxf6 hat Weiss dank des Läuferpaars nur das leicht bessere Endspiel, und selbst 24. ... Sxb6 25. Tae1 Dxe1 (25. ... Dg5? 26. h4 Dh6 27. Txf6+) 26. Txe1 Sc4 erscheint spielbar.

Nach dem Textzug muss Weiss dagegen fast alle Hoffnungen auf Vorteil begraben. Die schwarzen Figuren spielen zusammen, und von einem weissen Königsangriff ist nichts mehr zu sehen. Selbst der lästige b4-Springer ist nicht so leicht zu vertreiben, denn 19. c3? verliert nach ... Sxd3 20. Dxd3 Lb5 die Qualität. Mit dem folgenden Zug vermeidet Anand dieses Diagonalmotiv und überdeckt den Bauern e5, der zusammen mit dem Läufer b6 die schwarze Dame vorerst auf b8 im Käfig hält. Schwarz muss zumindest noch genau spielen, um den völligen Ausgleich sicherzustellen.

19. Te1 (1.36) **h6** (1.24) **20. c3** (1.25)

20. Sd4 gibt Schwarz nach 20. ... Lg5 Druck gegen den Bauern e5.

20. ... Sxd3 21. Dxd3

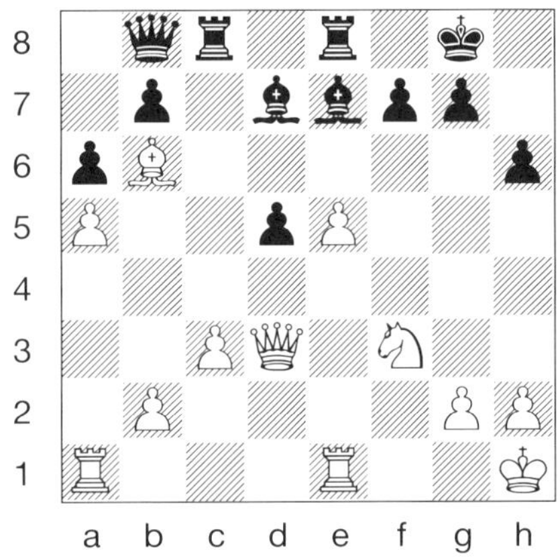

Der isolierte Bauer d5 hält Weiss noch am Weiterspielen, aber der Weltmeister hat auch das einberechnet. Er verliert keine Zeit damit, ihn zu verteidigen.

21. ... Lc5!

Dieses vorübergehende Bauernopfer ist der schnellste Weg zum Ausgleich.

22. Dxd5

Nach 22. Lxc5 Txc5, gefolgt von 23. ... Dc7, hätte Weiss Probleme mit seinen schwachen Bauern a5 und e5.

22. ... Le6 23. Dd2 Lxb6 24. axb6 Tc6

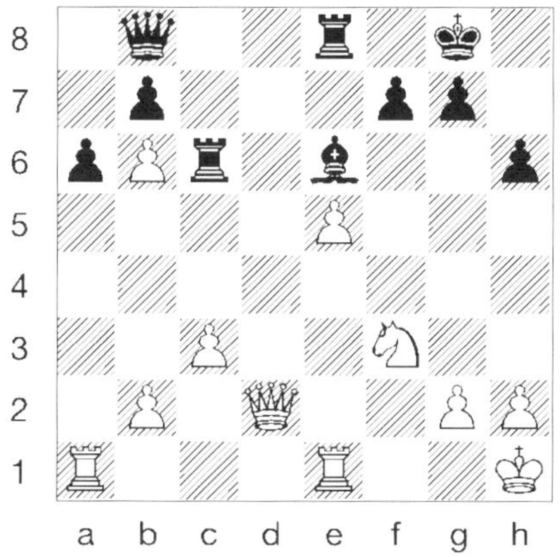

Mich würde es nicht überraschen, wenn Kasparow selbst diese Stellung schon zu Hause auf dem Brett gehabt hätte! Der b6-Bauer ist nicht zu verteidigen, denn auf 25. De3 folgt einfach 25. ... Dd8. Anand sichert sich nun wenigstens die Kontrolle der d-Linie.

25. Ta4 Txb6 remis (0.55 – 1.10).

Unter Freunden bringt Kasparow oft den Spruch an: «Selbst der schlechteste Läufer ist noch stärker als der beste Springer.» Die Läufer sind seine Lieblingsfiguren, und man weiss, wie virtuos er mit ihnen umgehen kann. Auch hier ist der schwarze Läufer stärker als der weisse Springer. Zudem muss Weiss die Schwäche e5 im Auge behalten. Doch da nicht zu sehen ist, wie Schwarz aus seinen statischen Vorteilen einen Gewinnplan schmieden kann, ist Kasparow mit dem halben Punkt zufrieden.

Ubilawas exzentrische Neuerung

8. Partie

Wie der spätere Verlauf des Matchs zeigte, beendete diese Partie Kasparows Testphase. Der offene Spanier in der 6. Partie hatte ihm noch nichts eingebracht, also liess er sich vorführen, was Anand gegen den Schotten anbieten kann. Dieser Wechsel der Eröffnungen hatte für Anands Team eine schwerwiegende Konsequenz: Es musste nach jeder Weiss-Partie Kasparows eine Eröffnung mehr analysieren. Artur Jussupow war denn auch überzeugt, dass Kasparow den schottischen Angriff eingeschoben hatte, weil er Zeit für die Überarbeitung des offenen Spaniers gewinnen wollte, in dem er eine Verbesserungsmöglichkeit aufgespürt habe. Kasparow verneinte dies. Dennoch bleibt die Tatsache, dass Anands Leute über das Wochende vor der 9. Partie zwei e4-Varianten prüfen mussten.

Immerhin gelang Anand in der 8. Partie seine grösste Eröffnungsüberraschung dank der exzentrischen Idee seines Helfers Elisbar Ubilawa, der 9. ... g5 und 15. ... 0-0-0 gefunden hatte. Sensationell sei dieser Plan aber nicht, sagte der Georgier später, der im selben Dorf nahe bei Madrid lebt wie Anand. Im Team hätten sie wichtigere theoretische Neuerungen gefunden, doch seien die gefragten Positionen leider nie gespielt worden.

Für die Kommentatoren war das, was sie an jenem Freitag der zweiten WM-Woche zu sehen bekamen, genug. «Wow», sagte Maurice Ashley, als der schwarze Bauer auf g5 ins Leere zog, «da erwartet uns wohl ein halbstündiges Nachdenken», und nach einigen Minuten stülpte Kasparow tatsächlich seine Unterlippe vor, begann zu nicken und versank im Variantengestrüpp seines Gedächtnisses. Erst in diesem Moment verliess Anand den Spielsaal. Ganz so lange, wie Ashley spekuliert hatte, dauerte Kasparows Meditation jedoch nicht. Nach etwa einer Viertelstunde hatte er die Idee antizipiert und wohl auch den sichersten Weg zum achten Remis gefunden, der längsten Remis-Serie zu Beginn einer WM überhaupt. «Ich dachte zuerst, ich hätte Gewinnchancen», sagte Anand, «aber nach 18. Sc3 ist es nur ein Remis.»

Während Anand seine Pflicht gegenüber der Presse erfüllte, war Kasparow vor das Publikum geeilt. Er hatte auf dem Weg zu seinem Ruheraum aufgeschnappt, wie Ashley den Zuschauern oberflächlich erklärte, Anand stände in der Schlussstellung besser und hätte weiterspielen sollen. Dieser falsche Eindruck musste öffentlich korrigiert werden, und so sah man Kasparow erstmals an den Demonstrationsbrettern und darüber referieren, warum Te2 nicht gewinnt. «Was können wir dem Weltmeister für Varianten sagen, die er nicht schon selber kennt», versuchte Ashley sich zu verteidigen, zumal auch eine andere Frage im Raum stand: Wie gut ist eine WM organisiert, wenn die Spieler während der Partie Fremdkommentare hören können?

Wie schon nach der 3. Partie waren viele Freunde Anands über das Unentschieden nicht enttäuscht. «Am Montag wird Anand gewinnen», wusste Manuel Aaron, dessen Sohn Arvind aus New York als Match-Korrespondent für «The Hindu» in Madras berichtete, die grösste Zeitung Südindiens. In den 60er Jahren galt der Internationale Meister Manuel Aaron als bester Spieler Asiens, und er war der Entdecker Anands. Der damals achtjährige Junge aus gutem Haus war ihm im Michail-Tal-Schachklub aufgefallen, dem von der UdSSR unterstützten Schachzentrum in Madras. «Er löcherte mich als einziger mit Fragen», erzählt Manuel Aaron. Anands kritische Bemerkungen zu den Analysen aus sowjetischen Theoriebüchern und Zeitschriften hätten ihn bei seinen Vorträgen einige Male verunsichert.

Kasparow - Anand

Schottisch

Kommentiert von Artur Jussupow

1. e4 e5 2. Sf3 Sc6 3. d4

Damit setzt Kasparow die Strategie seiner ersten drei Weisspartien fort, Anands Vorbereitung zu testen.

3. ... exd4 4. Sxd4

Kasparow hat viel Energie darauf verwendet, die schottische Eröffnung wieder in Mode zu bringen. Seine Erfolge mit dieser Variante haben bisher stets überzeugt, sowohl bei der WM 1990 gegen Anatoli Karpow als auch drei Jahre später beim ersten PCA-Titelkampf gegen Nigel Short (der sich mit 4. ... Lc5 verteidigte) und bei einigen Turnierbegegnungen. Unserem Team ist natürlich klar gewesen, dass wir eine Antwort gegen dieses System vorbereiten mussten – und das haben wir getan, wie Anands neunter Zug zeigt!

4. ... Sf6 5. Sxc6 bxc6 6. e5 De7 7. De2 Sd5 8. c4 La6

Die Hauptvariante. In der 16. WM-Partie hatte Karpow 8. ... Sb6 versucht, aber nach 9. Sd2 De6 10. b3 a5 (nur leicht besser stand Kasparow 1992 in Dortmund gegen Jeroen Piket nach 10. ... Lb4 11. Lb2 0-0 12. 0-0-0 d5 13. exd6 Dxd6 14. Sf3 Dh6+ 15. De3) 11. Lb2 Lb4 12. a3 Lxd2+ 13.Dxd2 d5 14. cxd5 cxd5 15. Tc1 hatte Kasparow Vorteil.

9. b3 g5!

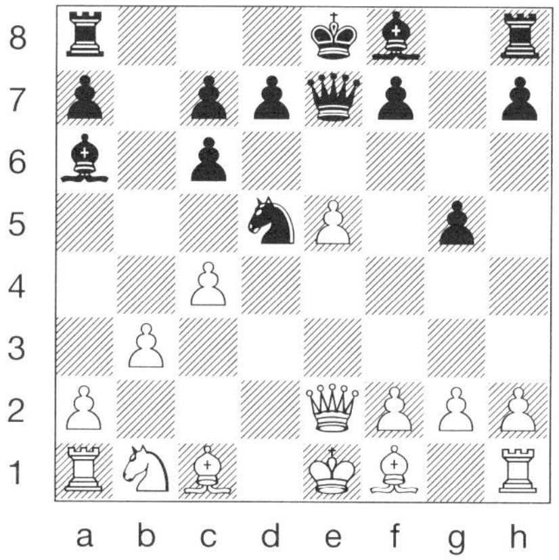

Mit dieser starken Neuerung von Elisbar Ubilawa kontrolliert Schwarz das Feld f4 und hält sich nebenbei die Option Sd5-f4-g6 offen. Die Theorie kannte nur 9. ... g6 und 9. ... 0-0-0.

a) In der 14. WM-Partie gegen Karpow in Lyon entstand nach 9. ... 0-0-0 10. g3 Te8 11. Lb2 f6 12. Lg2 fxe5 13. 0-0 h5 14. Dd2 Sf6 15. Da5 Lb7 eine wilde Stellung mit beiderseitigen Chancen. Doch Kasparows damaliger Sekundant Surab Asmaiparaschwili hat die Verstärkung 13. Sd2 g6 14. 0-0-0 Lg7 15. Se4 entdeckt. Weiss bringt seine Dame erst danach auf das Feld a5 und steht besser.

b) 9. ... g6 10. f4 f6 11. La3 Df7 12. Dd2 Sb6?!

13. c5! Lxf1 14. cxb6 axb6? 15. e6! brachte Kasparow 1991 in Tilburg einen leichten Sieg gegen Karpow, der nach 15. ... dxe6 16. Lxf8 Td8 17. Db2 keine ausreichende Kompensation für die Figur besass. Doch aus irgendeinem Grund hat Kasparow 10. f4 vier Jahre später in Amsterdam gegen Iwantschuk nicht wiederholt. Er spielte sofort 10. La3 Dg5 11. g3 Sc3 12. Sxc3 Lxa3 13. Se4 De7 14. Sf6+ Kf8 15. Lg2 Lb4+ 16. Kf1 Td8 17. Db2 La3 18. Dc3 und akzeptierte nach 18. ... Lb4 das Remis. Inzwischen dürfte er sich dazu etwas ausgedacht haben.

10. La3! (1.41)

Nach 17minütigem Nachdenken entscheidet sich Kasparow, einer Partie zu folgen, die vor vier Jahren in Russland gespielt worden ist. Mit dem einzigen Unterschied, dass der g-Bauer nun auf g5 statt auf g6 steht, was aber in den meisten Fällen für Weiss von Vorteil sein dürfte.

Anmerkung der Redaktion: Schlechter ist 10. Lb2 Lg7 11. h4 (auch nach 11. g3 0-0-0 12. Lg2 The8 13. 0-0 Lxe5 14. Dxe5 Dxe5 15. Lxe5 Txe5 16. cxd5 Lxf1 17. Kxf1 cxd5 hat eher Schwarz die besseren Chancen) 11. ... 0-0-0 12. hxg5 Tde8 13. Sd2 (13. g3? Db4+ 14. Sd2 Sc3 15. a3 Da5, und Schwarz gewinnt) 13. ... Dxg5 (nach 13. ... Sf4 14. Dg4! Lxe5 15. 0-0-0 beendet Weiss schadlos die Entwicklung und steht besser), und Schwarz hat gefährliche Initiative.

10. ... d6 (1.52)

Anmerkung der Redaktion: Nach 10. ... Dxa3 11. Sxa3 Lb4+ 12. Dd2 (nicht 12. Kd1?? Sc3+) Lxd2+ 13. Kxd2 Se7 14. h4 g4 15. h5! steht Schwarz miserabel.

11. exd6

Anmerkung der Redaktion: Schottisch-Anhänger sollten die von John van der Wiel in der Zeitschrift «Schach» angegebene Variante 11. De4!? Sb6 12. Dxc6+ Dd7 13. Dxd7+ Sxd7 prüfen. Vielleicht steht Weiss dann sogar einen Tick besser.

11. ... Dxe2+ (1.49) **12. Lxe2 Lg7**

Jetzt erobert Schwarz die Qualität, doch Weiss erhält dafür neben ein bis zwei Bauern auch starke Initiative – wenigstens auf den ersten Blick.

13. cxd5 Lxe2 14. Kxe2 Lxa1

Eine seltsame Bauernstruktur. Harmlos ist nun das Schlagen auf der c-Linie, egal mit welchem Bauern: Schwarz nimmt beide Male einen Bauern auf der d-Linie zurück.

15. Tc1! (1.34)

Kasparow bleibt auf den Spuren der 1991 in Smolensk gespielten Partie Kuksow - Alexandrow, wo der Bauer wie erwähnt auf g6 statt auf g5 stand: 15. Tc1! cxd6?! 16. Txc6 0-0 17. Lxd6 Tfd8 18. Sd2 Td7 19. Kd3 Te8 20. f4 ergab damals klaren Vorteil für Weiss, der neben zwei Bauern für die Qualität auch einen starken Freibauern und die Initiative besitzt. Angesichts dieser Variante erscheint 9. ... g5 wie eine exzentrische Zwischenein-lage, doch die eigentliche Neuerung folgt erst:

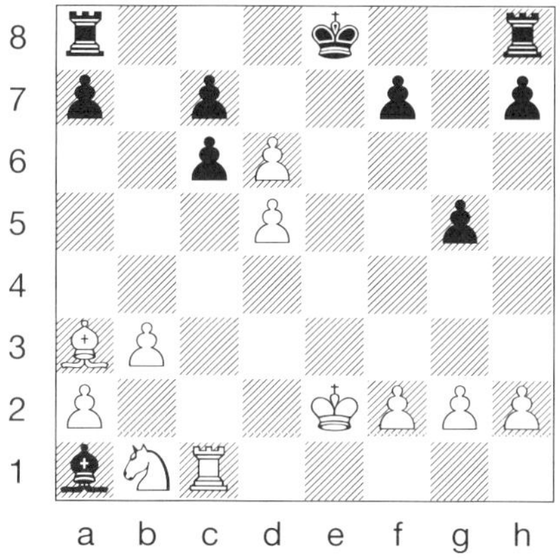

15. ... 0-0-0!! (1.31)

Auf einmal ist es Weiss, der um das Remis kämpfen muss. Wenn Weiss die Spannung halten kann, warum nicht auch Schwarz!

16. Txc6 (1.26)

Nach 16. dxc6 cxd6 17. Sd2 Le5 hat Weiss keine Kompensation.

16. ... The8+ (1.23)

Danach kann Kasparow seine Probleme lösen. Die einzige Gewinnchance ist sofort 16. ... Td7!?, um die in der Partie folgende Verteidigungsidee zu verhindern, denn nach 17. Kd3 Kb7 18. Txc7+ Txc7 19. dxc7 Le5 kann Schwarz auf Vorteil hoffen. Allerdings hält 18. Sd2! cxd6 19. Sc4 die Stellung, und 17. ... Te8 18. Sc3 führt durch Zugumstellung zur Partie.

17. Kd3 (0.49)

Kasparow hat sich 37 Minuten Zeit gelassen, um den richtigen Königszug zu finden. Nach zum Beispiel 17. Kd2 Td7 18. Sc3 ist 18. ... Te5 stark.

17. ... Td7 18. Sc3! (0.42)

Da es sich Schwarz nicht leisten kann, den Springer auf dem Brett zu lassen, erzwingt dieser Zug den Abtausch des Läufers, wonach sein weisses Pendant die Stellung kontrolliert. Schwächer ist 18. Sd2 Te5 19. Sc4 (19. Kc4 Te2) 19. ... Txd5+ 20. Ke4 Td4+!, und Schwarz ist im Vorteil.

18. ... Lxc3 (1.03)

Das ist so gut wie erzwungen, denn 18. ... Te5 19. Sb5 ist riskant für Schwarz: 19. ... Txd5+ 20. Kc4 Td2 21. Lc5! (21. Sxc7 Kb7 22. Kb5 Ld4! 23. Sa6 Txa2) 21. ... Tc2+ 22. Kb4 a5+ 23. Kxa5 Txa2+ 24. Kb4.

19. Kxc3!

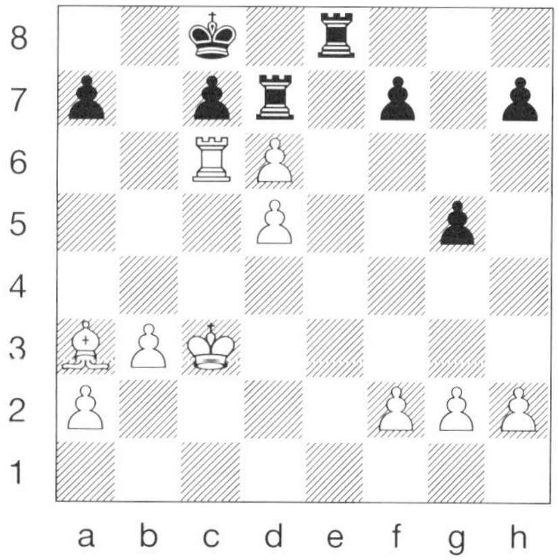

Nun hat Schwarz nicht mehr als Remis, wie die beiden folgenden Varianten zeigen:

a) 19. ... Te2 20. Lc5 Txa2 21. b4, und Weiss steht dank dem optimal postierten Läufer auf c5, der zugleich den Königsflügel überdeckt, nicht schlechter, zum Beispiel 21. ... Kb7 22. dxc7 Txc7 23. Tf6.

b) 19. ... Kb7 20. dxc7 Txc7 21. Txc7+ Kxc7 22. Lc5 a6 23. a4 ergibt ein ausgeglichenes Endspiel.

19. ... Te5 (0.56) **20. Kc4** (0.37) **Te4+** (0.52)

Auch wenn der Unterschied nur klein ist: Will Schwarz 19. ... Te2 versuchen, sollte er dies einen Zug früher tun, wenn der König auf c3 statt c4 steht. Die Zugwiederholung ist ohnehin positionell gerechtfertigt.

21. Kd3 Te5 22. Kc4 Te4+ remis (0.35 – 0.39).

Elisbar Ubilawa: Im Team von Anand Viswanathan zuständig für manche neue Idee.

Foto: Stefan Löffler

«Den Tiger an seinen Barthaaren gezupft»

9. Partie

Die lange Remisserie hatte die Begeisterungsfähigkeit der meisten Beobachter geschwächt. Alexander Tschernin fand nach etwa 20 Zügen: «Weiss steht ein wenig besser, aber es wird sicher wieder ein Remis», und Lev Alburt bot eine 3:1-Wette an, dass dieses Resultat zum neunten Mal eintrifft. Auch die Analytiker übten sich in Mässigung. Kaum war eine scharfe Stellung auf dem Brett, kam ein Spruch wie der von Walter Browne: «Das ist doch viel zu gefährlich für eine Weltmeisterschaftspartie», und schon wurde die Ausgangsstellung, wie sie im Aquarium an diesem Montag auf dem Brett war, wieder aufgebaut. «Ich finde, Weiss steht klar besser», brach Jonathan Speelman die Remisskepsis als erster, obwohl er kein Freund parteiischer Einschätzungen ist und sich als Anands Sekundant im Presseraum ohnehin zurückhielt. Und als die Monitoren 27. Td5 anzeigten, herrschte Hochstimmung für die verbleibenden 45 Minuten, in denen Anands erster Sieg gegen Kasparow in einer Turnierpartie seit Reggio Emilia 1991/92 Tatsache wurde.

Kasparow hatte es eilig, den Schauplatz seiner ersten Niederlage zu verlassen. Sein nächster Handgriff nach der Aufgabe galt bereits seiner rituell neben dem Brett abgelegten Uhr. Das Unterschreiben der Partieformulare ging ihm nicht schnell genug, so dass sein Begleiter Michail Chodarkowski sein Exemplar später bei der Schiedsrichterin abholen musste. Anand erledigte die Formalitäten dagegen in aller Ruhe und scherzte dabei zu Carol Jarecki: «Jetzt habe ich den Tiger an seinen Barthaaren gezupft.»

Beeindruckt von Anands Spielführung, waren viele Kommentatoren der Meinung, die Partie sei bis tief ins Mittelspiel zu Hause vorbereitet gewesen. Das war nicht der Fall, der Inder hatte das Puzzle brillant am Brett zusammengesetzt. Elisbar Ubilawa präzisierte, Anand habe die generellen Ideen um 19. Tab1 zwar gekannt, die Partiestellung sei vom Team aber nicht in allen Einzelheiten untersucht worden. Das erklärt auch, warum Weiss bis zur Neuerung im 19. Zug fast die Hälfte seiner Bedenkzeit und weitere 22 Minuten für seinen nächsten Zug verbraucht hat. Der Glaube, ein starker Spieler könne Kasparow nicht auch am Brett überraschen, ist also übertrieben.

Nach der Partie umarmte Anand seinen im Ruheraum wartenden Vater, doch an der Pressekonferenz hielt er seine Emotionen wieder zurück und gab sich wortkarg. Er sei überrascht gewesen, als Kasparow das Qualitätsopfer auf d5 annahm. Dann dämpfte er die Euphorie seiner Anhänger: «Noch sind elf Partien zu spielen» und fügte prophetisch an: «Morgen wird Kasparow wilder und kämpferischer antreten als je.»

Anand - Kasparow

Sizilianisch, Scheveninger

Kommentiert von Michail Gurewitsch

1. e4 c5 2. Sf3 d6 3. d4 cxd4 4. Sxd4 Sf6 5. Sc3 a6 6. Le2 e6 7. 0-0 Le7 8. a4 Sc6 9. Le3 0-0 10. f4 Dc7 11. Kh1 Te8 12. Lf3

Nach einmal Dd1-d2 und dreimal Le2-d3 wechselt Anand von seiner bisherigen Behandlung des Scheveninger Systems zu einer Variante, die Ende der 80er Jahre populär war. Mit 12. Lf3 ändern sich auch die Pläne, denn f3 ist nicht einfach ein anderes Feld für den Läufer. Steht er auf d3, spielt Weiss auf den Zentrumsdurchbruch e4-e5, um die Diagonale gegen den schwarzen König zu öffnen. Auf f3 dagegen zielt der Läufer Richtung Damenflügel, und dort wird der Hauptschauplatz dieser Partie sein. Als ehrgeizigste Antwort gilt nun 12. ... Tab8.

12. ... Ld7 (1.52) **13. Sb3 Sa5**

Hier macht es weniger Sinn, der Drohung a4-a5 mit 13. ... b6 zuvorzukommen, als in der 1. Partie.

14. Sxa5 (1.53) **Dxa5 15. Dd3 Tad8** (1.44)

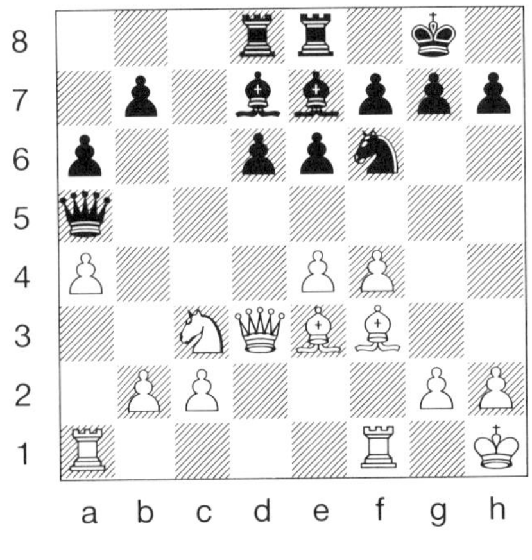

Kasparows Lieblingszug. Schon in der 1. Partie hat er seine Türme nach e8 und d8 entwickelt. Als er 15. ... Tad8 1988 in Amsterdam gegen John van der Wiel in die Theorie einführte, setzte er in seinem Partiekommentar sogar ein Ausrufezeichen hinter diesen Zug. Eine Partie Anand - Ribli wurde 1989 in Wijk aan Zee nach 15. ... Ted8 16. Dd2 Lc6 bereits remis gegeben. Dagegen verbietet sich 15. ... Tac8 wegen 16. e5 dxe5 17. fxe5 Dxe5 18. Lxb7, und Schwarz verliert Material.

16. Tfd1 (1.27)

Die obengenannte Stammpartie sah Kasparow nach 16. Dd2 Tc8 17. e5?! dxe5 18. fxe5 Dxe5 19. Lxb7 Tcd8 20. Lf4 Da5 21. De2 (stünde die Dame noch auf d3, ginge einfach 21. Dxa6) Lc8 22. Lc6 Tf8! bereits im Vorteil. Auch Van der Wiels spätere Partie gegen Lev Polugajewski (Haninge 1989) überzeugt nicht völlig für Weiss: 16. g4!? Lc6 17. b4 Dc7 18. g5 d5 19. gxf6 dxe4 20. Dc4 exf3 21. b5 Lxf6 22.bxc6 Tc8 23. Ta3 Dxc6.

16. ... Lc6 (1.27)

Damit provoziert Kasparow den folgenden Bauernvorstoss, aber es fällt nicht leicht, einen stärkeren Zug anzugeben. Nach 16. ... Lc8 17. b4 Dc7 18. Tab1 hat Schwarz wahrscheinlich nichts Besseres als 18. ... Ld7 (18. ... b6 19. a5 bxa5 20. bxa5 Sd7 21. Sa4 gibt Weiss die Initiative) 19. b5 mit Überleitung zur Partie.

17. b4! (1.14) **Dc7**

Natürlich kann Schwarz nicht nehmen, denn 17. ... Dxb4?? 18. Tdb1 Da5 19. Lb6 fängt die Dame.

18. b5 Ld7

Das ist ein wenig passiv, aber wahrscheinlich erzwungen, da Weiss nach 18. ... axb5?! 19. axb5 (19. Sxb5 bereitet hier im Gegensatz zur Partie keine Probleme, da der Läufer auf c6 schon richtig steht) 19. ... Ld7 nicht nur die a-Linie kontrolliert, sondern mit 20. Sa4!? auch noch vorteilhaft das Feld b6 besetzen kann.

19. Tab1!? (1.10)

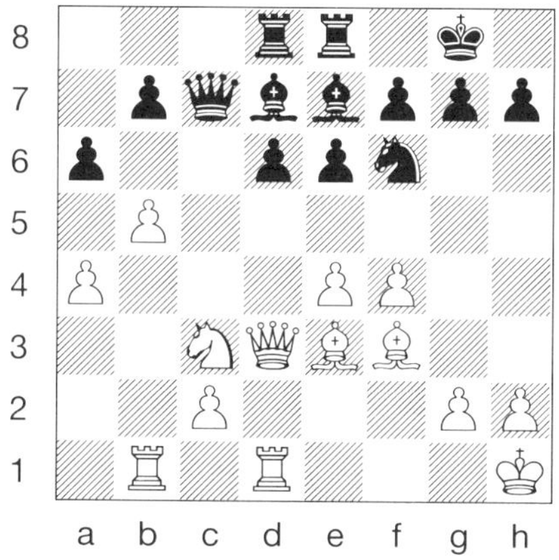

Das ist die wahre Neuerung Anands. Es ist fast nicht zu glauben, aber hier hat er tatsächlich einen schwachen Punkt in Kasparows Scheveninger-Repertoire entdeckt. Diese Position wird in diesem Match kein zweites Mal mehr auftauchen. Bekannt aus einer Partie Cuijpers - De Boer, Niederländische Meisterschaft 1988, ist 19. Se2 Tc8 20. bxa6 bxa6 21. Dxa6 Ta8! 22. Dd3 Txa4 23. Txa4 Lxa4 24. Sc3 Lc6 25. Sb5, und Schwarz hatte keine Probleme.

19. ... axb5 (1.15)

Nach 19. ... Tc8?! mit der Idee 20. Tb3 axb5 21. axb5 e5!? spekuliert Weiss nicht etwa auf 20. bxa6 Dxc3? 21. axb7 Dxd3 22. cxd3 Tb8 23. a5, denn Schwarz erwidert einfach 20. ... bxa6, sondern spielt ungleich stärker 20. e5!, die Pointe von Anands Neuerung, die mir erst nach längerem Nachdenken aufgefallen ist und Kasparow am Brett zweifellos von 19. ... Tc8 abgebracht hat. Weiss erhält dann klaren Vorteil.

a) 20. ... dxe5 21. fxe5 Dxe5 22. Ld4 Dc7 23. Lxf6 Lxf6 24. Dxd7 Lxc3 25. Lxb7,
b) 20. ... Dxc3 21. exf6 Lxf6 (21. ... Dxf6 22. Lxb7 Tc3 23. Dd2! mit der Doppeldrohung Le3-d4 und b5xa6) 22. Lxb7.

20. Sxb5 (0.48) **Lxb5** (1.09)

Bei der Pressekonferenz nach der Partie hat Anand zunächst 20. ... Da5 als Verbesserung vorgeschlagen, sich aber später korrigiert. Nach 21. Sxd6 Lxa4 (eine wichtige Pointe ist 21. ... Lxd6 22. Lb6!) 22. Lb6 Txd6 23. Dxd6! (23. Lxa5 Txd3 24. cxd3 Lxd1 25. Txd1 gibt Weiss nur das bessere Endspiel) 23. ... Lxd6 24. Lxa5 Lxc2 25. e5! steht Weiss auf Gewinn.

21. Dxb5 (0.46)

Wenn es einen kleinen Makel an Anands Spiel in dieser Partie gibt, dann den: 21. Txb5!? mit der Möglichkeit, die Schwerfiguren gegen b7 zu vertrippeln, ist vielleicht eine Spur genauer, wie Ubilawa anmerkt. Das Schlagen mit der Dame ist mit einer kleinen Falle verbunden: 21. ... Dxc2?? 22. Tdc1 Da2 23. Ta1 fängt die schwarze Dame.

21. ... Ta8 (1.06) **22. c4** (0.39)

Noch ist es zu früh für 22. e5?!, denn nach 22. ... dxe5 23. fxe5 Sd5 24. Lxd5 exd5 25. Dxd5 Dxc2 hat sich der weisse Vorteil verflüchtigt. Aber nun muss Kasparow etwas gegen e4-e5 unternehmen.

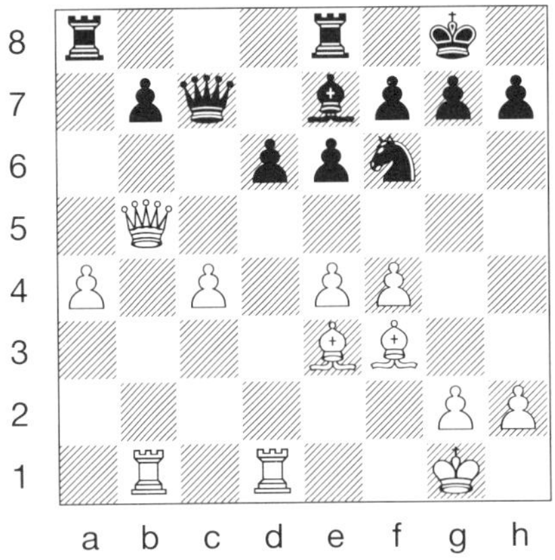

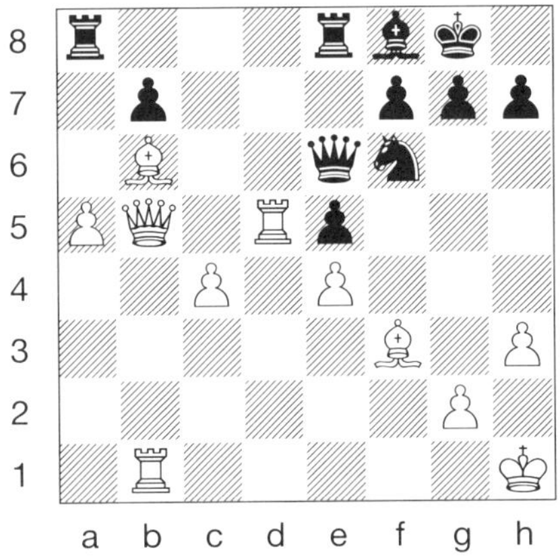

22. ... e5

Sowohl 22. ... Ta5 23. Lb6 Txb5 24. Lxc7 Txb1 25. Txb1 als auch 22. ... Sd7 23. Dxb7 Tec8 24. e5 verliert ersatzlos einen Bauern.

23. Lb6 Dc8 24. fxe5 dxe5 25. a5

Weiss steht überlegen, und vor allem fehlt Kasparow – ausgerechnet Kasparow – jedes Gegenspiel. Nun zieht er auch noch seinen Läufer auf ein Feld, auf dem dieser bald zur Bedeutungslosigkeit verurteilt wird. Nur wenig besser ist sofort 25. ... De6, denn nach 26. Lc7 Ld8 27. Lxd8 Taxd8 28. Txd8 Txd8 29. Dxb7 Dxc4 30. a6 ist der Freibauer nicht mehr aufzuhalten. Und nach 25. ... Ld8 kann Weiss mit 26. Dxe8+ Sxe8 27. Txd8 Dxd8 28. Lxd8 Txd8 29. Txb7 in ein eventuell gewonnenes Endspiel abwickeln (Seirawan zweifelt).

25. ... Lf8 (0.54) **26. h3 De6 27. Td5!** (0.34)

Dieses Qualitätsopfer ist praktisch erzwungen, wenn Weiss gewinnen will. Nach langsameren Zügen wie 27. Td2 konsolidiert sich Schwarz mit 27. ... Tec8 und De6-c6.

27. ... Sxd5? (0.47)

Irren ist menschlich. Deshalb fällt es mir schwer, Kasparow für diesen Zug zu tadeln. Er schlägt nicht aus Gier, sondern aus dem verständlichen Wunsch nach Gegenchancen. Und vergessen wir nicht, dass jedes stumpfsinnige Computerprogramm auch zugegriffen und dann auch noch Gewinn für Schwarz als Evaluation geliefert hätte. Doch nach der Annahme des Qualitätsopfers werden nicht nur die von einem herrlich zusammenspielenden Läuferpaar unterstützten weissen Bauern stark. Im schwarzen Lager fehlt auch jegliche Koordination. Anand hat natürlich recht, wenn er 27. ... Txd5 als entscheidenden Fehler angibt. 27. ... Tac8 mit der Idee De6-c6 ist die einzige Verteidigung, aber auch dann hat Schwarz nach 28. c5 Dc6 29. Dc4 einen schweren Stand.

28. exd5 Dg6

Hartnäckiger erscheint 28. ... Df5, um die weisse Dame nicht nach d7 zu lassen und zugleich 29. c5 zu unterbinden wegen 29. ... e4. Zunächst habe ich gedacht, der Grund für Kasparows Entscheidung gegen 28. ... Df5 sei 29. Lg4. Aber dann stiftet 29. ... Dc2 30. Ld7

Te7!? 31. Tg1 Dd3 noch ein bisschen Verwirrung im weissen Lager, zum Beispiel 32. Lc7 Txd7 33. Dxd7 Dxc4. Doch Weiss hat den klaren Gewinnweg 29. d6! Lxd6 30. Lxb7 Tab8 31. a6 Df4 32. c5.

29. c5 e4 (0.40)

Oder 29. ... Dc2 30. d6 e4 31. Ld1 Dd2 32. Le2 bzw. 31. ... Dd3 32. Le2 Dxb5 33. Lxb5 Te5 34. Td1, und Weiss gewinnt jeweils einfach durch Vorrücken des Freibauern.

30. Le2 Te5

Die einzige Hoffnung für Schwarz liegt am Königsflügel, aber dort hat er nur zwei Figuren zum Angriff. Sein Damenturm ist ebenso ausser Spiel wie der erbärmliche Läufer auf f8. Auch nach 30. ... f5 31. d6 f4 32. d7 f3 33. Lf1 steht Weiss überlegen.

31. Dd7! (0.25)

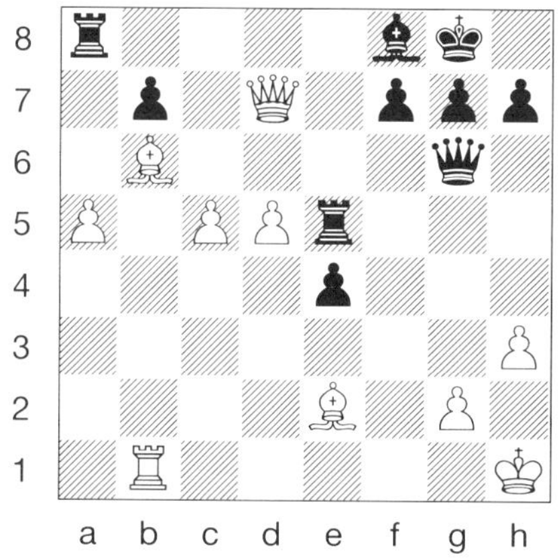

Dieses präzise Manöver macht alles klar, denn b7 fällt.

31. ... Tg5 32. Tg1!

Eine folgenschwere Unachtsamkeit wäre 32. Lf1? e3 33. Te1 e2 34. Txe2 Df5 35. Dxf5 Txf5 36. Te1 Txd5.

32. ... e3 (0.24)

Hier dagegen kommt 32. ... Df5 zu spät: 33. Dxf5 Txf5 34. d6 Tf2 (oder 34. ... Td5 35. Td1 Txd1+ 36. Lxd1) 35. Te1 gefolgt von Le2-c4-d5 gewinnt problemlos für Weiss.

33. d6 Tg3 34. Dxb7 De6

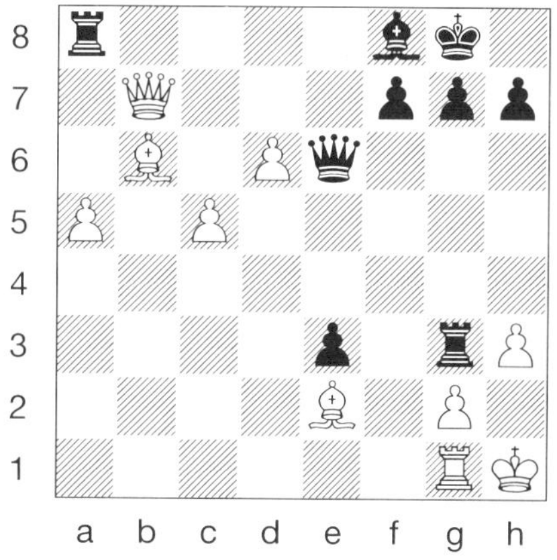

Nach diesem letzten Trick, es droht 35. ... Txh3+ 36. gxh3 Dxh3 matt, greift Anand cool den zweiten Turm mit dem König an – zumal Schwarz nach 35. Tf1?! mit 35. ... Tb8! 36. Dxb8? (36. Dc6 Tc8 37. Da4 Txh3+ 38. Kg1 De5 39. Df4 gewinnt noch stets) 36. ... Txh3+ 37. Kg1 De5 ein Dauerschach ertricksen kann.

35. Kh2 1:0 (0.19 – 0.20).

Nach 35. ... De5 36. Dxa8 hat Schwarz nicht einmal ein sinnvolles Abzugsschach. Anand verdient für diesen Vortrag die Bestnote. Er hat den Titelverteidiger positionell und psychologisch klar überspielt.

Privates Treffen im Ruheraum: Die grosse Erleichterung nach dem ersten Sieg.

Foto: Albert Toby

Kasparows Staccato

10. Partie

Wie Anand geahnt hatte: Kasparows Aufschlag kam am Dienstag nach dem verlorenen Game als As. Von den ersten eineinhalb Stunden verbrachte der Weltmeister höchstens zehn Minuten am Brett, so aufgewühlt war er, denn er allein wusste, was folgen würde. Akribisch hielt die Schiedsrichterin auf ihrem Spielbericht fest, wann er draussen in seinem Ruheraum war. Kasparows Staccato: Zug, Uhr gedrückt, Kugelschreiber gepackt, aufstehen, Türe auf- und zugeschlagen, tack, tack, tack, Richtung Ruhezimmer – jede seiner Bewegungen war an diesem Dienstagnachmittag doppelt so laut zu hören. War es ein Fehler des Richtmikrophons im Aquarium? Oder kehrte Kasparows Killerinstinkt zurück, wie Anand später in einem «Spiegel»-Interview vermutete: «Während der ersten acht Partien war Kasparow ungewöhnlich zuvorkommend. Das war eine neue Masche. Doch nachdem ich die neunte gewonnen habe, war er wieder der alte: Er hat die Tür geknallt und Figuren aufs Brett gedonnert und mich mit seinen Blicken gefoltert.»
Kasparow selber nannte seine 10. Partie, mit der er das Match zum 5:5 ausglich, seine beste und gab unumwunden zu: «Ich habe sie zu Hause gewonnen.» Freitagabend habe er die Idee entdeckt und dann die «immens komplizierten Varianten» das gesamte Wochenende über mit seinem Team bis zum Gewinn ausanalysiert. Er sei aber nicht bewusst störend aufgetreten, verteidigte sich Kasparow, er sei lediglich sehr erregt gewesen, als Anand ihm durch die Wahl des offenen Spaniers diese Chance gegeben habe. Am liebsten hätte er schon gestern Weiss gehabt, um seine Neuerung anzubringen, und relativierte damit auch gleich noch sein Missgeschick vom Vortag: «Ich war zu nervös und habe deshalb unkonzentriert gespielt.»
Jonathan Speelman liess Kasparows «Entschuldigung» aus verständlichen Gründen nicht gelten. «Einiges an seinem Verhalten war eine Schande», sagte der sonst in sich gekehrte Sekundant Anands. Die Schuld an der Niederlage gab er jedoch nur sich und seinem Team: «Wir hätten diese Turmopferidee vor der Partie analysieren müssen, doch sie ist uns völlig entgangen.»
«Als ich noch Kasparows Sekundant war», erzählt Michail Gurewitsch, «erklärte er mir einmal, dass sich Zweikämpfe nach solchen Partien oft zugunsten des Siegers entwickeln.» Tatsächlich erwies sich dieser brillanteste Sieg Kasparows – zusammen mit der Überraschung, die folgen wird – als die entscheidende Wende des Matchs.

Kasparow - Anand

Spanisch, offene Variante
Kommentiert von Michail Gurewitsch

1. e4 e5 2. Sf3 Sc6 3. Lb5 a6 4. La4 Sf6 5. 0-0 Sxe4 6. d4 b5 7. Lb3 d5 8. dxe5 Le6 9. Sbd2 Sc5 10. c3 d4 11. Sg5 dxc3 12. Sxe6 fxe6 13. bxc3 Dd3 14. Lc2!?

Die Abweichung von der 6. Partie, in der Kasparow mit 14. Sf3 keinen Vorteil erreichte, muss Anand unangenehm überrascht haben.

14. ... Dxc3 (1.55)

Dass er nur zweieinhalb Minuten braucht, bevor er den Bauern schlägt, legt nahe, dass Anand hier noch seiner Vorbereitung folgt. Allerdings fehlt ihm eine sinnvolle Alternative, denn nach 14. ... Dd5? 15. Dh5+ erhält Weiss den Angriff gratis.

15. Sb3!

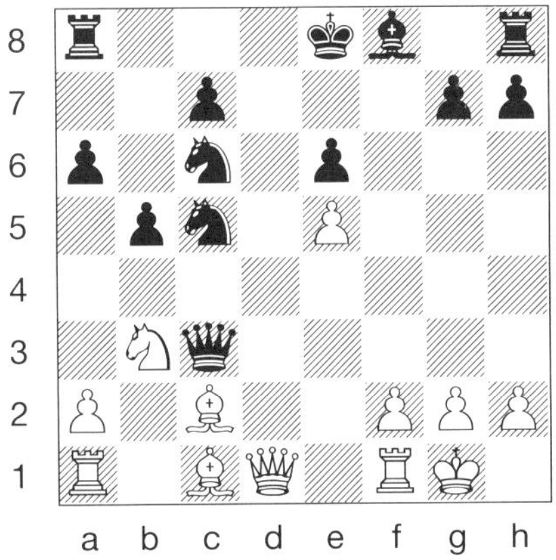

Ein erstaunliches Turmopferangebot und wohl der passende Moment für einige Worte über das schöpferische Genie Kasparows. Ich kenne ihn nun seit 21 Jahren und weiss, dass seinem Ideenreichtum kaum Grenzen gesetzt sind. So sehe ich ihn vor mir, wie er dem Hudson-River entlangstürmt, begleitet von seinen Sekundanten und Bodyguards und intensiv über diese Stellung grübelt. Er braucht kein Schachbrett, von Kindheit an konnte er die Züge im Kopf durchgehen. Wenn man ihn nicht allein davonziehen lassen will, muss man beinahe rennen, denn er geht immer sehr schnell. Seinen Gedanken zu folgen ist noch schwieriger, vor allem, wenn es um Schach geht. In solchen Situationen voller Energie tut er immer wieder fantastische Ideen auf. Selbstverständlich werden diese Einfälle dann von seinen Sekundanten bis ins Detail überprüft. Aber der wichtigste Bestandteil stammt aus Kasparows Kopf.

Zugegeben, das ist meine Fantasie über die Entstehungsgeschichte von 15. Sb3. Vielleicht ist Kasparow an jenem Wochenende vor der Partie aufgewacht und hat seinem Team am Frühstückstisch befohlen, 14. Lc2 und 15. Sb3 zu untersuchen. Und später fragen sich seine Sekundanten: Kam ihm die Idee im Schlaf, oder hat es ihm der Wasserstrahl unter der Dusche zugeflüstert? Erstaunlich ist jedenfalls, dass diese Idee von Anand und seinen Helfern völlig übersehen worden ist! Mit Sicherheit haben sie einen Blick auf 15. Dh5+ geworfen und zu Recht befunden, dass Weiss mit 15. ... g6 (vielleicht sogar 15. ... Kd7!? 16. Dd1+ Sd4) 16. Lxg6+ hxg6 17. Dxh8 (17. Dxg6+ Kd7) 17. ... Dxa1 nicht zufrieden sein kann.

15. ... Sxb3 (1.09)

15. ... Le7 verliert wegen 16. Dh5+ g6 17. Lxg6+ hxg6 18. Dxh8+, und nach 15. ... g6 16. Lg5 (oder 16. Ld2!?, nebst 17. Df3) hat Weiss übermächtige Kompensation für einen winzigen Bauern. Obwohl ein Turmgewinn lockt und noch keine direkten Drohungen auf dem Brett sind, hat sich Anand drei viertel Stunden Zeit genommen, um die einzig sinnvolle Alternative 15. ... Td8 zu verwerfen. Weiss hätte dann zwei Züge zur Wahl:

a) 16. Dh5+ ergibt sowohl nach 16. ... Kd7 17. Lg5 Dxc2 18. Tfd1+ Kc8 (aber nicht 18. ... Sd3 19. Lxd8 Kxd8 20. Txd3+ Dxd3 21. Td1) als auch nach 16. ... g6 17. Lxg6+ hxg6 18. Dxg6+ Kd7 eine unklare Stellung.

b) 16. Ld2!? ist wahrscheinlich am gefährlichsten für Schwarz. 16. ... Db2 erlaubt 17. Dh5+ und 16. ... Dxe5 17. Te1 gibt Weiss jede Menge offene Angriffslinien und Diagonalen für die beiden geopferten Bauern.

16. Lxb3 Sd4 (0.57)

Auf 16. ... Dxa1 erwidert Weiss natürlich nicht 17. Df3? Sd8 18. Dxa8, denn nach 18. ... Dxe5 gefolgt von 19. ... Ld6 kann sich Schwarz retten. Viel stärker ist 17. Dh5+

a) 17. ... g6 18. Df3 Sd8

Analysediagramm

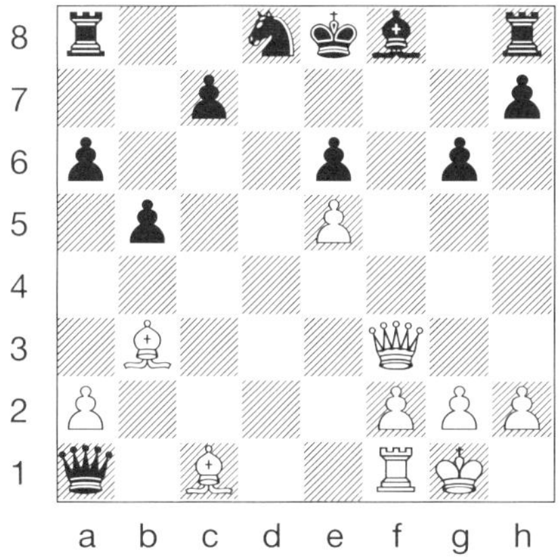

19. Df6! Tg8 20. Lg5 Dc3 (20. ... Dd4 21. Td1) 21. Lxe6 (aber nicht 21. Td1 Ld6 22. Lxe6 Tf8 23. Ld7+ Kxd7 24. e6+ Sxe6 25. Dxc3 Sxg5 und Schwarz hat mehr Holz als genug für die Dame) 21. ... Tg7 (21. ... Dc6 verliert nach 22. Lf7+ Kd7 23. Td1+ Haus und Hof) 22. Td1 Sxe6 23. Dxe6 Te7 (23. ... Le7 24. Lxe7 Txe7 25. Dg8 matt) 24. Lxe7 Lxe7 25. Dg8+ Lf8 26. Dd5 gewinnt - eine Schlüsselvariante.

b) 17. ... Kd7 18. Lxe6+!? (viel prosaischer als dieses von Kasparow angegebene Abspiel gewinnt 18. Df7+! Kc8 19. Dxe6+ Kb7 20. Ld5 Dc3 21. Ld2) 18. ... Kxe6 19. Dg4+ Kf7 20. Df3+ Ke6 21. Dxc6+ Ld6 22. exd6 De5 23. Ld2! (oder 23. dxc7+), mit der Drohung 24. Te1.

17. Dg4!

Nun ziehen sich über Anands König schwarze Gewitterwolken zusammen. Er hat nichts Besseres, als sich wenigstens den weissen Damenturm zu schnappen.

17. ... Dxa1 (0.50) **18. Lxe6**

Wiederum à tempo gezogen. Wir sind noch mitten in Kasparows Heimanalyse. Anand jedoch hat einiges zu rechnen, um die einzige Verteidigung zu finden, nach der er nicht sofort verliert:

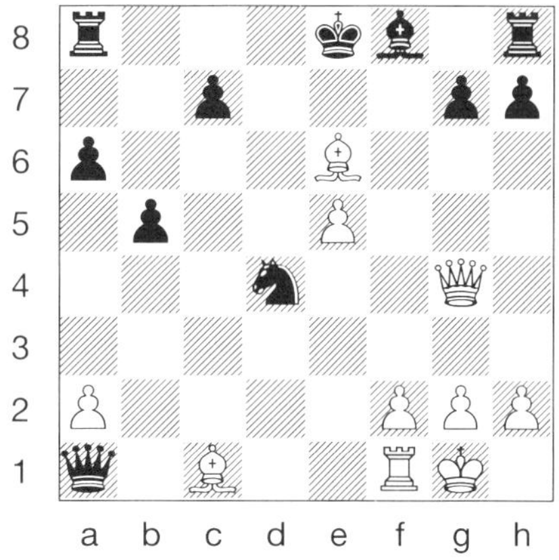

a) 18. ... Sxe6? 19. Dxe6+ Le7 20. Lg5 Dxf1+ 21. Kxf1 Kd8 22. Lxe7+ Ke8 23. Lf6+ Kf8 24. De7+ Kg8 25. Dxg7 matt,

b) 18. ... Lc5 19. Ld7+ (nach 19. Lh6 Dxf1+ 20. Kxf1 gxh6 21. Dh5+ Kd8 22. Dh4+ Ke8 ist nicht klar, wie Weiss Fortschritte machen soll) 19. ... Kf8 (19. ... Kf7 20. e6+ Kg8 21. Lh6) 20. Lh6 Dxf1+ 21. Kxf1 gxh6 22. Dh4! Le7 23. Dxd4, und Weiss gewinnt,

c) 18. ... Le7 19. Ld7+ Kf7 (19. ... Kd8 20. Lg5 Se2+ 21. Dxe2 Dc3 22. Tc1 Da3 23. Le6 ist nicht besser) 20. Lh6 Dxf1+ (oder 20. ... Se2+ 21. Dxe2 Dc3 22. Tc1 Da3 23. e6+ Kg8 24. Dh5 Tf8 25. Le8 mit Mattangriff,

d) 18. ... Dc3 19. Ld7+ Kf7 20. Le3 Lc5 (20. ... c5 21. Lxd4 Dxd4 22. De6 matt) 21. e6+ Kg8 22. e7 gewinnt ebenfalls.

18. ... Td8 19. Lh6!

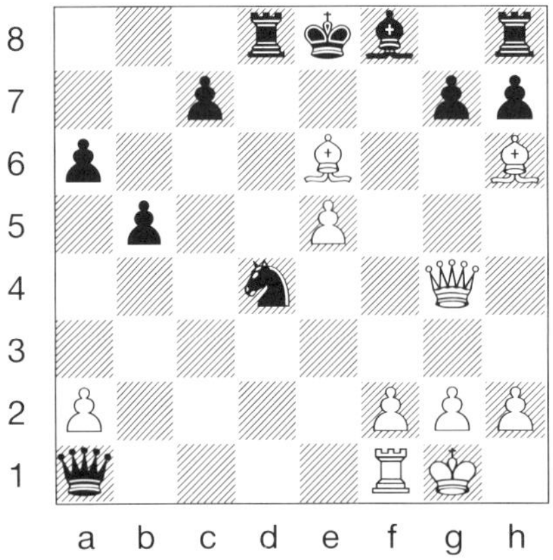

Laut Kasparow findet Anand nun mit dem Manöver Da1-c3-d3-g6 noch das beste. Chancenlos ist dagegen 19. ... Dxf1+ 20. Kxf1 g6 (20. ... gxh6? 21. Dh5+ Ke7 22. Df7 matt) 21. Lg5 Le7 22. Lf6 Lxf6 (oder 22. ... Tf8 23. Lg7 Sxe6 24. Dxe6 Tf5 25. Lf6 Td7 26. Dc6 nebst 27. e6) 23. exf6, und Schwarz kann sich immer noch nicht aus der Umklammerung befreien.

19. ... Dc3 (0.41) **20. Lxg7**

Mit der offensichtlichen Drohung 21. Dh5+ und 22. Df7 matt.

20. ... Dd3 21. Lxh8

Nach all den Komplikationen hat Weiss einen Mehrbauern, das Läuferpaar und weiter Angriff, der Schwarz zwingt, die Damen zu tauschen. Selbst der Trick 21. ... Se2+ 22. Kh1 Sg3+ 23. hxg3 Dxf1+ 24. Kh2 kann nicht mehr helfen:

Analysediagramm

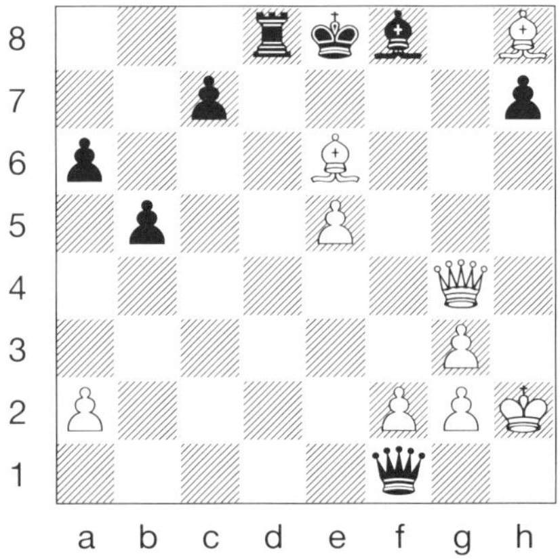

a) 24. ... Td1 25. Dh5+ Kd8 26. Lf6+ Le7 27. Lxe7+ Kxe7 28. Df7+ Kd8 29. Df8 matt,

b) 24. ... Dxf2 25. Lf6 Dc2 26. Lf5! Dc4 (oder 26. ... Dxa2 27. e6 bzw. 26. ... Dd1 27. Lg6+ hxg6 28. De6+ Le7 29. Dxe7 matt) 27. Dh5+ Df7 28. Dxf7+ Kxf7 29. Lxd8, und Weiss hat eine Figur mehr.

c) Auch nach 24. ... Dd3 25. Lf5 Dc4 (25. ... Dd1 26. f3) 26. f4 steht der weisse Gewinn ausser Frage.

21. ... Dg6 22. Lf6 (1.48)

Bis zum 21. Zug ist Kasparow seiner Heimanalyse gefolgt und hat alles à tempo gespielt, notiert und sich türenknallend in seinen Ruheraum verzogen, um den Gegner am Videoschirm leiden zu sehen.

22. ... Le7 23. Lxe7 (1.37) **Dxg4**
Nach 23. ... Kxe7? erreicht Schwarz das Endspiel nicht mehr: 24. Dh4+ Ke8 25. Lg4.

24. Lxg4 Kxe7 25. Tc1!

Weiss muss nur noch das schwarze Gegenspiel am Damenflügel in den Griff bekommen, und dieser Zug ist ein wichtiger Schritt dazu. Die Schlussphase spielt Kasparow sehr sorgfältig. «Es ist lange her, dass ich zwei Wochen ohne Sieg war», begründete er nach der Partie: «Deshalb wollte ich meine brillante Neuerung auf keinen Fall verpatzen.»

25. ... c6 26. f4

Das öffnet den Weg, um den König zu zentralisieren. Ohne Zweifel ist dieses Endspiel technisch gewonnen.

26. ... a5 27. Kf2 a4 28. Ke3 (1.30) **b4!?**

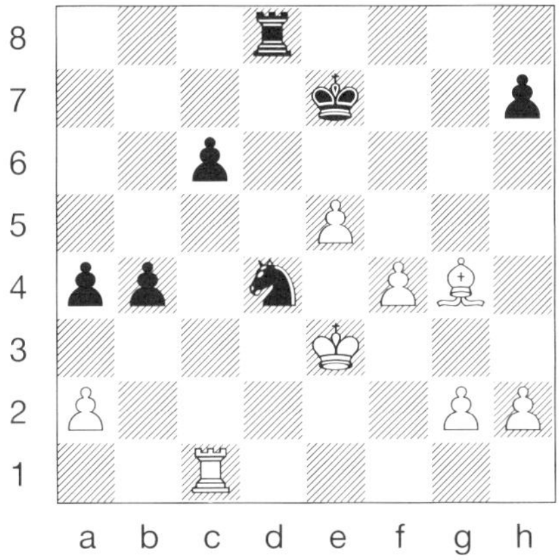

Ich stimme nicht mit Kasparows Einschätzung überein, dass Anand nicht noch alles versucht habe, diese Partie aus dem Feuer zu reissen. Er gibt sein Bestes, um Verwicklungen heraufzubeschwören. Nach 29. Tc4?! a3! könnte er sogar wieder Hoffnung schöpfen, da Weiss mit 30. Txd4?? (30. Txb4?? Sc2+) 30. ... Txd4 31. Kxd4 b3 verlieren kann. Doch Kasparow nimmt auch diese letzte Hürde.

29. Ld1! a3

Erzwungen. Nach 29. ... b3 30. axb3 axb3 (30. ... Sxb3 31. Lxb3 axb3 32. Txc6 Tb8 33. Tc1 b2 34. Tb1 Ke6 35. Kd3 Kf5 36. g3 ist ebenfalls chancenlos) 31. Tb1 gewinnt Weiss trivial.

30. g4

Die schwarzen Bauern sind gestoppt, gegen den weissen Vormarsch gibt es keine Verteidigung.

30. ... Td5 31. Tc4 (1.12) **c5** (0.31)

Auch andere Züge bringen keine Rettung: 31. ... Sf5+ 32. gxf5 Txd1 33. Txb4 so wenig wie 31. ... b3 32. Lxb3 Sxb3 33. axb3 Ta5 34. Tc1 a2 35. Ta1 gefolgt von 36. Ke4, und 37. f5.

32. Ke4 Td8 33. Txc5 Se6 34. Td5 Tc8 (0.27)

Die letzten Zuckungen.

35. f5 (1.08) **Tc4+ 36. Ke3 Sc5 37. g5 Tc1 38. Td6 1:0** (0.59 – 0.23).

Mit diesem Sieg hat Kasparow sein Selbstvertrauen zurückgewonnen, und das hatte er zu dem Zeitpunkt auch bitter nötig.

Immer elegant und taktisch brillant: Auch Yasser Seirawan sah schnell, was kommen wird.

Foto: Jerome Bibuld

«O mein Gott, er hat es nicht gesehen»

11. Partie

Nach der fantastischen Neuerung folgte am Donnerstag Kasparows Eröffnungsüberraschung mit der von ihm höchstens bei Simultanvorstellungen gespielten Drachenvariante. Dass der Weltmeister, kurz bevor die Falle zuschnappte, Anand Remis angeboten hatte und bereit war, die Zuschauer erneut frühzeitig nach Hause zu schicken, zählte nicht mehr. Kasparow triumphierte und erinnerte an eine Partie gegen seinen Rivalen Anatoli Karpow, als der ebenfalls in Remisstellung das Unentschieden angeboten erhielt, ablehnte und dann verlor. Wenn der Weltmeister Remis offeriert, so die Botschaft, hat man anzunehmen, sonst wird man bestraft.

Aus der Fallenszene könnte jeder WM-Kandidat seine Lehren ziehen: Kasparow überlegt kurz und spielt unschuldig 27. ... Le6. Anand nimmt sich fünf, sechs Minuten Zeit für 28. Sb6. Ohne Hast, aber auch ohne weiteres Nachdenken spulen die beiden die nächsten Züge ab, Anand riecht die Ratte nicht und legt sich auf die Schlachtbank. Nach der Pointe 31. ... Txc2 steht Kasparow auf, dreht sich noch dreimal nach Anand um, und verlässt die Kabine.

Einfach zu erkennen war dieser Trick sicher nicht, doch im Presseraum war Larry Christiansen auf der Höhe des Geschehens. Kopfschüttelnd und entsetzt sah er auf dem Monitor 28. Sb6. Noch war nicht alles verloren, - «er wird doch nicht...» -, aber als Anand auch den 29. Zug zu schnell spielte, entfuhr dem amerikanischen Grossmeister der Hilferuf: «O mein Gott, er hat es nicht gesehen.» Der «Spiegel» zitierte später Anands Frage: «Wer war der grössere Trottel? Der, der es wagt, die beleidigend einfachen Fallen aufzustellen, oder der, der hineinrennt?» Er habe sich in jenem Moment unglaublich dumm gefühlt: «Garri sitzt da, selbstzufrieden wie ein satter Truthahn. Und ich denke: Verdammt, wie konntest du nur in diese blöde Falle tappen?»

War schon die Niederlage am Dienstag für Viswanathan Anands Team ein schwerer Rückschlag, weil ihnen ein Analysefehler nachgewiesen worden war, so wog dieser Drachen noch schwerer. Auch im Presseraum breitete sich nach der Hochstimmung beim 5:4 am Montag Trauer aus, denn die meisten Journalisten und kommentierenden Grossmeister hatten sich einen Sieg Anands gewünscht. Noch auf dieser Welle der Hoffnung hatte sich ausgerechnet ab der 11. Partie das indische Fernsehen live zugeschaltet. Selbst in Pakistan konnte ein müder, aber schlafloser Auslandkorrespondent des «Tages-Anzeigers» im Hotelzimmer die Züge mitverfolgen.

Nur drei Tage nach dem Desaster in der 9. Partie stand Kasparow wieder in alter Grösse da. Der Doppelschock musste bei Anand Wirkung zeigen. Auch Kasparow dürfte sich ziemlich sicher gewesen sein, dass die für ihn und die PCA äusserst wichtige Titelverteidigung sehr nahe war. So kehrte er mit seinen

Garri Kasparow: Der Drache hat zugeschlagen. Foto: Jerome Bibuld

Bemerkungen zurück zum Stil der ersten Matchtage: «Nachdem Anand fünf Partien mit einem sicheren König auf h1 und zwei guten Läufern gespielt hat, konnte er sich beim Drachen nicht mehr so komfortabel einrichten.» Doch das Match bleibe kompliziert, er habe mit dem 6:5 lediglich die Initiative übernommen. Allerdings befände er sich nun in einer besseren Position als zu Beginn der Woche.

Anand - Kasparow

Sizilianisch, Drachen
Kommentiert von Artur Jussupow

1. e4 c5 2. Sf3 d6 3. d4 cxd4 4. Sxd4 Sf6 5. Sc3 g6

Für mich die grösste Überraschung des Matches. Kasparow spielte die Drachenvariante nie zuvor in einer Turnierpartie. Jetzt wird seine Matchstrategie klarer: Er hat mit Schwarz ein zweites sizilianisches System vorbereitet, in das er nun nach seiner Niederlage in der 9. Partie mit der Scheveninger Variante wechseln kann.

6. Le3 (1.55) **Lg7 7. f3** (1.50) **0-0 8. Dd2 Sc6 9. Lc4**

In der 15. Partie wird Anand das ruhige 9. g4 spielen, aber nicht, um einen Eröffnungsvorteil herauszuholen, sondern um nach einer für ihn katastrophalen Matchwoche – drei schnelle Niederlagen in vier Partien – keinen weiteren Rückschlag zu riskieren. Gefährlicher für Schwarz ist 9. 0-0-0, womit Kasparow selbst als Weisser im Mai in Amsterdam den bulgarischen Drachen-Experten Wesselin Topalow besiegt hat.

9. ... Ld7 10. 0-0-0 Se5 11. Lb3 Tc8 12. h4

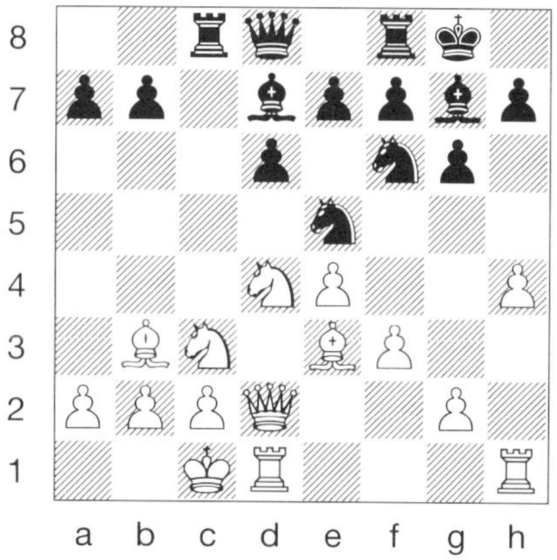

12. ... h5 (1.47)

Beim Moskauer Grandprix-Schnellturnier im April 1995 kam Anand mit Weiss gegen Alexander Chalifman nach 12. ... Sc4 13. Lxc4 Txc4 14. h5 Sxh5 15. g4 Sf6 16. Kb1 Dc7 17. g5 Sh5 18. Sd5 Dd8 19. b3 Tc8 20. Se2 e6 21. Sdf4 zu guten Angriffschancen. 12. ... h5 gilt derzeit als stärkste Verteidigungsmethode gegen den «Jugoslawischen Angriff», wie der weisse Aufbau mit Le3, f3, Dd2 und der langen Rochade genannt wird. Dieser Zug macht es Weiss erheblich schwerer, die schwarze Festung zu stürmen.

13. Kb1 (1.47)

Nur einmal schafft es Anand, Kasparows Drachenvariante auf die Probe zu stellen, und zwar in der 17. Partie mit 13. Lg5. Auch der prophylaktische Königszug ist sehr sinnvoll in diesem Stellungstyp, erlaubt Kasparow jedoch, den weissen Angriff durch eine Reihe genauer Züge zu neutralisieren.

13. ... Sc4 14. Lxc4 Txc4 15. Sde2 (1.42) **b5** (1.54)

Kasparow hat diese Position vor dem Match natürlich genau studiert, denn Anand hatte sie schon einmal auf dem Brett.

16. Lh6

Gegen Sergei Tiwjakow erreichte Anand 1992 in Tilburg eher weniger als nichts mit 16. Ld4. Nach der starken Antwort 16. ... e5! 17. Le3 b4 18. Sd5 Sxd5 19. Dxd5 Tc6 hatte Schwarz gutes Spiel.

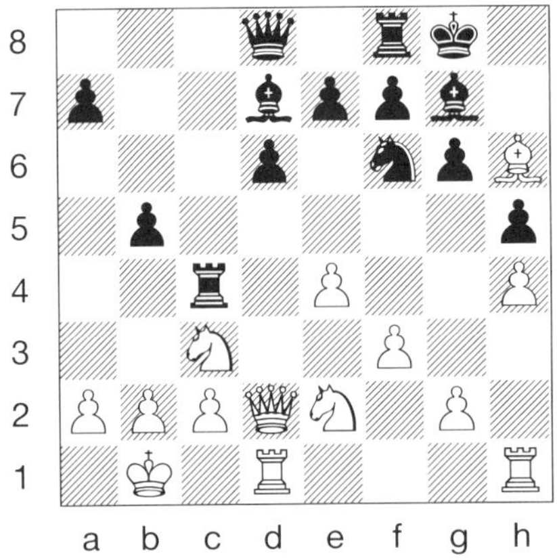

16. ... Da5!

Das ist wahrscheinlich das beste Feld für die schwarze Dame in der Drachenvariante, aber Schwarz muss das Standardmotiv Sd5 im Auge behalten. Nach der Alternative 16. ... b4 17. Lxg7 Kxg7 18. Sd5 Sxd5 19. exd5 Da5 20. b3 Tc5 21. g4 erhielt Anand-Sekundant Patrick Wolff gegen den Bulgaren Kiril Georgiew beim Interzonenturnier 1993 in Biel starken Angriff. Allerdings wurde das schwarze Spiel auch hier verbessert in der Partie Glek - Kveinis, Bad Godesberg 1995, wo sich nach 19. ... Db6! 20. b3 Tc7 21. g4 Tfc8 22. Sd4 Tc5 ein komplizierter Kampf entwickelte.

17. Lxg7 (1.38)

Hier gibt 17. Lg5? b4 18. Sd5 Sxd5 19. Dxd5 Tc5 Schwarz das bessere Spiel.

Anmerkung der Redaktion: Wesselin Topalow weist in «Schach» auf die wenige Monate vor der WM in Andorra gespielte Partie Arencibia - Marin hin, in der Weiss 17. Sd5 Dxd2 18. Sxe7+ Kh7 19. Lxd2 versuchte. Statt Marins 19. ... Sxe4?! zieht Topalow 19. ... Te8 20. b3 Tc5 21. Lf4 Lf8! 22. Lxd6 Lxe7 23. Lxc5 Lxc5 vor, und Schwarz stehe nicht schlechter.

17. ... Kxg7 18. Sf4 (1.13) **Tfc8** (1.48)

Wegen der offensichtlichen Drohung 19. ... Txc3 hat Weiss nichts Besseres als Damentausch, was unter normalen Umständen schnell zur Punkteteilung führt.

19. Scd5 (1.04) **Dxd2**

Mit diesem Zug schlug Kasparow Remis vor, auf den ersten Blick ein unschuldiges Angebot, aber ein Teil seiner psychologischen Strategie. Alle Friedensverhandlungen gingen in diesem Match von Kasparow aus, und hier lehnt Anand zum ersten Mal ab. Die lange Phase des Spiels auf Sicherheit ist vorbei. Obwohl die Stellung und der Matchstand ausgeglichen sind, unternimmt Anand einen Gewinnversuch und bringt bald alles aus dem Gleichgewicht.

20. Txd2 (1.02) **Sxd5 21. Sxd5 Kf8 22. Te1** (0.57) **Tb8** (1.25)

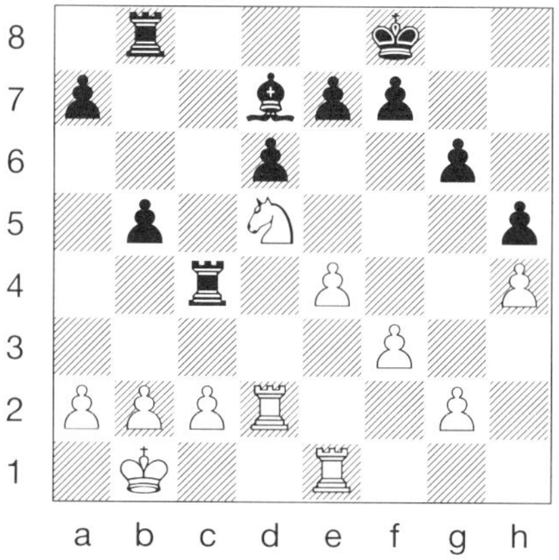

So wenig wie Weiss am Königsflügel vorrücken kann, sollte sich Schwarz auf der Damenseite schwächen. Doch genau dazu setzt Kasparow jetzt an. Er ist nicht der Typ, der stillsitzen kann und nichts tut. Am Normalzug 22. ... Le6 gibt es nichts auszusetzen.

23. b3 (0.54) **Tc5 24. Sf4 Tbc8** (1.18) **25. Kb2** (0.47) **a5?!**

Das ist wahrscheinlich ungenau, denn diese Schwächung nützt nur Weiss.

26. a3 Kg7?! (1.12)

Kasparow spekuliert auf die Suggestivkraft einer gut versteckten Falle. Dabei bringt er sich selbst in eine gefährliche Lage. Nichts erreicht Weiss jetzt übrigens mit 27. e5 wegen 27. ... Lf5.

27. Sd5 (0.43) **Le6?** (1.11)

Hier ist die letzte Gelegenheit für Schwarz, mit 27. ... Te8 auf den Pfad der Tugend zurückzukehren.

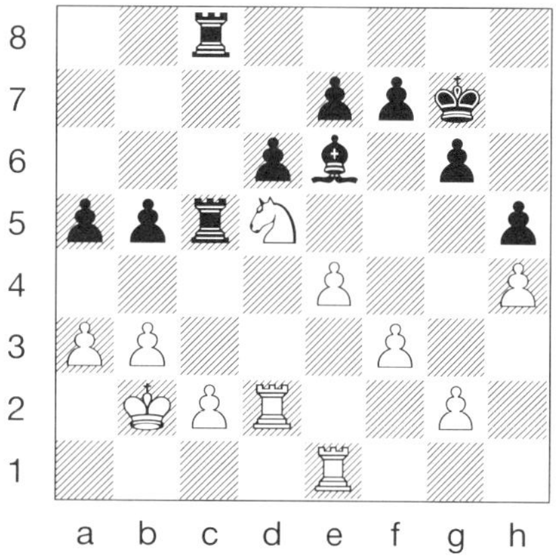

28. b4? (0.37)

Nach nur sechs Minuten Nachdenken glaubt Anand, dass Kasparow eine Qualität opfern will, und tappt in die Falle. Welch ein Jammer, dass sein Gegner für seine schwache Endspielbehandlung so belohnt wird! Das einfache 28. Sxe7 Te8 29. Sd5 Lxd5 30. b4 axb4 31. axb4 Tc4 32. Txd5 gewinnt einen Bauern.

Analysediagramm

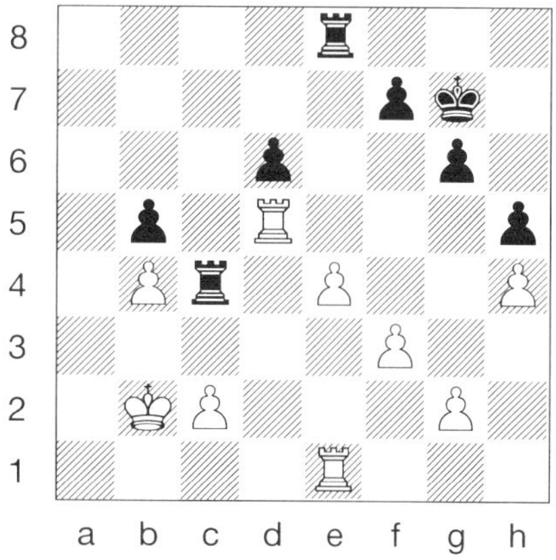

a) 32. ... Txb4+ 33. Kc3 (das ist natürlich viel stärker als 33. Kc1? f5 mit Remis) 33. ... Tc4+ 34. Kb3 ist wohl das Beste.

b) Seinen Äusserungen nach der Partie zufolge hat Kasparow wohl geglaubt, 32. ... Tec8 halte leicht remis, zum Beispiel 33. Te2 Txb4+ 34. Kc1 Tc6 35. Ted2 Ta6! 36. Kd1 Tb1+ 37. Ke2 Tb2. Dabei hat er offenbar völlig 33. c3! Txc3 34. Te2 übersehen, wonach Weiss wieder einen Bauern gewinnt. Dass Kasparow mit seiner Falle nichts riskiert habe, wie er nach der Partie erklärt hat, stimmt also keinesfalls. Anand hätte im Turmendspiel reelle Gewinnchancen erhalten.

28. ... axb4 29. axb4 Tc4

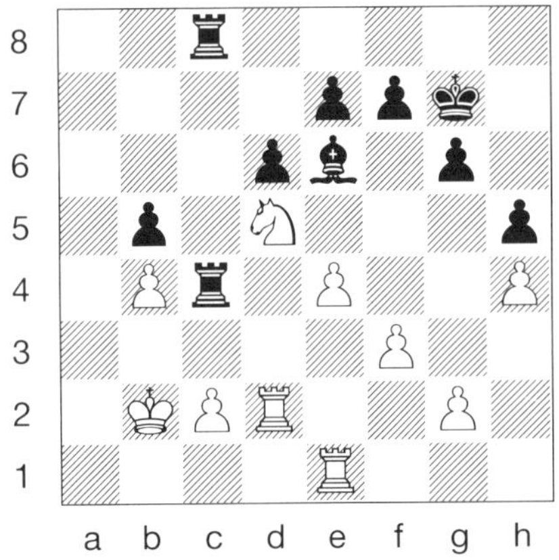

30. Sb6?? (0.36)

Technisch gesehen ist das der Verlustzug, der aber von 28. b4? vorweggenommen worden ist. Nach 30. Sxe7 Txb4+ 31. Kc1 La2 32. Txd6 Tb1+ 33. Kd2 Txc2+ 34. Kxc2 Txe1 wäre Schwarz zwar im Vorteil, aber ein Remis noch in Reichweite. Das gilt auch für 30. c3 Lxd5 31. exd5 Txc3 32. Txe7.

30. ... Txb4+ 31. Ka3?

Relativ am besten ist noch 31. Kc1. Anand hatte nur mit 31. ... Tcc4 gerechnet, was Schwarz zum Remis genügt hätte.

31. ... Txc2! 0:1 (0.33 - 1.10).

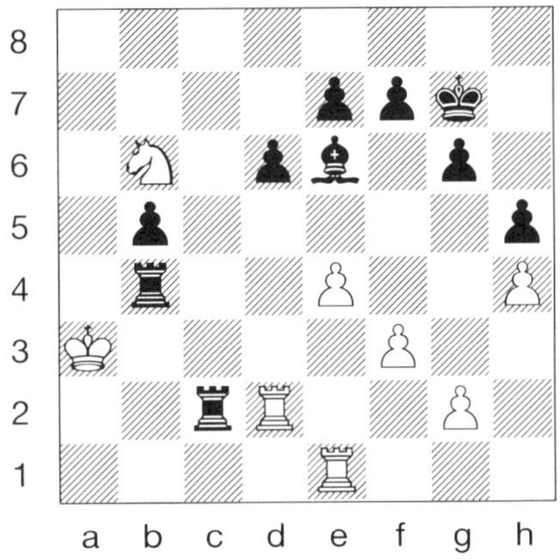

Eine brillante Kombination. Nach 32. Txc2 Tb3+ 33. Ka2 Te3+ 34. Kb2 Txe1 hat Weiss kompensationslos zwei Bauern weniger. Diese tragische Wendung in dieser wohl schwächsten Partie hat Anand schwer geschockt. Er verlor sein Selbstvertrauen und später das Match.

«Anand spielte klar unter seinen Möglichkeiten»

Wladimir Kramnik über die WM-Arbeit mit Kasparow

Die Sekundanten flankieren den Weltmeister: Chodakowski, Kramnik, Pigusow und Dochokjan (v. l.). Foto: Jerome Bibuld

Kasparow hatte Wladimir Kramnik Ende Sommer für eine Woche in sein Camp im kroatischen Rovinj eingeladen, um einige Trainingspartien zu spielen, und als WM-Sekundanten verpflichtet, weil er in seinem neu zusammengestellten Team einen gleichwertigen Partner brauchte. Der 20jährige russische Hüne geniesst seit längerer Zeit Kasparows Unterstützung und Vertrauen, obwohl er selber zu den hoffnungsvollsten Anwärtern auf den WM-Thron gilt.

Wladimir Kramnik, was hat Sie an der New Yorker WM am meisten überrascht?

Kramnik: Dasselbe wie alle anderen: Anand spielte klar unter seinen Möglichkeiten. Seine Vorbereitung war gut, die erste Hälfte spielte er okay. Ich glaube, nur er selbst kann erklären, was dann passiert ist.

Was war mit Kasparows schöpferischer Leistung: Waren Sie zufrieden, war er zufrieden?

Kramnik: Diese Fragen haben wir uns so nie gestellt. Wie man spielt, hängt immer auch vom Gegner ab. Hätte Anand besser gespielt, hätte bestimmt auch Kasparow besser gespielt.

Lässt Kasparows Spielstärke schon nach, oder hat er seinen Höhepunkt noch nicht überschritten?

Kramnik: Darüber möchte ich nicht spekulieren, und Kasparow selber spricht nicht darüber. Keiner würde das tun, denn solche Überlegungen reichen sehr tief in die Gefühlswelt eines Menschen.

Kann Kasparow über seine Gefühle denn überhaupt sprechen?

Kramnik: Ich denke schon.

In New York spielten ihm seine Emotionen mindestens zweimal einen Streich. In der 11. Partie brachte er sich selbst in Gefahr, um eine Falle zu stellen, statt die besten Züge zu wählen.

Kramnik: Er glaubte, dass die Stellung ausgeglichen sei, wenn Anand den Bauern auf e7 schlägt. Kasparow hat eben etwas versucht, um zu gewinnen.

In der 12. Partie dürfte Kasparow aus Ärger über einen Übersehen seine Hoffnungen auf den vollen Punkt zu früh begraben haben.

Kramnik: Ja, er hat mehrere Gewinnwege ausgelassen. Das war die einzige Partie, in der er seine Chancen nicht nutzte.

Was war für Sie der kritische Moment des Matchs?

Kramnik: Nach der 9. Partie ist Kasparow aufgewacht. Die 10. Partie war sehr wichtig für Anand. Hinterher war Anand ziemlich deprimiert. Vielleicht ging ihm schon die Energie aus. Aus meiner Erfahrung weiss ich, dass nur der Spieler selbst erklären kann, was vorging. Der zweite kritische Moment war die 13. Partie. Danach war das Match entschieden. Selbst mit einem Sieg in der 14. Partie hätte Anand den Wettkampf nicht mehr gewonnen. Es war kein Zufall, dass er auch diese Partie verlor.

Kasparow hat Anand vor und zu Beginn des Matchs mehrmals als einen ausserordentlich gefährlichen Spieler bezeichnet. War er enttäuscht, als Anand so schnell einbrach?

Kramnik: Enttäuscht ist das falsche Wort. Ich glaube, Kasparow war überrascht.

Wie war die Manöverkritik in eurem Team organisiert?

Kramnik: Wir haben alle Partien ausführlich analysiert. Danach haben wir uns noch einmal zusammengesetzt. Kasparow hat dann einige Partien kommentiert, ich glaube für den «Schachinformator». Ich hatte nach dem Match keine Lust, nochmals zu den alten Analysen zurückzukehren. Das hätte mich gelangweilt. Ich vertiefe mich jetzt lieber in meine eigenen Partien.

Habt ihr die Titelverteidigung gefeiert?

Kramnik: Wir waren sehr edel essen gegangen in einem amerikanischen Restaurant, mit Wein von 1968.

Hing euer Sekundantenlohn davon ab, ob Kasparow das Match gewinnt?

Kramnik: Von mir aus wäre das kein Geheimnis. Aber ich weiss nicht, ob ich etwas über unsere finanziellen Absprachen sagen darf. Da müssen Sie Kasparow fragen. Meine Bedingungen waren jedenfalls sehr gut. Ich kann mich über nichts beklagen.

Ist Kasparows Mutter Klara Kasparowa immer noch die Chefin im Team?

Kramnik: Sie organisiert alles. Jemanden wie sie hätte ich gerne in meiner Nähe, denn sie ist perfekt.

Man hat Sie während der Partien nie im World Trade Center gesehen. Wollte Kasparow vermeiden, dass Sie mit Journalisten sprechen?

Kramnik: Das war meine Entscheidung. Wäre ich in den Presseraum gekommen, hätten alle Journalisten versucht, tausend Fragen zu stellen. Einmal war ich allerdings da, zur 1. Partie, doch die war gerade zu Ende gegangen.

Heisst das, Sie hatten zu viel zu tun?

Kramnik: Nein, es war relativ locker. Ein Tag so, ein Tag so. Ich konnte soviel arbeiten, wie ich in Stimmung war.

Anands Sekundant Artur Jussupow fühlte sich ausgelaugt nach dem Match. Sie also nicht?

Kramnik: Ein bisschen müde war ich auch.

Haben Sie sich in Ihrer Freizeit New York angeschaut?

Kramnik: Kaum. Ich ging lieber mit den anderen Sekundanten in den Fitnessclub, in den Kraftraum, zum Schwimmen oder in die Sauna.

Dürfen Sie die gemeinsam erarbeiteten Neuerungen in Ihren eigenen Partien verwenden?

Kramnik: Über unsere Abmachungen will ich lieber nichts sagen.

Was ist das wichtigste, das Sie als Kasparows Sekundant gelernt haben?

Kramnik: Selbst wenn ich nur allgemein bleiben würde, wäre eine Stunde nötig, um alle wichtigen Punkte anzusprechen. Wenn man mit so einem unglaublich starken Spieler wie Kasparow arbeitet, kann man eine Menge lernen. Viel mehr als an drei Topturnieren.

Glauben Sie, die Erfahrung als Sekundant wird sich in Ihren nächsten Zweikämpfen auszahlen?

Kramnik: Das müssen wir abwarten, aber darum ging es mir gar nicht. Das wichtigste war, am Schach zu arbeiten.

In knapp zwei Jahren spielen Sie vielleicht selber gegen Kasparow um die Weltmeisterschaft. Haben Sie einander nicht zu viele Geheimnisse verraten?

Kramnik: Die Theorie entwickelt sich so schnell, dass von unseren Geheimnissen in ein, zwei Jahren kaum noch etwas übrig sein wird.

Interview: Stefan Löffler

Vladimir Kramnik. «Wenn man mit so einem unglaublich starken Spieler wie Kasparow arbeitet, kann man eine Menge lernen. Foto: Tom Kawara

Der verflixte 31. Zug

12. Partie

Artur Jussupow schaut niedergeschlagen drein. Wie es ihm geht? Wie könnte es ihm gutgehen, jetzt, nachdem Anand zweimal hintereinander verloren hat. Nur freitags kommt er zu den Partien ins World Trade Center, denn dann bleibt am meisten Zeit bis zur nächstfolgenden Partie, ist am wenigsten vorzubereiten. Der Blick auf die 12. Partie trägt wenig bei, ihn aufzuheitern. Nach der Eröffnung habe Anand den falschen Plan gefasst. «Er durfte nicht selber abtauschen. Wenn er abgewartet hätte, stünde es etwa gleich», erklärt Jussupow.

Dann tauscht auch Kasparow einmal zu schnell, doch Anand übersieht die Chance zum Ausgleich. Der weisse Vorteil ist unbestreitbar bis zum 31. Zug, demselben, in dem Anand am Vortag so schrecklich patzte. Kasparow nimmt den schwarzen Springer und notiert Anands vermeintliche Antwort gleich mit. Mark Dworetzki, dem zuliebe Jussupow geblieben ist, hat darauf ein hübsches Zwischenschach gesehen. Keine zwei Minuten vergehen, dann wissen wir, dass die mit einem Bauernopfer verbundene Idee auch Anand nicht entgangen ist. Kasparow schüttelt den Kopf, streicht den schon notierten Zug mehrmals durch und braucht doch eine gute Minute, bis er seine Fassung wiedergefunden und seine erzwungene Antwort gespielt hat. Jussupow und sein früherer Trainer Dworetzki können aufatmen.

Anands Team hat sich etwas einfallen lassen, um den angeschlagenen Herausforderer auf andere Gedanken zu bringen. Damit er nach den beiden Niederlagen nicht noch lange am Brett über seinen unwiderruflichen Fehlern brütet, unternahm einer der Freunde mit Anand einen langen Spaziergang durch Manhattan. Zurückschlagen sollte er erst in seiner nächsten Weisspartie. In dieser zwölften galt es, ohne Risiko ein Remis zu sichern. Mit etwas Glück gelang das auch.

Abgekämpft und müde kam Anand zur Presserunde und sagte wenig mehr, als dass er froh sei, den Hattrick abgewehrt zu haben. Dass Anand auch danach noch einen schweren Moment überstand, weil Kasparow seine verbliebenen Gewinnchancen unterschätzte, zeigt die Analyse von Ian Rogers.

Kasparow - Anand

Spanisch, Archangelsker-Variante
Kommentiert von Ian Rogers

1. e4 e5 2.Sf3 Sc6 3. Lb5 a6 4. La4 Sf6 5. 0-0 b5

Nachdem sein geliebter offener Spanier (5. ... Sxe4) angeschlagen ist, variiert Anand mit der Archangelsker Variante. Sicher keine Überraschung für Kasparow, denn Anand spielte bereits zweimal in diesem Jahr so.

6. Lb3 Lc5

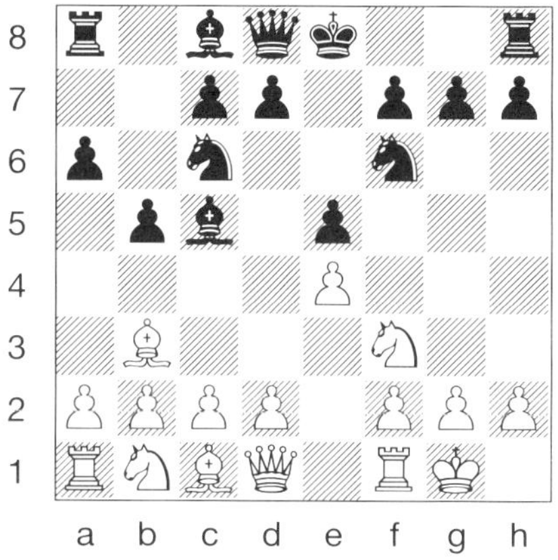

Analysediagramm

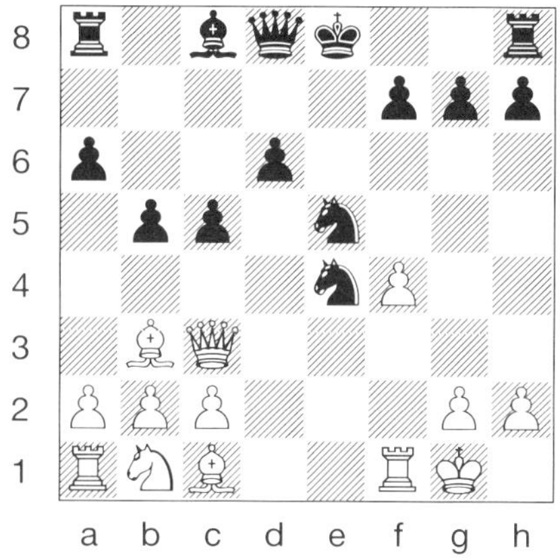

Die allererste Partie mit 5. ... b5, Löwenthal - Morphy, London 1859, brachte Weiss nach 6. Lb3 Lc5 7. c3 d6 8. d4 exd4? 9. cxd4 Lb6 10. Lg5 Lb7 11. Sc3 klar in Vorteil und bald den Sieg über seinen berühmten Gegner. Aber nicht wegen 7. c3 kam 6. ... Lc5 ausser Mode, sondern als entdeckt wurde, dass 7. Sxe5 Sxe5 8. d4 Sxe4 9. dxc5 Weiss in Vorteil bringt. Deshalb wurde bis 1994 fast ausschliesslich 6. ... Lb7 gespielt. Erst kürzlich fand man ein Gegengift auf 6. ... Lc5 7. Sxe5, nämlich 7. ... Sxe5 8. d4 Lxd4! 9. Dxd4 d6, gefolgt von 10. ... c5. Anand selbst erreichte damit als Schwarzer leicht ein Remis gegen Wassili Iwantschuk beim Michail-Tal-Memorial 1995 in Riga: 10. f4 c5 11. Dd1 Sg6 12. Ld5 Sxd5 13. Dxd5 Tb8 14. Dh5 Lb7 15. Sc3 b4 16. f5 bxc3 17. fxg6 fxg6 18. Dh3 De7 19. e5 Tf8 20. Txf8+ remis.

Nur wenige Wochen vor dem New Yorker Match präsentierte der Lette Sulskis gegen Edvardsson in Gausdal eine brillante neue Idee für Weiss, die 7. Sxe5 rehabilitieren könnte: 10. f4 c5 11. Dc3!? Sxe4

12. fxe5!? (aber nicht 12. De3? d5 13. fxe5 c4) Sxc3 13. Lxf7+ Kd7 14. Sxc3 Lb7 15. Lf4 De7 16. e6+ Kc7 17. Tad1 Tad8 18. Td5!! b4 19. Lg5 bxc3 20. Lxe7 Lxd5 21. Lxd8+ 1:0. Kasparow sollte von dieser Partie gewusst haben, aber vielleicht fehlte ihm die Zeit, um diese Verwicklungen ebenso ausführlich vorzubereiten wie die 10. Partie. Mit einem Punkt Vorsprung spielt er lieber positionell als spekulativ.

7. a4 Lb7 8. d3 d6 9. Sc3 (1.55) **b4 10. Sd5 Sa5**

Das prophylaktische 10. ... h6 gilt als fragwürdig, kann Weiss doch mittels 11. a5! die Schwäche a6 festlegen. Eine weitere perfekte Kurzpartie, die gut veranschaulicht, wo die schwarzen Probleme in diesem System liegen, gelang Stefan Kindermann zwei Monate vor der PCA-Weltmeisterschaft in Biel gegen Jan Timman: 10. ... h6 11. a5 0-0 12. c3 Tb8 13. Le3 Sxd5 14. Lxd5 Lxe3 15. fxe3 Se7 16. Lc4 c5 17. cxb4 cxb4 18. Db3 Sc6 19. Lxf7+! Txf7 20. Sg5

Analysediagramm

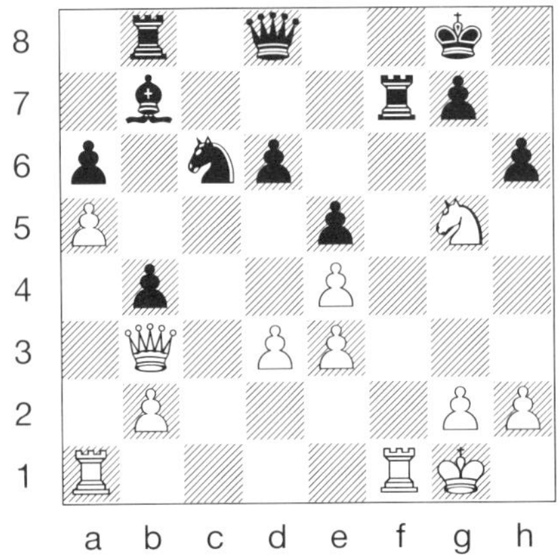

20. ... Dxg5 21. Dxf7+ Kh8 22. Tf3 Dd8 23. Taf1 Lc8 24. Dg6 1:0.

11. Sxf6+ (0.53) **Dxf6 12. La2 h6** (0.45)

Dieser vorsichtige Zug ist gegen 12. ... 0-0?! 13. Lg5 Dg6 14. Le7! Tfe8 15. Sxe5 dxe5 16. Lxc5 gerichtet.

13. c3 (1.16)

Kasparow kann bereits unter mehreren Wegen wählen, um sich das bessere Spiel zu sichern. Auch Yasser Seirawans Vorschlag 13. De1!? 0-0 14. Le3 Lc8 15. Lxc5 dxc5 16. De3 Dd6 17. Sh4 mit der Idee 18. Sf5 ist zu beachten.

13. ... bxc3 (0.38) **14. bxc3 0-0 15. Le3** (0.12)

Anand zieht nun sofort einen Turm nach d8, um im Falle des Abtauschs auf c5 gegen die weisse Schwäche d3 zu drücken. Besser dürfte jedoch sofort Lb7-c8-e6 sein, obwohl Weiss auch dann einen Tick besser steht.

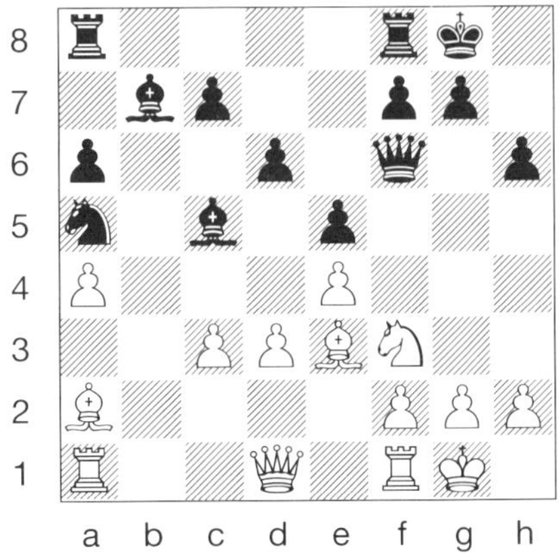

15. ... Tad8?! (1.30) **16. Tb1 Lc8 17. De2** (1.00) **Le6** (1.17) **18. h3** (0.52)

Ein fader Zug. Interessanter sieht 18. Lxe6 Dxe6 19. d4 aus. Seirawan gibt als mögliche Folge 19. ... exd4 20. cxd4 Lb6 21. Sd2 d5 22. e5 Sc4 23. f4 f5 24. Tfc1 mit klarem Vorteil für Weiss an.

18. ... Lxa2 (1.12)

Anmerkung der Redaktion: Laut Jussupow und Ubilawa kommt Anand erst hier vom rechten Weg ab. Statt selbst zu tauschen, sollte er mit 18. ... Tfe8 die Spannung halten. Doch die Strategie nach den beiden Niederlagen hiess «Sicherheit zuerst».

19. Dxa2 Lxe3 20. fxe3 De6 21. Dxe6? (0.43)

Danach hat Anand keine Probleme mehr. Viel stärker ist 21. Dd5! Dxd5 22. exd5. Schwarz sollte dann wahrscheinlich mit 22. ... e4 23. dxe4 Sc4 versuchen, seinen Springer zurück ins Spiel zu bringen. Es scheint, dass er sich nach 24. Tb7 Td7 25. Kf2 Te8 26. Ke2 Txe4 halten kann, denn auf 27. Kd3 folgt 27. ... Tde7.

21. ... fxe6 22. Tb4 Tb8 23. Tfb1

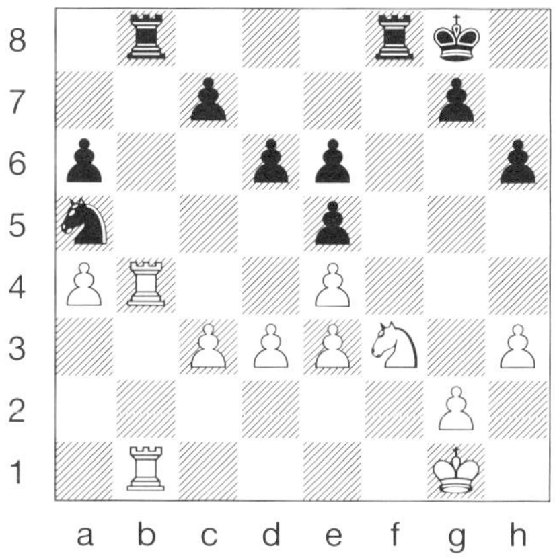

23. ... Sc6? (1.11)

Dieser schwere Fehler schenkt den weissen Türmen ein Einbruchsfeld. Statt dessen ist nichts gegen 23. ... Txb4 24. Txb4 Kf7, gefolgt von Ke7-d7 einzuwenden, und das Remis wäre so gut wie perfekt. Antwortet Weiss 24. cxb4, kommt er nach 24. ... Tb8 sogar in Schwierigkeiten. Anand erklärte nach der Partie, er habe gedacht, dass der Turmtausch auf jeden Fall ungünstig für ihn wäre, da Weiss durch Sd2-c4 das Feld b7 immer noch erobern konnte. Doch in der Zwischenzeit hätte sein König den Damenflügel erreicht.

24. Tb7 Tbc8 (1.04) **25. Kf2** (0.37) **Tf7 26. Ke2 Tcf8** (0.59)

Wäre die Turmverdoppelung auf der f-Linie der stärkste Verteidigungsplan in diesem Endspiel, sind 22. ... Tb8 und 24. ... Tbc8 Tempoverluste.

27. d4 g5!

Der Gegenangriff am Königsflügel ist die einzige Chance von Schwarz. Es mag nach Verzweiflung aussehen, aber Weiss darf keine Zeit für Kd3, d5 und Ta7 eingeräumt werden.

28. Kd3 Tg7 (0.52) **29. d5!** (0.33) **exd5** (0.45) **30. exd5 g4!**

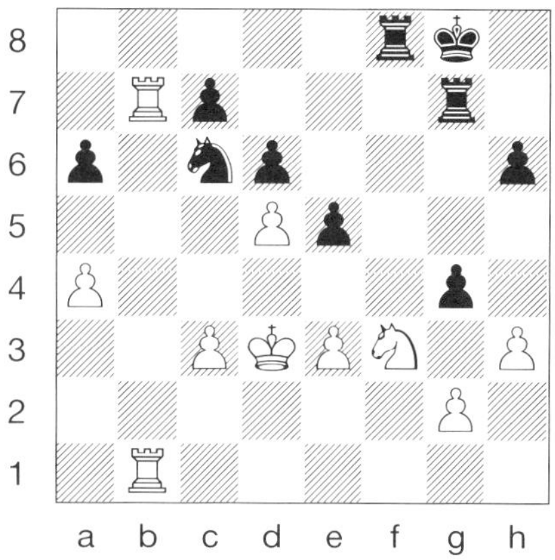

Das ist Anands einzige Chance, denn 30. ... Sa5 31. Ta7 verliert unmittelbar einen Bauern. Kasparow hat nun zwei Alternativen, 31. dxc6 und 31. hxg4. Er habe am Brett beide als gewinnbringend abgeschätzt, sagte er nach der Partie. Auf 31. dxc6 plante er 31. ... gxf3 32. gxf3 Txf3 33. Ta7 d5 34. Tbb7 Tff7 35.Txa6 Tg2 36. Ta8+ Kg7 37. Td8 e4+ 38. Kd4 Td2+ 39. Ke5 Te7+ 40. Kf5 und der weisse König entkommt den Schachgeboten. Dagegen habe er nach 31. hxg4 Se7 32. c4 Txg4 33. Sd2 Txg2 34. Txc7 Sf5 35. Se4 Ta2 noch beachtliche technische Probleme erwartet. Da er nicht weiter rechnete und so nicht sah, dass das schwarze Gegenspiel wegen 36. Tg1+ Kh8 37. Tg6 zu spät kommt, wählte er den vermeintlich problemlosen Weg:

31. dxc6?! (0.24)

Kasparow notiert bereits «ef» als Antwortzug auf seiner Mitschrift und ist sichtbar geschockt, als er Anands tatsächliche Antwort sieht...

31. ... e4+! (0.42)

... und kurz darauf begreift, dass Schwarz einen Weg gefunden hat, seine Türme zu aktivieren. Hätte er sich von seinem Überseher nun weniger beeindrucken lassen, hätte Kasparow auch verstanden, dass Weiss trotzdem gute Gewinnchancen behält.

32. Kxe4 gxf3 33. gxf3 Te7+ 34. Kd4 (0.18) **Txf3 35. e4 Txh3**

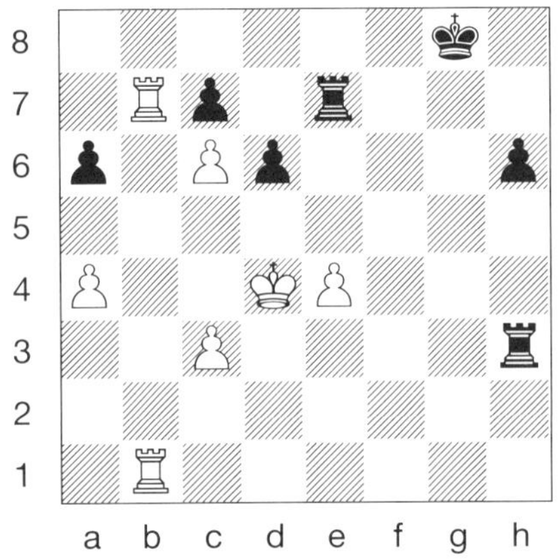

Nach seinem Fehler zieht Kasparow fast ohne nachzudenken und erliegt der Versuchung, eine kleine Kombination für die Galerie zu spielen. Ganz unspektakulär gewinnt jedoch 36. Ta7 einen Bauern und vielleicht auch die Partie. Schwarz kann dann natürlich nicht 37. Tbb7 zulassen, zum Beispiel 36. ... h5 37. Tbb7 Th4 38. Txc7 Thxe4+ 39. Kd3 Te3+ 40. Kc2 Te2+ 41. Kb3 Txc7 42. Txc7 h4 43. Td7 h3 44. c7 Te8 45. Td8, mit Gewinn, sondern muss mit 36. ... Th4 die Antwort 37. Te1 erzwingen. Auch jetzt ist der Vorstoss des h-Bauern unbefriedigend: 37. ... h5 38. Txa6 Th2 39. Ta8+ Kg7 40. a5 Ta2 41. a6, und Schwarz hat noch nicht einmal 41. ... h4, denn 42. Th1 erobert einen zweiten Bauern.

Zäher erscheint der Plan, den weissen c6-Bauern abzuholen: 37. ... Th5 38. Txa6 Tc5 39. a5 Kf7 40. Ta8 Txc6 41. a6. Auf den ersten Blick hat Schwarz wenig gegen 42. Ta1 und 43. a7, denn 41. ... Ke6? 42. e5! d5 43. Ta1 Tb6 44. Kc5! ist hoffnungslos. Aber Dworetzkis Vorschlag 41. ... Tb6! 42. Ta1 Ke6 43. a7 c5+! 44. Ke3 Tbb7 hält die Stellung. Angesichts dieser Verteidigung kann Weiss versuchen, sein Spiel mit 40. Ta7!? anstelle von 40. Ta8 zu verbessern. Nach 40. ... Txc6 41. Ta2 (aber nicht 41. a6? Tc2! wegen der Drohung 42. ... Ta2, gefolgt von 43. ... c5+) 41. ... Ke6 42. a6 Tb6 43. Kd3 bzw. 42. ... Tc2 43. Kd3 kann Schwarz 44. Tb7 nicht viel entgegensetzen.

Ob 36. Ta7 zum Sieg genügt oder nicht, fest steht, dass nur dieser Zug Chancen bietet. Seine folgende Kombination bringt Kasparow zwar einen Bauern ein, aber sein vorgerückter c-Bauer geht flöten, und der schwarze König wird aktiv.

36. Txc7? (0.16) **Txc7 37. Tb8+ Kf7 38. Tb7 Te7 39. c7 Txc7 40. Txc7+ Ke6 41. Ta7 h5 42. Txa6 Th1 43. Ta8 h4 remis** (1.10 - 1.36).

Nach 43. ... h4 treffen sich die Blicke der beiden, und Kasparow streckt die Hand aus. Ihm ist klar, dass Schwarz nach der naheliegenden Fortsetzung 44. a5 h3 45. Kc4 h2 46. Th8 Ta1 47. Txh2 Txa5 das Unentschieden problemlos hält.

Das russische Fernsehen interviewt Genna Sosonko.
Foto: Mark Reintjes

Kasparows Angriff im Zentrum

13. Partie

Roman Dschindschichaschwili ärgert sich. Schon wieder so ein unqualifizierter Zugvorschlag. Zack, zack, zack, knallt der gewichtige Grossmeister, gebürtiger Georgier und seit einigen Monaten Bostoner die Figuren auf das Analysebrett. «Sorry, werter Herr/Gentleman. So wird Anand bestimmt nicht spielen.» Kurz darauf tauchte genau der vorgeschlagene Zug am Bildschirm auf. Drei-, viermal geht das so. Kopfschüttelnd gibt er Anands Stellung noch sechs Züge bis zur Aufgabe. Solange dauerte es dann gar nicht mehr, bis Anand die Hand über das Brett reichte, sonst hätte «Dschinn» – so die beliebte amerikanische Kurzform, Europäer bringen es noch auf «Dschindschi» – sein Handwerk wohl an den Nagel gehängt.

Kasparow blieb an diesem vierten WM-Montag seiner Überraschungseröffnung treu, die ihm in der 11. Partie leichten Ausgleich und dann einen Übertölpelungssieg eingebracht hatte. Viele Experten hatten erwartet, dass Anand beim zweiten «Drachen» eine der scharfen Hauptvarianten mitzieht. Statt dessen wählte der Herausforderer einen ungewöhnlichen Plan und geriet schon wenige Züge später in indiskutable Schwierigkeiten.

Die Idee, Anand ein wenig von seinen Misserfolgen der dritten Matchwoche abzulenken, ist damit fehlgeschlagen. Statt sich das ganze Wochenende über vorzubereiten, hatte er einen Ausflug nach New Jersey gemacht, um Freunde zu besuchen. Trotzdem war diese 13. Partie die mit Abstand schwächste Vorstellung Anands. «Was würden Sie an seiner Stelle tun, wenn Sie zwei Punkte zurückliegen würden?» – Kasparow konnte auch keinen Rat geben: «Nicht viel. Niemand kann einem in solch einer Situation helfen. Es ist Zeit, Schach zu spielen und alles andere zu vergessen.» Auch die Ranghierarchie war zweifelsfrei wiederhergestellt. Auf die Frage, ob Anand der zweitbeste Spieler der Welt sei, antwortete der Weltmeister: «Nur Karpow könnte dies anfechten, denn Anand hat ihn nie in einem Match besiegt. Aber er hat sich überzeugend für diese WM qualifiziert, so geht es in Ordnung, ihn als Nummer zwei zu bezeichnen.»

Roman Dschindschichaschwili: «Sorry, werter Herr/Gentleman. So wird Anand bestimmt nicht spielen.»
Foto: Yvette Nagel

Seit der indische Sender Door Darshan begonnen hat, die Partien live zu übertragen, ist es vorbei mit Anand. «Er mag den Trubel um seine Person nicht», weiss Arvind Aaron, der ruhige Reporter aus Anands Heimatstadt. Zum Glück schalten in Indien gewöhnlich nur wenige noch spät um halb eins den Fernseher ein und bleiben die halbe Nacht auf, um einen Landsmann im fernen New York am Schachbrett leiden zu sehen.

Anand - Kasparow

Sizilianisch, Drachen

Kommentiert von Michail Gurewitsch

1. e4 c5 2. Sf3 d6 3. d4 cxd4 4. Sxd4 Sf6 5. Sc3 g6 6. Le3 Lg7 7. Dd2

Alle Welt spielt zunächst 7. f3, um Sf6-g4 auszuschalten. Ist das wirklich schon zu befürchten? 7. ... Sg4 8. Lg5 h6 9. Lh4 Sc6 sieht gut aus für Schwarz, aber Kasparow ist nicht der Spieler, der sich so leicht in ein Eröffnungsabenteuer einlässt.

7. ... Sc6 (1.55) **8. f3 0-0 9. Lc4 Ld7 10. h4**

Schon wieder weicht die Zugfolge von der 11. Partie ab, in der 10. 0-0-0 Se5 11. Lb3 Tc8 12. h4 h5 13. Kb1 auf das Brett kam.

10. ... h5 11. Lb3 Tc8 12. Sxc6

Mit 12. 0-0-0 hätte Anand noch immer zur 11. Partie überlenken können. Statt dessen wählt er eine seltene Variante, die Kasparow zwar erlaubt, sein Zentrum zu stärken, ihn aber zugleich aus seiner Vorbereitung locken soll.

12. ... bxc6 (1.38) **13. Lh6 c5** (1.31)

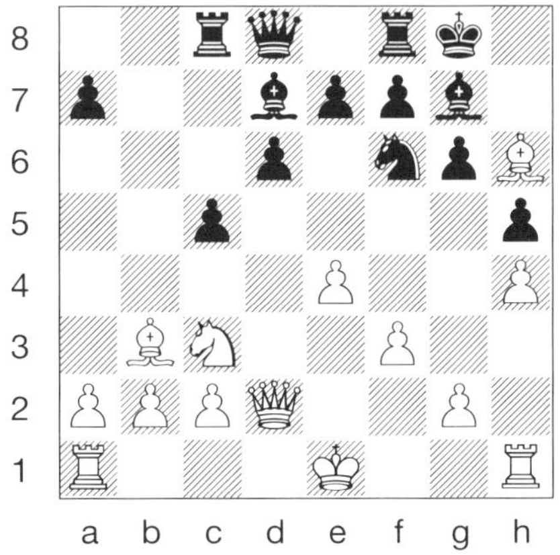

Bekannt ist 14. Lxg7 Kxg7 15. De2 Dc7 16. Lc4 Tb8 17. 0-0-0 Tb4 18. b3 Le6 19. Lxe6 fxe6 20. a3 Td4 21. Sb5 Txd1+ 22. Txd1 Da5 23. e5 mit Angriff für Weiss in der Partie Madl - Farago, Ungarn 1990. Dagegen kommt nach 14. 0-0-0 c4 15. La4 Le6!? nebst 16. ... Da5 der weisse König in Gefahr.

14. Lc4 (1.37) **Db6** (1.24)

In einer Partie Tolnai - Watson (1988) führte 14. ... Tb8 15. 0-0-0 Tb4 16. Lb3 Dc7 17. Lxg7 Kxg7 18. a3 Td4 zu einer Stellung mit verteilten Chancen.

15. Lxg7 (1.29) **Kxg7 16. b3?**

Anand hat diesen Zug später verdammt. Spielbar ist 16. 0-0-0, denn nach 16. ... Tb8 17. b3 Le6 18. Lxe6 fxe6 stehen beide Könige exponiert.

16. ... Le6! (1.18)

Auch nachdem sich Weiss mit b2-b3 geschwächt hat, kämpft Schwarz weiter um das Feld c4. Wird der weisse Läufer abgetauscht oder zieht er weg, öffnet Schwarz mit c5-c4 die c-Linie und die Diagonale b6-g1.

Zu Recht versucht Anand, das zu verhindern.

17. Sd5!? (1.11)

Etwas Besseres finde ich nicht. Schwach ist 17. Dd3?! wegen 17. ... Lxc4 18. Dxc4 Db4!, und nach dem scheinbar logischen 17. Lxe6 fxe6 sehe ich nicht, wie Weiss den obengenannten Plan entkräften will.

a) 18. 0-0 c4+ 19. Kh1 Da5 (droht c4xb3) 20. Tac1 Dc5 mit starkem Druck auf der c-Linie.

b) 18. Sa4!? Dc6 19. c4 (mit der Idee Sa4-c3 und 0-0) 19. ... d5!? (19. ... Sxe4!? 20. fxe4 Dxe4+ 21. De2!) 20. cxd5 exd5 21. exd5 Sxd5 22. 0-0 (22. Sc3 De6) 22. ... c4 23. Dd4+ Kh7, und Schwarz hat immer noch Initiative.

17. ... Lxd5 18. exd5 e5 (1.12)

Kasparow befreit sich von seiner Schwäche. Der Vorstoss ist auch psychologisch geschickt, denn das einzige Angriffsziel für Weiss wäre e7, hätte er nur schon seinen König in Sicherheit.

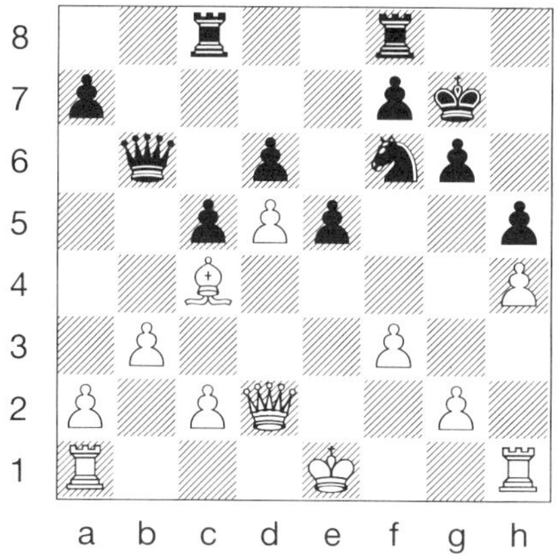

19. dxe6?

Nach nicht einmal zwei Minuten Nachdenken begeht Anand einen ernsthaften Fehler. Er scheint vergessen zu haben, dass er noch nicht rochiert hat. Es ist verständlich, dass er seinen Läufer nicht zu Statisten machen will und darum die Diagonale wieder öffnen möchte, doch damit gehen auch die Zentrallinien vor seinem König auf. Kasparow hat deshalb 19. 0-0-0 Tb8 20. The1 empfohlen mit noch immer beinahe gleichen Chancen. Da Weiss ohnehin nicht nehmen dürfe, hätte 18. ... e6 statt 18. ... e5 keinen Sinn gemacht, denn nach 19. 0-0-0 habe Schwarz wohl nichts Besseres als 19. ... e5.

Anmerkung der Redaktion: Elisbar Ubilawa sagte, Anand habe während der Partie die lange Rochade durchaus als richtigen Zug gesehen. Man habe bei der Vorbereitung im Team diese Runde gewinnen wollen, doch Anand sei psychisch zu angeschlagen gewesen, um dann am Brett die konkreten Varianten genau berechnen zu können.

19. ... d5! 20. Le2

Natürlich verliert 20. Lxd5? nach 20. ... Tfd8 21. c4 fxe6 schlicht eine Figur.

20. ... c4! (1.05)

Der langgehegte Plan ist verwirklicht. «Das erste Mal in meinem Leben, dass ich mit einem Zug die kleine und die grosse Rochade verhindert habe», sagte Kasparow hinterher. Der weisse König wird in dieser Partie kein sicheres Plätzchen mehr finden.

21. c3? (1.00)

Ein Fehler kommt selten allein. Wie Kasparow erklärte, steht Schwarz nach 21. Td1 c3 22. Dd4 fxe6 nur leicht besser.

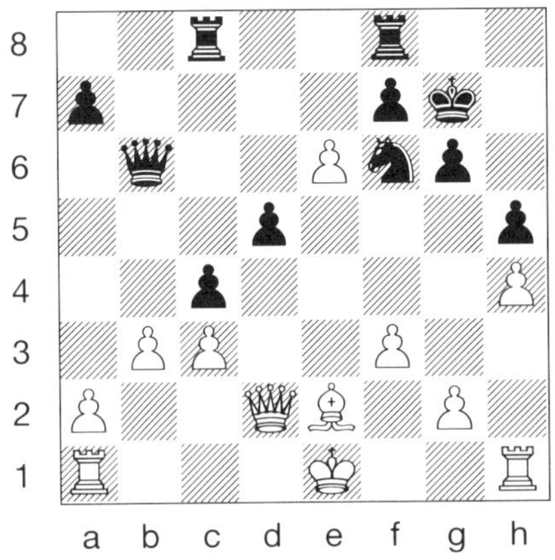

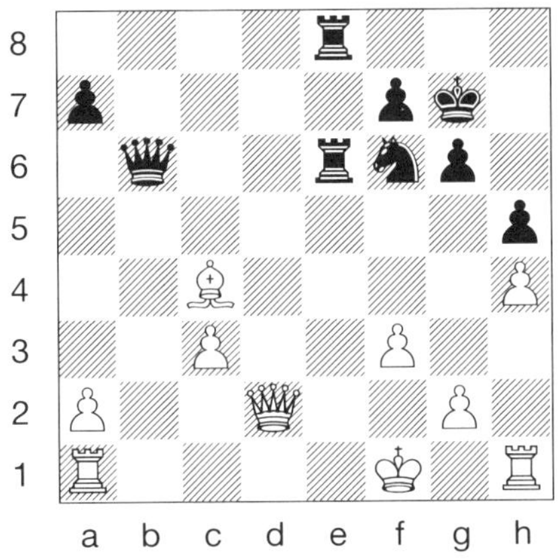

21. ... Tce8! (1.02)

Kein einfacher Zug, wenn Alternativen wie 21. ... cxb3 und 21. ... fxe6 winken. Tatsächlich gibt 21. ... cxb3? 22. axb3 Dxb3 23. Txa7 Weiss jedoch unnötig Gegenspiel, und 21. ... fxe6 schliesst ausgerechnet die Linie, auf der der weisse König steht.

22. bxc4 (0.52)

Nichts ist besser. Kasparow demonstrierte im VIP-Raum folgende Varianten:

a) 22. exf7 Txf7 23. Tf1 (23. Kd1 Tfe7 24. Te1 d4 25. cxd4 Sd5) 23. ... Tfe7 24. Tf2 Txe2+ 25. Txe2 Dg1 matt,

b) 22. Dd4 Dxe6 23. Dd2 d4! 24. cxd4 (24. bxc4 dxc3 25. Dc2 Dxc4) 24. ... c3 (24. ... Sd5! gewinnt selbstverständlich auch) 25. Dd3 Sd5 mit unwiderstehlichem Angriff.

22. ... Txe6 (0.54) **23. Kf1** (0.34)

Die weissen Türme müssen traurig zusehen, wie ihr König festgesetzt wird.

23. ... Tfe8 24. Ld3 dxc4 (0.41) **25. Lxc4**

25. ... Se4! 0:1 (0.31 – 0.40).

Mehr hat Anand nicht mehr sehen wollen:

a) 26. Dd4+ Dxd4 27. cxd4 Sd2+ 28. Kf2 Sxc4 verliert eine Figur,

b) 26. De1 Td6! (mit der Drohung 27. ... Sd2+) 27. Td1 (27. fxe4 Tf6+ 28. Ke2 Txe4+) 27. ... Txd1 28. Dxd1 Sg3 matt, oder 28. ... Df2 matt,

c) 26. fxe4 Tf6+ 27. Ke1 (27. Ke2 Txe4+) 27. ... Txe4+ 28. Kd1 (28. Le2 Df2+ 29. Kd1 Txe2 30. Dxe2 Td6+) 28. ... Txc4 (mit der Drohung 29. ... Td6) 29. Kc1 Tf2, und Weiss übersteht den Angriff nicht.

Die schachspielende Plaudertasche

14. Partie

Fallenstellen, Remisbieten, O. J. Simpson und, na ja, Eröffnungsanalysen. Garri Kasparow kann tun und sagen, was er will. Mit der Lage auf dem Brett haben die Resultate immer weniger zu tun. Irgendwie gewinnt er immer, und das schon seit einer Woche. Auf $8\frac{1}{2}$:$5\frac{1}{2}$ baut er seine Führung aus und plaudert anschliessend aus vollen Taschen.

Sein bleibender Faktor heisst Anand und will wie jeder Börsenindex beobachtet werden. Erstmal durch ein Remisangebot nach 16 Zügen. In der Stellung kauft natürlich keiner, das weiss auch Kasparow, aber «ich wollte sehen, wie Anand reagiert, ob er direkt ablehnt oder das Angebot prüft». Anand hat es geprüft, glaubt wenigstens Kasparow und korrigiert den Durchhaltewert des Inders nach unten. Zehn Zugwechsel später zieht der Champion sein Jacket aus – zum ersten Mal in diesem Match, so hat es Frau Jarecki festgehalten – und investiert in einen Junkbond, «keine grossartige Inspiration, aber ich wusste, dass ich damit Gegenspiel bekomme». Dann ein Blickwechsel und «jetzt war mir klar, dass ich gleiche Chancen hatte».

Provokatives Zeitnotspiel tut den Rest. Den Springer zum Schlagen dem schwarzen Bauern hinstellen. Draussen vor dem Aquarium johlen die Fans. Kasparow reisst die Arme nach oben. Kaufen, Verkaufen, alles ist im Fluss. Nur Anand hat den Kurs aus den Augen verloren. Zweieinhalb Minuten hat er für seine letzte Aktion vor Geschäftsschluss, da packt er hastig und mit zitternder Hand seinen Turm. Hätte er ihn wenigstens ein Feld früher abgesetzt, wäre wenigstens noch eine leise Chance übrig geblieben.

Also dieser Inder. «Ich habe das Gefühl, dass Anand die Vorbereitung übertrieben hat», versuchte Kasparow eine Erklärung für den Kurseinbruch der letzten Woche. «Seine Trainer haben sein Operationsfeld eingeschränkt.» Dass das ins Auge gehen kann, weiss jeder Investmentmanager um die Ecke. Anand fehle es eben an Zähigkeit. Er könne nicht einfach tun, als ob er Karpow wäre. Wie Karpow spielen kann nämlich nur Karpow.

Garri Kasparow: «Ich wollte sehen, wie Anand reagiert.»
Foto: Jerome Bibuld

Noch öfter als an seinen Kollegen aus alten Tagen musste Kasparow an O. J. denken. Schuldig ist er, aber das sei nur seine private, unamerikanische Meinung. Viele Analysepausen hätten sie dank CNN International im kroatischen Trainingscamp und in seinem Quartier im Financial District geteilt. «Ich habe viel davon gelernt», verriet Kasparow. Simpson kam frei, Anand war am Ende. Kasparow formulierte das so: «Der Titelkampf ist vorbei. Ich habe in meinem Leben einmal drei Partien hintereinander verloren, gegen Karpow in St. Petersburg 1986, doch das wird nicht wieder geschehen.»

Kasparow - Anand

Skandinavisch

Kommentiert von Michail Gurewitsch

1. e4 d5

Skandinavisch ist ein seltener Gast auf diesem Niveau. Vielleicht wird diese Partie daran etwas ändern.

2. exd5 Dxd5 3. Sc3 (1.56) **Da5 4. d4** (1.53) **Sf6 5. Sf3 c6 6. Se5** (1.47)

Mit seinem Zug hat Weiss nicht nur Lc8-g4 verhindert. Er hält auch gegen 6. ... Lf5 etwas bereit: 7. Lc4 e6 8. g4 Lg6 9. h4. Die auf den ersten Blick ungewöhnliche Läuferentwicklung nach e6 hat aber auch deshalb ihre Berechtigung, weil der Kollege, dem er den Ausgang über e7 verstellt, sinnvoll fianchettiert werden kann.

6. ... Le6 7. Ld3 (1.28) **Sbd7** (1.44)

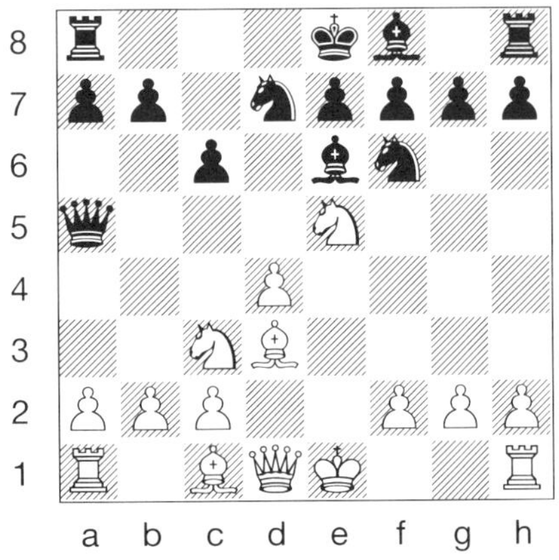

8. f4? (1.33)

Eine bekannte Theoriestellung, von der Kasparow, der beste Eröffnungskenner der Welt, nicht weiss, wie sie zu behandeln ist! Sein Zug ist antipositionell. Gleichzeitig sperrt er seinen schwarzfeldrigen Läufer ein und schwächt unwiderruflich das Feld e4. Nach der Partie war Kasparow sehr kritisch über seine Eröffnungsbehandlung, entschuldigte sich aber einerseits, dass ihm noch nie jemand Skandinavisch vorgesetzt habe, und andererseits, dass er nicht gewusst habe, ob er besser auf Sieg oder auf Remis spielen solle.

Der korrekte Zug 8. Sxd7 kam schon mehrfach in der Praxis vor, zum Beispiel in der Partie San Segundo - Ricardi, Buenos Aires 1995: 8. Sxd7 Lxd7 9. 0-0 e6 (oder 9. ... Lg4 10. Se2 e6 11. c3 Ld6 12. De2 Dc7, Kaminski - Van der Werf, Groningen 1992) 10. Lf4 Db6 11. Se2 c5, mit ungefährem Ausgleich. Auf den Rückzug 8. Sf3 hätte Schwarz übrigens 8. ... Lg4 parat, ebenfalls ein Grund hinter 6. ... Le6.

8. ... g6

Die richtige Reaktion: So verhindert Anand, dass der f-Bauer weiter vorrückt.

9. 0-0 Lg7 (1.34) **10. Kh1** (1.27)

Nach 10. Sxd7 Sxd7 11. Se2 c5 reisst Schwarz bereits die Initiative an sich.

10. ... Lf5 (1.21) **11. Lc4** (1.19)

Tauscht er die Läufer, wird e4 noch schwächer. Zudem ist der weissfeldrige Läufer im weissen Lager der starke Läufer, jedoch, zumindest statisch, das Sorgenkind, während es sich mit den schwarzfeldrigen Kollegen umgekehrt verhält.

11. ... e6 (1.12) **12. Le2** (1.15) **h5 13. Le3** (1.04) **Td8** (1.06) **14. Lg1** (0.56)

Kasparow hat keinen aktiven Plan, sein Gegner kontrolliert das Zentrum. Trotzdem sieht 14. Lf2, mit der Idee, gelegentlich nach h4 zu fahren, besser aus. Spätestens hier, aber wahrscheinlich schon früher, wird sich Kasparow über 8. f4 geärgert haben. Bauern gehen bekanntlich niemals rückwärts.

14. ... 0-0 15. Lf3

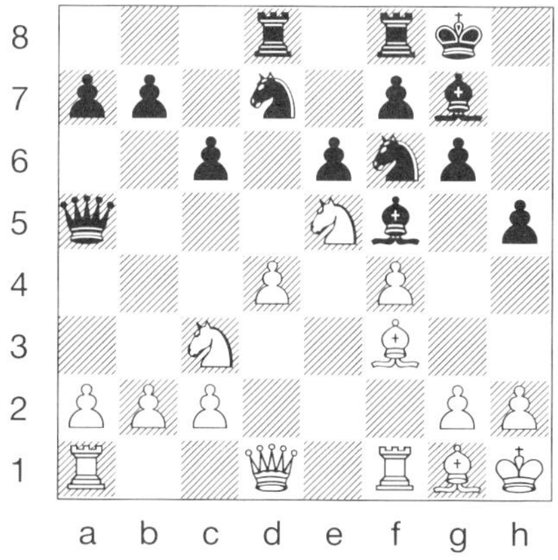

Alle schwarzen Figuren stehen ideal, und die weisse Dame wird bereits vom Röntgenblick des d8-Turms belästigt. Die logischste und bestimmt auch beste Lösung ist, mit c6-c5 das Zentrum anzupacken. Ich habe auf 15. ... c5 nichts entdecken können, womit Weiss auch nur annähernd auf Ausgleich hoffen könnte:

a) 16. Lxb7? Sxe5 17. fxe5 Sg4 sprengt bereits das Zentrum auseinander,

b) 16. De2?! cxd4 17. Lxd4 Db4 18. Sb5 (oder 18. Tad1 Dxb2 19. Tb1 Dxc2 20. Txb7 Dxe2 21. Sxe2 Sxe5 22. Lxe5 a6) 18. ... a6 19. Sxd7 Txd7 verliert Material,

c) 16. De1 ist noch am besten, aber nach 16. ... cxd4 17. Lxd4 Sxe5 18. Lxe5 Td7 19. Td1 Tfd8 hat Schwarz wiederum starkes Druckspiel.

15. ... Sd5 (0.52)

Kein schlechter Zug, doch Kasparow hat gespürt, dass es Anand an Selbstvertrauen fehlt, und handelt von nun an danach.

16. Sxd5 (0.43)

Mit Remisangebot. Er habe nur wissen wollen, wie Anand reagiert, sagte Kasparow. «Es vergingen mehrere Minuten, bevor er antwortete. Da wusste ich, dass er unsicher war. Seine Ablehnung hätte sofort kommen müssen.»

16. ... exd5 (0.47)

Damit wird nicht nur etwas Symmetrie wiederhergestellt, sondern auch für alle Notfälle ein Rückzug für den Läufer geschaffen.

17. Lf2 (0.38) **Dc7** (0.41) **18. Tc1 f6 19. Sd3 Tfe8 20. b3 Sb6!**

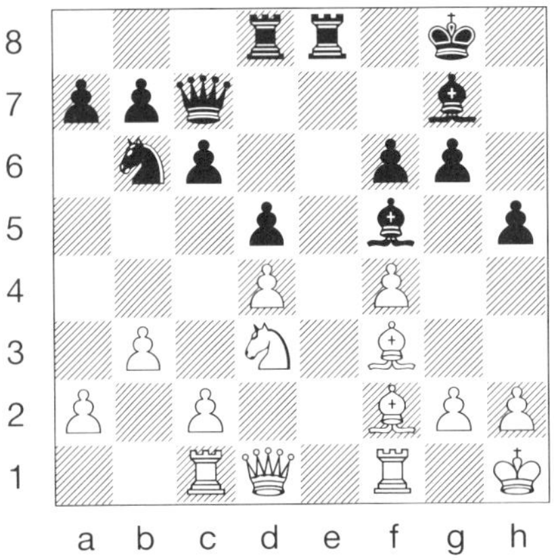

Obwohl die Springer nach dem Manöver Sd7-c8-d6 symmetrisch stehen werden, besteht doch ein wichtiger Unterschied zwischen ihnen. Während Schwarz das Feld e4 fest unter Kontrolle hält, kann Weiss dasselbe für e5 nicht behaupten. Es ist interessant, wie Kasparow nun mit aller Kraft versucht, das Spiel zu komplizieren.

21. a4 (0.29) **Sc8** (0.32) **22. c4 Df7 23. a5 Lf8 24. cxd5** (0.23) **cxd5 25. Lh4!?**

Der Auftakt zu einem fantasiereichen Gegenspiel. Gewöhnliche Fortsetzungen beschleunigen den Untergang der weissen Stellung: 25. Sc5 Sd6 26. Te1 Se4 oder 25. Te1 Sd6 26. Txe8 Txe8 27. Sc5 Se4 28. Lg1 Ld6 29. g3 h4 lassen Schwarz klar im Vorteil.

25. ... Sd6 (0.27) **26. a6!?**

Kasparows scharfes Spiel auf beiden Seiten des Bretts ist nicht nur Verteidigung durch Gegenangriff, sondern auch der schlagende Beweis, wie verzweifelt seine Stellung ist.

26. ... b6

Anand bleibt auf der positionellen Linie. Doch dieser vorgerückte a6-Bauer haucht dem weissen Spiel neue Hoffnung ein, besonders, wenn es zum Endspiel kommt und ein weisser Turm oder Springer den Bauern a7 aufs Korn nehmen kann. Der natürliche Zug 26. ... bxa6 genügt, um den schwarzen Vorteil festzuhalten:

a) 27. Sb4 Le4 28. Sxa6 (auf 28. Le2 folgt 28. ... Sf5) 28. ... Lxf3 29. Txf3 Se4 und 30. ... Tc8,

b) 27. Tc6 Le4 28. Txa6 Lxf3 29. Dxf3 Se4.

27. Se5! (0.19)

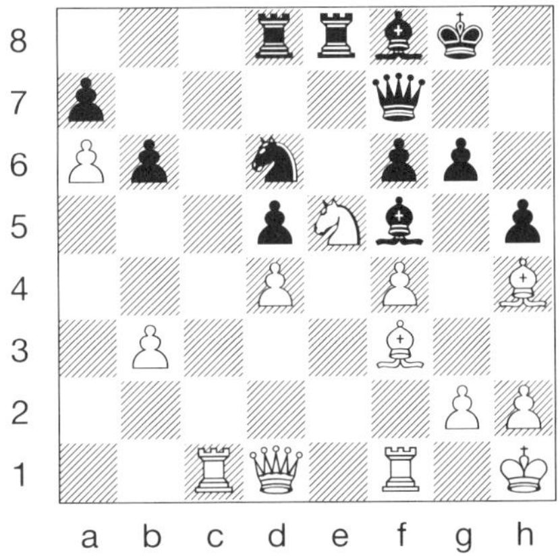

Dieser Zug verdient ein Ausrufzeichen, obwohl er zum Verlust führen sollte. Passive Verteidigungsarbeit entspricht nicht dem Charakter Kasparows, und das Opfer ist die beste praktische Chance. Aber was geschieht, wenn Schwarz den Springer schlägt? Nach 27. ... fxe5 28. fxe5 Se4 29. Lxd8 Txd8 plante Kasparow 30. g4!? hxg4 31. Lxg4. Dann steht Schwarz vor der Wahl:

a) 31. ... Lxg4 32. Dxg4 Sf2+ 33. Txf2 Dxf2 34. Dxg6+ Lg7, und Weiss hat ausser zwei Bauern für die Figur dank seines weit nach a6 vorgerückten Bauern auch gute praktische Chancen im Endspiel.

b) Mir erscheint der Übergang zum Gegenangriff mit 31. ... Dh7! stärker: 32. Kg2 (32. Lxf5 Sg3+ 33. Kg2 Sxf5 34. Tc3 Dh4 sieht gut aus für Schwarz) 32. ... Dh4 33. Lxf5 gxf5 34. Tc7 (nach 34. Txf5 Td7 ist es schwer, etwas gegen Td7-g7+ zu erfinden) 34. ... Sg5 ergibt starken, vielleicht schon entscheidenden Angriff, zum Beispiel 35. Txa7 De4+ 36. Kg3 Tc8, und Schwarz gewinnt.

27. ... De6?! (0.24)

Anand glaubt Kasparow die Korrektheit nach nicht einmal einer Minute Überlegung! Also wieder ein psychologisches Signal an Kasparow, dass Anand anfällig ist, und, noch wichtiger: Anand übersieht völlig das Gegenspiel, das Weiss nun erhält.

28. g4! (0.11)

Die Unsicherheit seines Gegners gibt Kasparow den Mut, weiter Öl ins Feuer zu giessen. Sein Angriffsziel ist jetzt der schwarze König. Die Spannung auf dem Brett spüren auch die mehr als dreihundert Zuschauer, deren begeisterte Rufe die doppelte Glasscheibe des Aquariums nicht länger abwehren kann.

28. ... hxg4 29. Sxg4 Lg7?! (0.09)

Obwohl Anand 13 seiner verbleibenden 22 Minuten Bedenkzeit investiert, entscheidet er sich gegen die beiden genaueren Fortsetzungen 29. ... Le7 und 29. ... Se4.

30. Tc7

Jetzt droht bereits 31. Txg7+. Kasparow hat die Initiative übernommen, und Schwarz steht vor einer schwierigen Verteidigungsentscheidung. Neben dem Textzug kommt in Frage:

a) 30. ... Te7? 31. Txe7 Dxe7 32. Lxd5+ Kh7 33. Te1, und Weiss gewinnt,

b) 30. ... Le4!? 31. Txg7+! Kxg7 32. Lxf6+ Kh7 (32. ... Kf7? 33. Lxd8 Dxg4 34. Lxe4 Dxd1 35. Lxd5+) 33. Lxd8 Dxg4 34. Lxe4 Dxd1 35. Txd1 Sxe4 36. Lh4 Tc8, und Schwarz sollte das Endspiel trotz Minusbauer halten können.

30. ... Se4 31. Se3 (0.09)

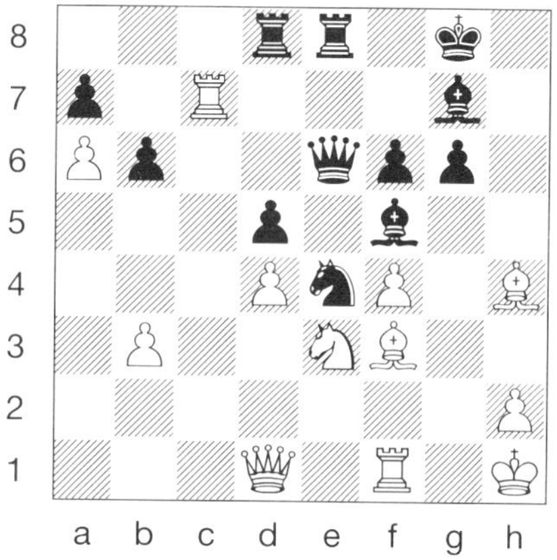

Weiss droht bereits stark 32. Sxf5, denn 32. ... Dxf5 verbietet sich wegen des Damenfangs 33. Lg4. Hat Anand Besseres als 31. ... Lh3?

a) 31. ... Td7? 32. Txd7 Dxd7 33. Sxf5 gxf5 (33. ... Dxf5? 34. Lg4 Sc3 35. Lxf5 Sxd1 36. Lxg6) 34. Tg1, mit Angriff in der g-Linie,

b) 31. ... Sg3+? 32. Lxg3 Dxe3 33. Te1 Dd3 (oder 33. ... Dxf3+ 34. Dxf3 Txe1+ 35. Lxe1 Le4 36. Dxe4 dxe4 37. Txa7) 34. Txe8+ Txe8 35. Lxd5+ Kh8 36. Dxd3 Lxd3 36. Txa7, und Weiss gewinnt einfach.

c) Auf 31. ... Dd6!? habe er 32. Txg7+? Kxg7 33. Sxf5+ gxf5 34. Lxe4 fxe4 35. Tg1+ nebst 36. Dh5 mit entscheidendem Angriff geplant, sagte Kasparow nach der Partie. Doch Schwarz hätte die hübsche Riposte 34. ... Th8!, und Weiss hat eine Qualität zu wenig. Also muss Weiss anders spielen: 31. ... Dd6 32. Txa7:

c1) 32. ... Sg3+ 33. Lxg3 Txe3 34. Tb7 Td3 35. De2 Txd4 36. a7 Ld3 37. De3 sieht schlecht aus für Schwarz,

c2) 32. ... Dxf4 33. Sxf5 gxf5 (33. ... Dxf5? 34. Lg4) 34. Tg1 Sg5 35. Lf2 Kf8 (35. ... Lf8? 36. h4 Ld6 37. Tg2) 36. Tg3, und die weisse Stellung ist zwar wackelig, aber wahrscheinlich gewonnen, wenn Schwarz nicht schnell etwas Konkretes hat, zum Beispiel 36. ... Tc8 37. Kg2 Tc1 38. Dd3, und es geht nicht weiter,

c3) 32. ... Lh3!? 33. Tg1 (nach 33. Lg2 Lxg2+ 34. Kxg2 ist nicht klar, wie Weiss seinen Mehrbauern konsolidieren kann) 33. ... Dxf4 34. Txg6 Td7 35. Txd7 Lxd7 36. Sg2 Df5!? (wahrscheinlich gut für ein Remis ist 36. ... Dxh4 37. Sxh4 Sf2+ 38. Kg2 Sxd1 39. Lxd1 Ta8) 37. Lg4 (37. Tg4? Sc3 38. Df1 Lb5) 37. ... Dxg6 38. Lxd7, und Weiss hat dank seines freien a-Bauern wahrscheinlich genug Spiel für die Qualität. Nach 37. Lxe4 dxe4 dagegen wäre die Initiative um den Preis eines Bauern bei Schwarz.

31. ... Lh3 (0.06) **32. Tg1** (0.07) **g5?**

Erst dies ist wahrscheinlich Anands entscheidender Fehler. Noch immer hätte 32. ... Dd6 den Streit offengehalten:

a) 33. Txg7+? Kxg7 34. Lh5 Dxf4 ist zu spekulativ,

b) 33. Txa7 Dxf4 (oder 33. ... Td7 34. Txd7 Lxd7 35. Lxe4 Txe4 36. a7 Lc6 37. Txg6 Txe3 38. Txg7+ Kxg7 39. Dg1+ Kf7 40. Dxe3 Da3, und Schwarz sollte Remis halten) 34. Txg6 Td7 leitet in die für Schwarz befriedigende Variante c3) nach dem 31. Zug über.

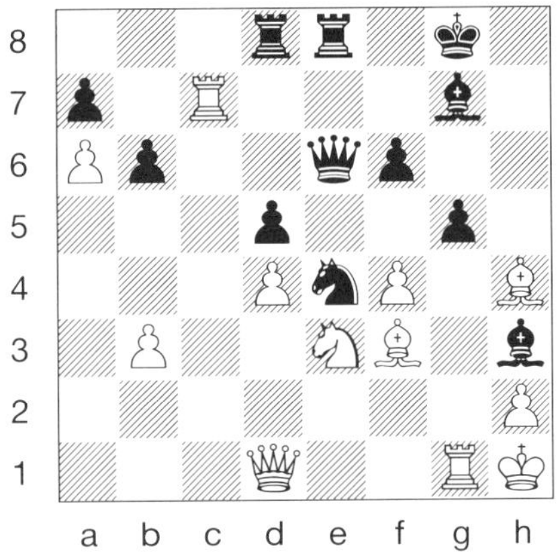

33. Lg4!

Kasparow reagiert technisch einwandfrei auf die veränderte Situation. Er lässt Anand keine Konterchance (zum Beispiel 33. fxg5 f5!?).

33. ... Lxg4 34. Dxg4 Dxg4 (0.04) **35. Txg4**

Das Endspiel ist erreicht. Schwarz hat nicht nur einen schwachen Damenflügel, er muss sich auch noch um seinen passiven g7-Läufer kümmern.

35. ... Sd6!?

Noch die beste Gegenchance. Nach 35. ... Tc8 36. Txa7 Tc1+ (36. ... Tc3 37. fxg5! Txe3 38. gxf6) 37. Kg2 f5 38. Sxf5 Tc2+ 39. Kh3 Tc3 40. Tg3 Sxg3 41. Txg7+ Kf8 42. hxg3 gxh4 43. Kxh4 steht Weiss auf Gewinn.

36. Lf2 (0.04) **Sb5 37. Tb7 Te4 38. f5!**

Vergräbt den g7-Läufer. Wieder beeindruckt Kasparows brillante Technik, um so mehr, wenn man seine knappe Bedenkzeit berücksichtigt.

38. ... Txg4

Nach 38. ... Sxd4 39. Txa7 Sxb3 40. Txe4 dxe4 41. Sc4 ist der freie a-Bauer nicht aufzuhalten.

39. Sxg4 Tc8

Ein verzweifelter Versuch, der die Niederlage beschleunigt.

40. Td7

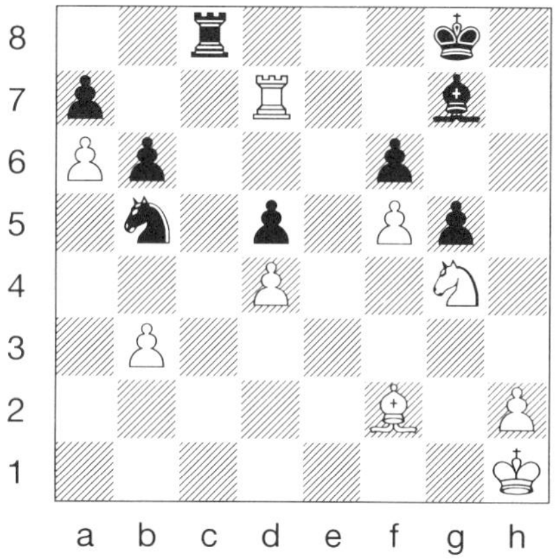

40. ... Tc2?

Typisch Zeitnot. Anand realisiert nicht mehr, dass er noch zweieinhalb Minuten auf der Uhr hat, greift den Turm und setzt ihn unsicher auf ein Feld. Sinn machen würde noch 40. ... Tc3, und nach 41. Txd5 Txb3 42. Kg2 könnte Schwarz zumindest kämpfen, auch wenn Anand diese Stellung bei einer späteren Pressekonferenz als aussichtslos beurteilte.

41. Txd5 1:0 (1.03 – 0.59).

«Das System schützt den Weltmeister»

Artur Jussupow zu den Strategien und Tricks der WM

Die Sekundanten aus dem Hintergrund: Mark Dworetzki (l.) und Artur Jussupow im World Trade Center.
Foto: Jerome Bibuld

Der 35jährige Russe Artur Jussupow, der mit seiner Familie in Bad Wiessee bei München lebt, galt für viele Beobachter der New Yorker WM als Anands Hauptsekundant, obwohl er selber einer solchen Wertung nie zustimmen würde. Jussupow kennt Garri Kasparow seit den gemeinsamen Zeiten in der berühmten Schachschule von Michail Botwinnik.

Artur Jussupow, welche Strategie hatte sich Anands Team vor dem WM-Match gegen Garri Kasparow zurechtgelegt?

Jussupow: Ich werde nicht alle Geheimnisse verraten, aber eine Teilstrategie war, den Zweikampf ruhig und solid zu beginnen. Anand sollte vor allem Nigel Shorts Fehler vermeiden, der bei seinem PCA-WM-Match gegen Kasparow 1993 in London zu aggressiv eingestellt war. Der Druck in einer Weltmeisterschaft ist so gross, dass Anand zuerst ein Gefühl dafür entwickeln musste, was überhaupt geschieht. Für ihn war ja alles neu. Wir haben in den vier Monaten vor dem Match auch gut gearbeitet. Aber nicht gut genug. Die Zeit war zu knapp.

Was ist zu kurz gekommen?

Jussupow: Zwei Gründe haben die Vorbereitung besonders erschwert. Erstens spielt Kasparow mit Weiss alles – und alles sehr gut. Er kann 1. c4, 1. d4, 1. e4 oder 1. Sf3 eröffnen. Wir mussten deshalb zu viele Systeme durcharbeiten. Zweitens war nicht daran zu denken, Anand in den wenigen Monaten von 1. e4 auf einen anderen Eröffnungszug umzustellen. Doch auf 1. e4 hat Kasparow seine Sizilianische Verteidigung, die er besser beherrscht als alle anderen Grossmeister.

War Anands Priorität, typische Kasparow-Stellungen um jeden Preis zu verhindern?

Jussupow: Das ist prinzipiell nicht möglich. Die Vorstellung, Kasparow blockieren zu können, ist unrealistisch.

Aber zu Beginn des Matchs ist das Anand gelungen.

Jussupow: Ja, da hat Anand sehr gut gespielt. Aber auf die Dauer kann das nicht funktionieren. Die beste Strategie gegen Kasparow ist deshalb: gute Züge spielen.

Habt ihr die Marschroute und die Eröffnungen gemeinsam festgelegt?

Jussupow: Nein, das ist keine Frage der Demokratie. Die Sekundanten können nur beraten. Der Spieler muss die Entscheidungen selber treffen.

Wie war die Aufgabenverteilung unter den vier Trainern?

Jussupow: Wir hatten das nicht streng festgelegt. Jonathan Speelman war immer im Presseraum und sammelte Ideen anderer Grossmeister. Elisbar Ubilawa und ich hielten uns mehr im Hintergrund. Während gespielt wurde, haben wir meist schon die nächste Partie vorbereitet.

Und Patrick Wolff? War er vielleicht zu oft damit beschäftigt, für sein WM-Buch Werbung zu machen?

Jussupow: Kein Kommentar, ich möchte nicht lügen. Patrick war der Sizilianisch-Spezialist im Team. Bis auf die normalen, kleineren Probleme, die überall auftreten, wenn Menschen zusammenarbeiten, war die Stimmung in unserem Team gut.

Wie sah euer Arbeitstag aus?

Jussupow: Wir trafen uns in einer Suite im «Vista»-Hotel. Vor den Partien haben wir von 10 bis 13 Uhr analysiert. Nach einer kurzen Mittagspause hat sich Anand noch ein Stündchen hingelegt. Wir haben weitergearbeitet, und wenn wir noch etwas Wichtiges fanden, haben wir Anand vor Spielbeginn informiert. Nach den Partien haben wir uns noch einmal alle zusammengesetzt. Alles in allem haben wir sehr viel gearbeitet.

Mittwochs, samstags und sonntags war spielfrei. Wie hat Anand diese Tage verbracht?

Jussupow: Er unternahm nichts Besonderes, machte kleine Ausflüge oder trainierte im Fitnessraum seines Hotels. Wenn er nicht spielen musste, hatte er natürlich etwas mehr Zeit, mit uns zu analysieren.

Und die Sekundanten: Blieb euch ein wenig Zeit für Sightseeing? Sagen wir auf einen Abstecher zur Freiheitsstatue und nach Ellis Island? Die Fähre war nur wenige Minuten von eurem Hotel entfernt.

Jussupow: Ich war einmal im Museum, und einmal war ich abends in einem Musical. Mehr war nicht drin.

Michail Gurewitsch hat den Verdacht geäussert, Anand habe in diesem Match auch die nötige physische Energie gefehlt, um Kasparow zu schlagen.

Jussupow: Da ist was dran. Anand hatte zwar körperlich trainiert, aber ihm fehlte die Erfahrung, mit seinen Kräften hauszuhalten. Sein längster Zweikampf zuvor dauerte ja nur elf Partien.

Kasparow behauptet, Anand und euer ganzes Team, ihr hättet den Respekt vor ihm verloren und seine psychologische Stärke unterschätzt.

Jussupow: Wir haben gewusst, dass er kämpferisch und psychologisch sehr stark ist. Nur hat er uns diese Qualitäten auf höchster Ebene noch einmal vorgeführt. Jetzt wissen wir genauer, wie wichtig diese Komponenten in einem Match sind. Aber unterschätzt hat Anand Kasparow mit Sicherheit nicht. Im Gegenteil, er hatte zu viel Respekt.

Mit Respektlosigkeit erklärte Kasparow vor allem Anands groben Fehler in der 11.Partie.

Jussupow: Der Grund für Anands Fehler in dieser Partie liegt tiefer. Kasparow glaubte, nichts zu riskieren, als er die Falle stellte, in die Anand dann tatsächlich hineinlief. Kasparow hat das mögliche Turmendspiel als Remis eingeschätzt und dabei wahrscheinlich c3 übersehen (Anmerkung der Redaktion: Gemeint ist nach 28. Sxe7 Te8 29. Sd5 Lxd5 30. b4 axb4 31. axb4 Tc4 32. Txd5 Tec8 die Pointe 33. c3! Txc3 34. Te2, mit Bauerngewinn). Anand spürte, dass etwas mit Kasparows Stellungsbeurteilung nicht stimmte, aber er fand nicht genau heraus, was es war. So vergass er einen Moment, gegen wen er spielte. Solche Situationen sind beim Schachspiel wichtig und typisch. Unterläuft einem der Spieler ein Fehler, gerät die Partie aus der Balance. Oft reagiert der Gegner dann auch mit einem Fehler. Hätte Kasparow in dieser Partie nur korrekte Züge gemacht, hätte Anand die Falle gesehen. Da bin ich mir sicher.

Hat sich nicht auch die Niederlage im offenen Spanier der 10. Partie negativ auf Anand ausgewirkt, wie Wladimir Kramnik behauptet? Kasparows Match-Ausgleich kam postwendend und überzeugend, und er hat zugleich Anands wichtigste Verteidigungswaffe aus dem Weg geräumt.

Jussupow: Natürlich fiel es Anand schwer, diese Niederlage zu verdauen. Er wollte die 11. Partie unbedingt gewinnen. Auch der Wechsel zur Drachenvariante hatte sich ausgewirkt.

Artur Jussupow: «Jetzt wissen wir genauer, wie wichtig die psychologischen Komponenten in einem Match sind.»
Foto: Tom Kawara

Andererseits war so eine Niederlage wie in der 10. Partie vorprogrammiert, wir wussten, dass Kasparows Vorbereitung irgendwann im Match einmal durchschlagen wird. Dies alles kann Anands Patzer also nicht erklären.

Kramnik vermutete auch, ihr hättet gar nie den Versuch gemacht, die Vorbereitungslücke zu schliessen, nachdem euch der Drache in der

11. Partie überrascht hatte.

Jussupow: Doch, wir haben es versucht, obwohl kein Drachenexperte in unserem Team war. Schon die Variante in der 13. Partie war nicht so schlecht, wie manche nach dem Match behauptet haben, und in der 17. Partie konnte man verfolgen, dass die wochenlange harte Arbeit etwas hervorgebracht hatte. Aber an diesem Eröffnungswechsel Kasparows sieht man, wie wichtig die Matcherfahrung ist. Er kam im richtigen Moment. Wie Kasparow diesen Zweikampf spielerisch und psychologisch angegangen ist, war ein Kunstwerk. Man kann viel daraus lernen, auch wenn einige Partien rein schachlich nicht überzeugen konnten.

Wie erklären Sie sich, dass niemand von euch Kasparows Turmopferplan in der 10. Partie vorausgesehen hat?

Jussupow: Weil Kasparows Idee genial ist. Nicht nur wir haben sie übersehen. Diese Variante ist jahrelang gespielt worden. Auch von Karpow.

Sie waren der Spanisch-Spezialist des Teams. Hat Sie die Niederlage persönlich getroffen? Gab es Vorwürfe?

Jussupow: Angenehm war dieser analytische Fehler für mich sicher nicht, aber Vorwürfe gab es keine. Das hätte auch wenig Sinn gemacht. Kasparows Plan ist sehr stark, und ich muss ihn nun noch tiefer ausleuchten, denn ich möchte den offenen Spanier weiterhin spielen.

Rätselhaft war auch, warum Anand in der 3.Partie eine ausgezeichnete Gewinnchance ausliess. Nach der Partie begründete er dies unter anderem damit, er habe sich für die Textvariante entschieden, weil er mit dem Durchrechnen der Opfervariante nicht zuviel Bedenkzeit verlieren wollte. War er nach seiner schlechten Erfahrung in der 1.Partie des Kandidatenfinals gegen Gata Kamsky, die Anand auf Zeit verlor, darauf fixiert, gegen Kasparow auf keinen Fall in Zeitnot zu kommen?

Jussupow: Nein. Anand hatte die kritische Stellung einfach nicht als solche erkannt. In einer Partie die kritischen Momente herauszuspüren, das ist das Schwierigste im Schach. Mich hat etwas anderes überrascht. Ich hatte gedacht, man müsse mindestens 90 Prozent aller Chancen nutzen, wenn man Kasparow schlagen will. Doch Anand hatte viele Chancen. Verwerten konnte er allerdings nur eine.

Warum?

Jussupow: Kasparow hat sich sehr klug verteidigt, zum Beispiel in der 14. Partie. Manche seiner Züge waren geblufft, dann verteidigte er sich wieder korrekt. Gegen diese Mischung zu bestehen ist sehr schwer.

Anand hat nie geblufft?

Jussupow: Ein bisschen, aber Kasparow war variabler mit seinen psychologischen Tricks. Auch dazu braucht es Matcherfahrung. Hätte Anand alle Chancen genutzt, wäre er jetzt Weltmeister. Allerdings muss man diese Rechnung relativieren, denn als Kasparow einmal in Führung lag, konnte er den Druck auf Anand zurücknehmen.

Gibt es überhaupt Schwächen in Kasparows Spiel?

Jussupow: Bei Kasparow kann man nicht von Schwächen reden. Er macht alles gut und einiges noch besser. Aber er ist keine Kampfmaschine. Er ist ein Mensch und zeigt Emotionen. Das konnte man zum Beispiel in der 12. Partie erkennen, in der er mehrere

Gewinnmöglichkeiten ausgelassen hat. Relativ schwach ist er in passiven Stellungen, doch die kann er fast immer vermeiden. In New York stand Kasparow nur in der 9. und 17. Partie ernsthaft passiv.

Wann waren die kritischen Momente des Matchs?

Jussupow: Wirklich kritische Partien sind solche, die auf die eine oder andere Seite kippen können. Das war in der 11. und dann in der 14. Partie der Fall. Die 9. Partie hat das Matchgleichgewicht zerstört, Kasparow spielte da so schlecht wie Anand in der 13. Partie. Das kann vorkommen. Die 10. Partie gewann Kasparow aus der Eröffnung heraus, und die 17. Partie bot Anand eine kleine Chance, vielleicht noch ein 10:10 zu erreichen.

Wann habt ihr den Wettkampf innerlich verloren gegeben?

Jussupow: Nach der 14.Partie, denn das war die berühmte zweite Chance, die man in einem Match erhält.

Von Beginn an hat Kasparow das Match in einigen psychologisch wichtigen Punkten diktiert: Er machte vor der Partie Spässe, zum Beispiel, als einmal Dame und König in der Grundaufstellung vertauscht waren. Alle Remisgebote gingen von Kasparow aus, und nach der Partie hatte er regelmässig das erste Wort. Anand wirkte in diesen Situationen wie ein kleiner Junge. Habt ihr die psychologische Defensive nicht als Gefahr erkannt?

Jussupow: Den Charakter eines Menschen kann man nicht einfach ändern. Zudem hatte das Respektgefälle einen natürlichen Grund: Kasparow war der Titelverteidiger, und er ist sieben Jahre älter. Anand muss keine arrogante Haltung annehmen, um Weltmeister zu werden. Er hat mehr Selbstvertrauen nötig, aber eine Show abziehen braucht er deshalb nicht. Er muss aber lernen, seinen Willen zu stärken. New York war in diesem Sinn eine Lektion.

Waren die Spielbedingungen befriedigend?

Jussupow: Das Glashaus war kein idealer Spielort. Es war lärmig, man konnte sogar die Kommentare der Grossmeister hören. In der 14.Partie hat sich das auf Anand negativ ausgewirkt, denn er reagiert auf Störungen sensibler als Kasparow.

Kasparow will bis ins Jahr 2000 Weltmeister bleiben. Wird ihm das gelingen?

Jussupow: Das ist sehr gut möglich. Auf der Ebene des Schachverständnisses ist der Unterschied zwischen Kasparow und Talenten wie Anand, Iwantschuk, Kamsky oder Kramnik nicht sehr gross; aber Kasparows Erfahrung, sein psychologisches Geschick und seine Motivation sind schwer zu kompensieren. Hinzu kommt ein anderer Grund: Das System schützt den Weltmeister, der nur einen Zweikampf zu spielen hat, während seine Herausforderer eine langwierige Qualifikation durchstehen müssen. In keiner anderen Sportart hat der Weltmeister so viele Vorteile. Im Schach wird dem Titel viel zu viel Bedeutung zugemessen. Was wäre schon dabei, wenn Kasparow ein Match verlieren würde? Er bliebe trotzdem ein phantastischer Spieler. Vielleicht der beste aller Zeiten.

Welcher Austragungsmodus wäre gerechter?

Jussupow: Der Zyklus muss einfacher werden. Vielleicht als doppelrundiges Turnier mit den zehn Elo-besten Spielern. Das müssen die Sponsoren akzeptieren.

Interview: André Behr

Resignation im Hitzestau

15. Partie

Ein Techniker hatte versehentlich ein Kabel zerstört und damit die Klimaanlage in der Spielkabine ausser Betrieb gesetzt. Die Hitze wäre nur ertragbar, wenn Anzug und Krawatte abgelegt werden, doch dieser Vorschlag von Carol Jarecki hatte bei Kasparow keine Chance. Die Kleider- und Verhaltensordnung der PCA wurde nicht eingeführt, um sie bei ihrem wichtigsten Ereignis wegen eines defekten Lüftungskabels über Bord zu werfen. Eine Stunde reichte, um alles in Ordnung zu bringen, aber das genügte Kasparow nicht. Er sei zu nervös, um die Zeit vor der Partie am Spielort zu verbringen, und wolle lieber noch einmal in seine Wohnung zurück. Doch die liegt eine knappe Viertelstunde entfernt.
Okay, okay. Anand war mit zwei Stunden Verschiebung einverstanden. Was konnte er dafür, dass sein eigenes Hotel mit dem World Trade Center direkt verbunden und sein Zimmer nicht einmal fünf Minuten entfernt ist? Den Zuschauern vertrieben die Grossmeister-Kommentatoren die Zeit. Sie besetzten Kasparows und Anands Platz und zelebrierten einige Schnellpartien, eine Schaueinlage, die immer dann fällig war, wenn eine Partie kürzer als drei Stunden dauerte.
Kaum hatte die 16. Partie endlich begonnen, kam nach nicht einmal 40 Minuten Kasparows übliches Remisangebot. Auch dagegen hatte Anand nichts einzuwenden. Nach den beiden Niederlagen vom Montag und Dienstag und dem Drei-Punkte-Rückstand war er nicht in der Verfassung, auf Gewinn zu spielen.
Kasparow zeigte vor den Journalisten grosszügig Verständnis für Anands Resignation: «Seiner guten Laune und seinen Interviews hatte ich entnommen, dass Anand zuversichtlich war, das Match zu gewinnen. Sein Weg bis zur Spitze war schwer. Doch ein Fehler wie in der 14. Partie kann zwei Jahre harte Arbeit auslöschen. Die ganze Zukunft hängt davon ab.» Er selber habe vor New York 164 WM-Partien gespielt, das bringe einiges an Erfahrung mit sich. Dann spendete der Russe auch noch dem Publikum Aufmerksamkeit, das für sein Geld am Donnerstag weniger zu sehen bekommen hatte als je zuvor in diesem Match. Immerhin durfte man eine halbe Stunde mit dem Weltmeister plaudern.

Anand - Kasparow

Sizilianisch, Drachen
Kommentiert von Ian Rogers

1. e4 c5 2. Sf3 d6 3. d4 cxd4 4.Sxd4 Sf6 5. Sc3 g6

Kasparow hat keinen Grund, den Drachen nicht ein weiteres Mal zu spielen. Eine Eröffnung, die Schwarz in einem WM-Match zwei Punkte aus zwei Partien einbringt, kann einfach nicht schlecht sein.

6. Le3 Lg7 7.f3 0-0 8. Dd2 Sc6 9. g4

In der 11. und 13. Partie wählte Anand die Hauptfortsetzung 9. Lc4. Diesmal versucht er es mit einer kleinen Provokation. Aber Kasparow verspürt natürlich wenig Lust, seinen Vorsprung in der scharfen Variante 9. ... Lxg4 10. fxg4 Sxg4 aufs Spiel zu setzen.

9. ... Le6 (1.57) **10. 0-0-0 Sxd4 11. Lxd4 Da5 12. Kb1**

In der jüngsten Turnierpraxis kam Schwarz nach 12. a3 Tfc8 13. h4 Tab8 14. h5 b5 15. hxg6 hxg6 16. Dg5!? mächtig unter Druck. Diese ungarische Spezialität brachte Zsofia Polgar bei der Juniorenweltmeisterschaft 1994 in Matinhos einen spektakulären Sieg gegen Giovanni Vescovi: 16. ... Lc4 17. f4 e5 18. fxe5 b4 19. Sd5 Sxd5 20. e6 bxa3 21. exf7+ Kxf7 22. b4 a2 23. bxa5 Lxd4 24. Th7+ Lg7 25. Kd2 Tb1 26. Lxc4 Txd1+ 27. Kxd1 a1=Dame+ 28. Ke2 Dd4 29. Lxd5+ Ke8 30. Dxg6+ Kd8 31. Dxd6+ 1:0. Vielleicht ist es trotzdem eine weise Entscheidung Anands, nicht mit dem ebenso populären wie zweischneidigen 12. a3 sein Glück zu versuchen, denn Kasparow hat sich zweifellos ein Gegengift ausgedacht.

12. ... Tfc8 (1.53) **13. a3** (1.55) **Tab8**

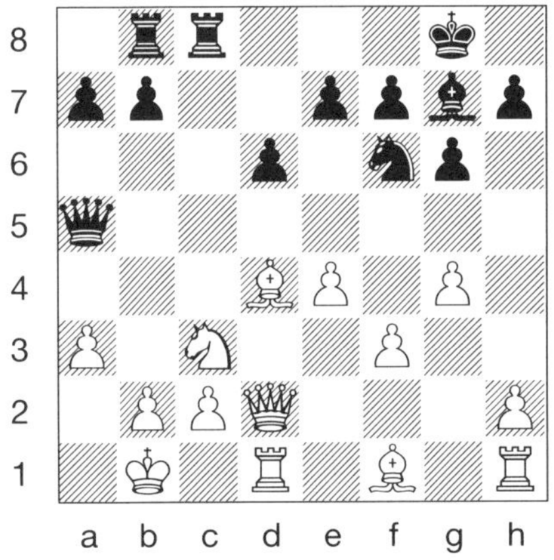

14. Sd5 (1.41)

«Damit zeigte Anand, dass er heute ohne Kampfgeist antrat», lautet Kasparows knappe Einschätzung nach der Partie. Dabei wäre diese Kritik eher bei 12. Kb1 anzubringen, denn nun würde sich Weiss mit der vermeintlich ehrgeizigeren Fortsetzung 14. h4 b5 eher selbst in Schwierigkeiten bringen als seinen Gegner.

14. ... Dxd2 15. Txd2 Sxd5 (1.44) **16. Lxg7**

Hier verbietet sich 16. exd5? wegen 16. ... Lxd5 17. Lxg7 Lxf3.

16. ... Se3!? remis (1.37 - 1.44).

Etwas genauer dürfte 16. ... Kxg7 17. exd5 Ld7 sein, doch Kasparow zieht mit einem Lächeln 16. ... Se3 und bietet Remis an. In einer aussichtsreicheren Matchsituation hätte Anand wohl mit 17. Ld4 Sxf1 18. Txf1 a6 19. h4 weitergekämpft. Aber die ungleichfarbigen Läufer geben der Partie auch dann eine starke Remistendenz, selbst wenn die h-Linie einmal aufgeht. «Nach zwei Stunden Warten hatte ich keinen Nerv mehr, um heute zu spielen», sagte Anand nach der Partie. Sein Gegner sah die Sache anders: «Anand hat alle Hoffnungen auf den Matchsieg fahrenlassen. Er hat begriffen, dass er vorgestern seine letzte Chance hatte.»

Zeitvertreib im Presseraum: John Fedorowicz (m.) und Michael Rhode schieben die Figuren hin und her.
Foto: Mark Reintjes

Sizilianischer Seelentausch

16. Partie

Schon wieder variiert Anand mit Schwarz und ausgerechnet mit Kasparows Handschrift: die Najdorf-Variante. Anand spielt durchaus gelegentlich Sizilianisch, die Umstellung ist nicht allzu gross für ihn. Aber wie wird Kasparow gegen seine eigene Lieblingseröffnung spielen? Überkreuzeröffnen, um den Gegner zu reizen, die Widerlegung der eigenen Hauptwaffe oder zumindest die befürchtete Variante blosszulegen, wurde von Kasparow und Karpow in ihrem ersten WM-Match 1984/85 eingeführt. Doch grosses Vertrauen haben die meisten Grossmeister nicht in diesen Trick aus der Psychokiste. In Anands Team war es Patrick Wolff, der vorgeschlagen hatte, auf diese Weise ein scharfes Stellungsbild zu provozieren, die Chance auf einen Schwarzsieg und die winzig-kleine Chance, das Match doch noch herumzureissen.

Kasparow hatte bisher mit Weiss die scharfen Abspiele gegen Najdorf bevorzugt, aber an diesem Nachmittag, mit drei Punkten Vorsprung im Rücken, drehte er den Spiess um und verliess sich auf Anands Spielweise: Unspektakulär und risikoarm – als hätten sie die Seelen getauscht. Nur das Remisangebot kam wieder von Kasparow. Nach eineinviertel Stunden war alles vorbei.

«Ich habe mir gedacht, ich zeige Kasparow, wie man diese Eröffnung spielt», witzelte Anand, und dann beschwerte er sich erstmals, wenn auch zaghaft, über den störenden Lärm in der 14. Runde und die lange Pause vor der 15. Partie. Eineinhalb Wochen lang hat das Match Spannung erzeugt. Nun klingt es aus, wie es begann, mit Punkteteilungen, allerdings von der kurzen und empörenden Art, wie sie zum Beispiel beim traditionellen Weltklasseturnier im andalusischen Linares verpönt sind. Kasparow fehlt nur noch ein halber Punkt zur Titelverteidigung.

Kasparow - Anand

Sizilianisch, Scheveninger

Kommentiert von Viktor Kortschnoi

1. e4 c5 2. Sf3 d6 3. d4 cxd4 4. Sxd4 Sf6 5. Sc3 a6

Was ist denn nun los? Wer ist Weiss, wer ist Schwarz? Nun, wir haben es hier mit einem komplexen Problem zwischen Pragmatik und Psychologie zu tun. Kasparow hat diese Eröffnung als Schwarzer in den Wettkampf eingeführt. Als er später eine Partie damit verliert, legt er die Najdorf-Zugfolge zu den Akten. Auch Anands erste Verteidigung – ich meine natürlich den offenen Spanier – ist geschlagen worden. Also wechselt der indische Grossmeister zu dem System, das Kasparow aufgegeben hat. Angesichts der Matchsituation bleibt Anand nur noch eine kleine Chance: ein scharfer Schlagabtausch.

6. Le2 (1.52)

Der Weltmeister enttäuscht seinen Gegner und die Fans. Statt der scharfen Forsetzungen

6. Lc4 oder 6. Lg5, die man sonst von ihm kennt, imitiert Kasparow das lahme, langweilige Spiel, mit dem ihn Anand zu Beginn des Matches traktiert hat.

6. ... e6 7. 0-0 Le7 8. a4 Sc6 9. Le3 0-0 10. f4 Dc7 11. Kh1 (1.47) **Te8**

Auch Anand äfft Kasparow nach, selbst diesen meiner Ansicht nach zweifelhaften Turmzug.

12. Ld3 Sb4

Das ist der Nachteil von 12. Ld3, der Springer kann sich für einen Läufer tauschen. Andererseits darf man sich ernsthaft fragen, ob es um einen Läufer, der zwischen zwei eigenen Bauern auf c2 und e4 eingeklemmt ist, schade sein kann.

13. a5 Ld7 14. Sf3 Tac8 (1.53) **15. Lb6** (1.41) **Db8 16. Ld4**

Der erste eigenständige Zug. Anand hatte in der 7. Partie etwas voreilig 16. e5?! gespielt.

16. ... Lc6 (1.47) 17. Dd2 Sxd3 (1.44) 18. cxd3 Sd7 19. Lg1 (1.24) Dc7 (1.31) **20. Sd4**

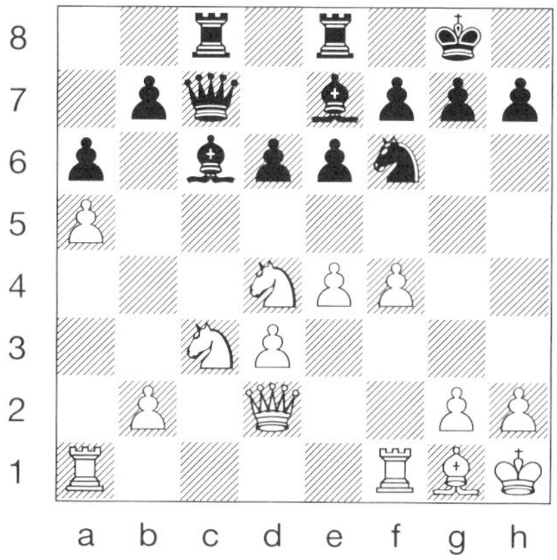

remis (1.18 – 1.28).

Weiss steht dank Raumvorteil leicht besser. Ausserdem leistet der schwarze Läufer auf c6 wenig. Aber offenbar hat Kasparow sein Vertrauen in seine frühere Glückszahl 16 verloren.

Anands letzter Versuch

17. Partie

Denkwürdiges hat Schiedsrichterin Carol Jarecki auf dem Partieprotokoll dieser 17. Partie festgehalten: «Zum ersten Mal in diesem Match hat Garri die Figuren vor Beginn der Partie nicht zurechtgerückt. Er will, dass seine Springer nach links schauen (Vishy will sie nach vorne gerichtet), aber selbst, wenn alle Figuren so stehen, wie er sie haben will, berührt er jede einzelne vor einer Partie. Vishy ist darin nicht so streng und justiert seine Figuren manchmal, manchmal auch nicht. Heute hat kein Spieler eine Figur zurechtgerückt.»

Bei der Pressekonferenz sagte Kasparow, es sei ihm nicht leichtgefallen, sich noch einmal für diese Partie zu motivieren. Zumal die beiden vorigen früh remis endeten, dürfte er mit weniger Widerstand gerechnet haben, als es für ihn zu Beginn dieser fünften Matchwoche nur noch darum ging, das letzte halbe Pünktchen zur Titelverteidigung sicherzustellen.

Kasparow wiederholte die Drachenvariante, die ihn zuerst in Führung und ihm dann in der 15. Partie das erwünschte Kurzremis gebracht hatte. Doch in dieser 17. Partie wollte es Anand noch einmal wissen, liess sich auf die Hauptvariante ein, brachte eine starke Neuerung und erreichte ein gewonnenes Endspiel. Einen Moment liess er den Titelverteidiger aus dem Schwitzkasten, dann stellte Kasparow mit einem fehlerhaften 32. Zug den weissen Vorteil wieder her: «In einer Schnellpartie hätte ich à tempo Bauer a6 gezogen», wusste Kasparow hinterher genau, wo sein langes Leiden seinen Ursprung hatte. Er habe eben genügend Zeit gehabt, um auf dumme Gedanken zu kommen. «Am Ende half Kasparow seine fantastische Fähigkeit, Varianten tief und genau zu berechnen. Wie er dieses schwierige Turmendspiel remis hielt, war eine Demonstration seiner kämpferischen Überlegenheit», schrieb Michail Gurewitsch über diese mit vier Stunden und 53 Minuten klar längste Partie des Matchs.

Damit erreichte Kasparows Drachen glänzende drei Punkte aus vier Spielen, während er mit seiner Hauptwaffe, dem Najdorf-Scheveninger, nur auf zwei von fünf kam. Zumal Kasparows zweiter Sizilianer gerade da einschlug, als das Match völlig offen schien, kann man Michail Gurewitsch und Genna Sosonko zumindest teilweise beistimmen: «Der Drache hat das Match entschieden.»

Anand - Kasparow

Sizilianisch, Drachen

Kommentiert von Michail Gurewitsch

1. e4 c5 2. Sf3 d6 3. d4 cxd4 4. Sxd4 Sf6 5. Sc3 g6!? 6. Le3 Lg7 7. f3 0-0 8. Dd2 Sc6 9. Lc4 Ld7 10. h4 h5 11. Lb3 Tc8 12. 0-0-0 Se5 13. Lg5

Beim Stand von 5:5 hatte Kasparow sein zweites Sizilianisch-System ausgepackt und innerhalb weniger Partien den entscheidenden

Vorsprung herausgearbeitet. Will Weiss gegen den Drachen ernsthaft auf Vorteil hoffen, muss er der Hauptvariante 13. Lg5 folgen, um das Manöver Sc6-e5-c4 zu entkräften. In der 11. Partie hatte Anand mit 13. Kb1 Sc4 14. Lxc4 Txc4 den Abtausch seines weissfeldrigen Läufers zugelassen und damit keinen Vorteil erreicht.

13. ... Tc5 14. Kb1

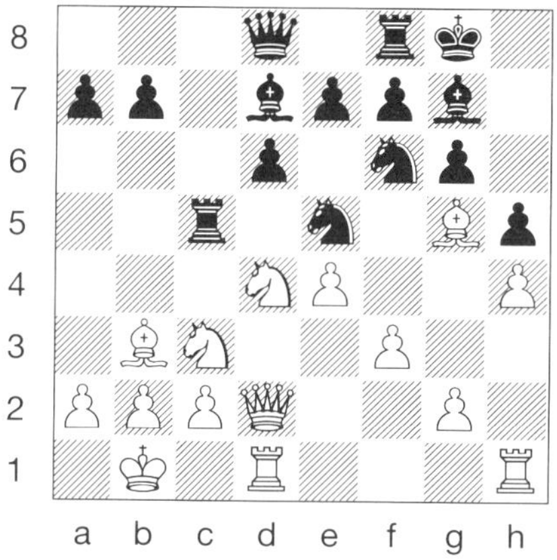

Wie Kasparow nach der Partie erklärte, ist nun 14. ... b5, gefolgt von a7-a5, die prinzipielle Fortsetzung. Doch er habe gespürt, dass Anand auf die Hauptvariante 14. ... b5 15. g4 gründlich vorbereitet sei. Kasparow will seine Dame wie in der 11. und 15. Partie nach a5 entwickeln und deckt darum vorsorglich e7, denn sofort 14. ... Da5? 15. Sd5 Dxd2 16. Sxe7+ Kh7 17. Txd2 verliert einen Bauern. In den scharfen g4-Abspielen ist es ausserdem oft nützlich, nach Le3-h6 den Rückzug Lg7-h8 zu haben, ohne auf f8 eine Qualität zu verlieren.

14. ... Te8?! (1.52) **15. The1** (1.51) **Da5?!**

Dieses Manöver ist die Ursache aller folgenden Schwierigkeiten Kasparows. Offenbar hat er Anands Antwort in seinen Heimanalysen nicht gewürdigt.

16. a3!?

Nach etwa einer Minute gespielt. Kasparow nannte dies nach der Partie «eine starke Neuerung, die beweist, dass der Plan mit 14. ... Te8 und 15. ... Da5 nicht stellungsgemäss ist». Weiss entkräftet nicht nur den Vorstoss b7-b5-b4, sondern verschafft sich zugleich die Option 17. La2, wonach die Gabeldrohung Sd4-b3 Schwarz zur Umgruppierung zwingen würde. Aus einer 1987 in Frankreich gespielten Begegnung Boudre - Koch ist zwar 16. f4 Seg4 17. e5 dxe5 18. Lxf7+! Kxf7 19. Sb3 Dc7 20. Sxc5 Dxc5 21. Lxf6 Sxf6 22. fxe5 Lg4 23. exf6 Lxd1 24. fxg7 mit klarem Vorteil für Weiss bekannt. Doch dass Kasparow hier irgendwo eine Verstärkung für Schwarz parat hat, liegt auf der Hand.

16. ... b5 (1.27)

Damit wird die Deckung der Dame unterbrochen und das folgende Motiv möglich. Aber es fällt schwer, eine vernünftige Alternative anzugeben.

17. Lxf6! (1.38) **exf6**

Wenn die Bauern schon zersplittert werden, muss sich Schwarz wenigstens sein Läuferpaar erhalten, denn nach 17. ... Lxf6 18. Sd5 Dxd2 19. Sxf6+ exf6 20. Txd2 hat Weiss ein strategisch gewonnenes Endspiel.

18. Sde2 (1.32) **Tc6**

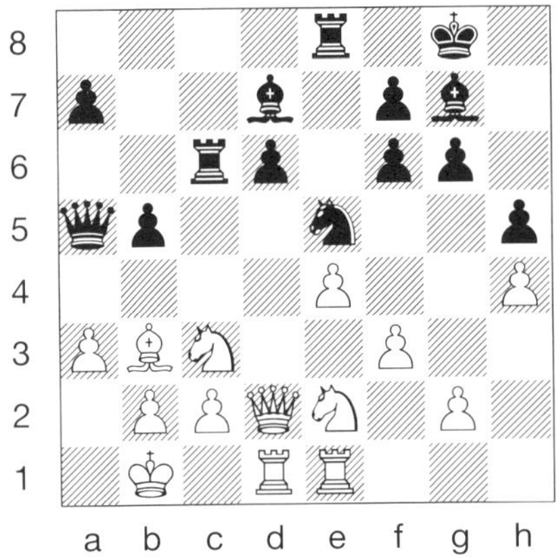

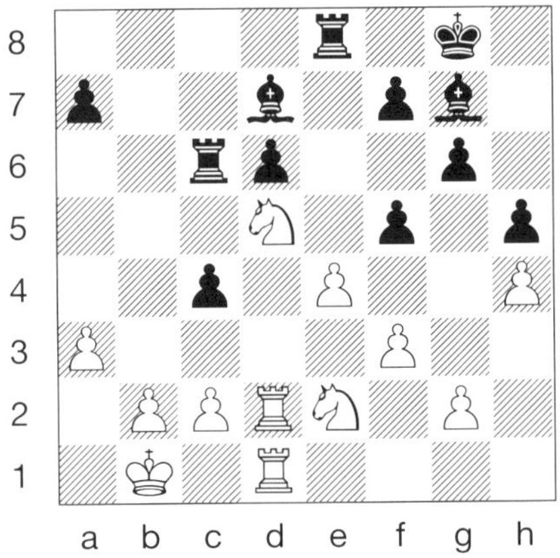

19. Sd5!? (1.24)

Der richtige Plan. Die Schwäche der schwarzen Bauern macht sich besonders im Endspiel bemerkbar, wenn Schwarz keine Gegenchancen im Angriff auf den weissen König hat.

19. ... Dxd2 20. Txd2

Die weisse Absicht ist klar: Turmverdoppelung Richtung Bauer d6. Da Schwarz etwas dagegen unternehmen muss, sind die folgenden Züge so gut wie erzwungen. Er tauscht auch den zweiten weissen Läufer und versucht, seine Bauernstellung zu verbessern.

20. ... Sc4 21. Lxc4 (1.20) **bxc4** (1.06) **22. Ted1** (1.09) **f5**

23. exf5! (1.06)

Schlichtheit ist des Genius Schwester. Anand halbiert nun das Läuferpaar, den einzigen Trumpf der schwarzen Stellung. Dagegen würde 23. Sb4?! taktische Verwicklungen eingehen, die Schwarz wieder Gegenspiel geben: 23. ... Tb6 24. Txd6 Txd6 25. Txd6 fxe4! 26. Txd7 exf3 27. gxf3 (27. Sg3? Te1+ 28. Ka2 fxg2 und gewinnt) 27. ... Txe2 28. Txa7 Lf6, und der schwarze h-Bauer wird brandgefährlich.

23. ... Lxf5 24. Sd4 Lxd4

Die chronischen Schwächen nach 24. ... Tc5 25. Sxf5 gxf5 26. c3 kann sich Schwarz nicht erlauben.

25. Txd4 Te2

Um den Druck auf d6 zu lindern, tauscht Schwarz ein Turmpaar.

26. T4d2 Txd2 27. Txd2 Kf8 28. Kc1 (0.53) **Le6**

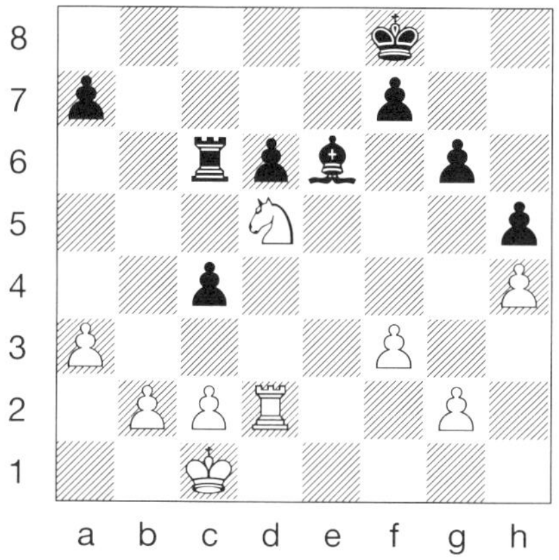

Ein tiefgründiges Endspiel ist entstanden, nicht gerade die liebste Partiephase der beiden, wie die vielen frühen Remis unterstreichen. Ich habe in den letzten Jahren viel mit Anand an seiner «Endspielschwäche» gearbeitet und glaube mich deshalb berechtigt, seinen folgenden Plan zu kritisieren. Mit seinem nächsten Zug erlaubt er die Abwicklung in ein Turmendspiel, und wie wir alle wissen, ist die Remisbreite in Turmendspielen besonders gross. Darum sollte Anand auf seinen Springer setzen, der Kasparows Läufer überlegen ist. Weiss muss nur das Feld d4 und seinen b-Bauern unter Kontrolle halten, bis er seinen König zentralisiert hat. Nach 29. Sc3! hat Schwarz in allen Varianten Schwierigkeiten:

a) 29. ... Ke7 30. Te2 Kf6 (30. ... Kd7 31. Kd2 d5 32. Ke3) 31. Kd2 Tb6 32. Sd1 (nach 32. Se4+ Ke7 33. Kc3 d5 ist der weisse Vorteil nicht so eindeutig) 32. ... Tb5 (32. .. g5 33. hxg5+ Kxg5 34. Te4, mit der Idee Kc3, Se3) 33. Kc3 Tc5 34. Se3, gefolgt von Kc3-d4 und Te2-d2.

b) 29. ... Tb6 30. Td4 Ke7 31. Sd1!?, wieder mit dem Plan Kc1-d2-c3, Sd1-e3, und grossem Vorteil.

29. Td4? (0.48) **Lxd5!** (0.54)

Nur so kommt der schwarze König in eine zentrale Position. 29. ... Tc5 30. Sc3 Ke7 31. Kd2 führt durch Zugumstellung in die obengenannte Variante a).

30. Txd5 Ke7 31. Tb5!? (0.44)

Nach 31. Kd2? c3+! 32. bxc3 Ta6 stünde Schwarz dank seines entfernten Freibauern sogar besser.

31. ... Ke6 32. Tb7

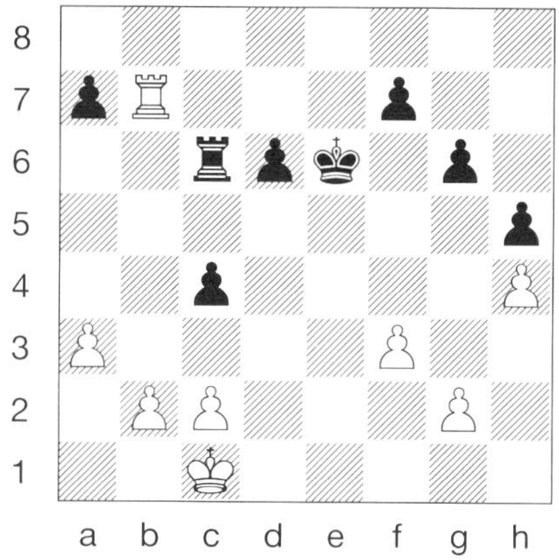

32. ... Tc5?? (0.44)

Kasparow will mit g6-g5 am Königsflügel aktiv werden, übersieht aber, dass Weiss seinen Turm schnell wieder zurück ins Spiel bringen kann. Natürlich und richtig ist 32. ... a6, mit völligem Ausgleich:

a) 33. Kd2 Tc5 (oder 33. ... c3+!? 34. bxc3 Tc5 mit der Doppeldrohung Tc5-a5 und g6-g5) 34. Tb6 g5 (auch hier kommt 34. ... c3+!? in Frage) 35. Txa6 gxh4 gibt Schwarz Gegenspiel am Königsflügel.

b) 33. Ta7 riskiert zwar weniger, aber 33. ... d5 mit der Drohung d5-d4 erzwingt 34. c3 Tb6

35. Kc2 und nach 35. ... Kf6 36. Td7 Ke6 ist nicht zu sehen, wie Weiss Fortschritte machen soll.

33. Txa7 (0.39) **g5**

Die Pointe des Bauernopfers, aber Anand findet ein exzellentes Turmmanöver, das Kasparows Idee widerlegt. Er habe übersehen, dass der Turm auch über die 8. Reihe zurückkommen könne, gestand Kasparow ein.

34. Ta8! gxh4 35. Te8+! Kd7 (0.32) **36. Te4**

Zur richtigen Zeit meldet sich der Turm im Zentrum zurück. Fast alle Kommentatoren sehen Anand jetzt auf der Siegerstrasse. Völlig hoffnungslos für Schwarz ist bereits 36. ... Tg5 37. Txc4 Txg2 38. Txh4.

36. ... c3!?

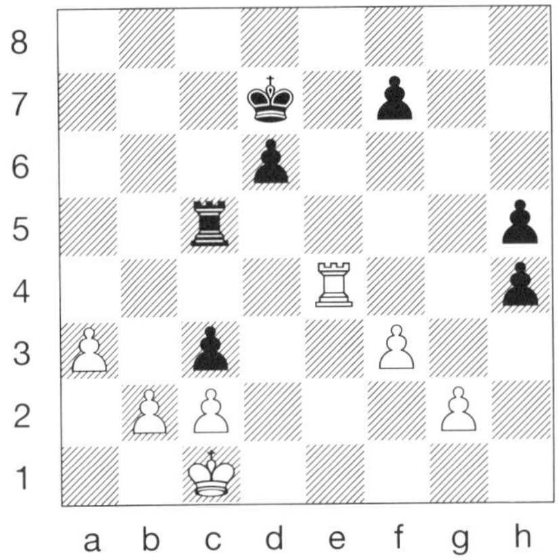

Nach 37. b4! hat Weiss zwar keinen Mehrbauern, aber viel schwerer wiegt, dass er sich damit zwei verbundene Freibauern und damit ein technisch gewonnenes Endspiel verschaffen könnte: 37. ... Tg5 38. Txh4 Txg2 39. Kb1 Tf2 (39. ... Tg5 40. Ka2 Tf5 41. Kb3 Txf3 42. Txh5 f5 43. a4 und die beiden Bauern sind nicht zu stoppen) 40. Txh5 Txf3 41. Ka2 f5 42. Kb3. Dass sich Anand seinen wertvollen b-Bauern tauschen lässt, vergibt noch nicht den Gewinn, lässt seinen Gegner aber wieder hoffen.

37. Txh4? (0.32) **cxb2+ 38. Kxb2 Tg5 39. a4**

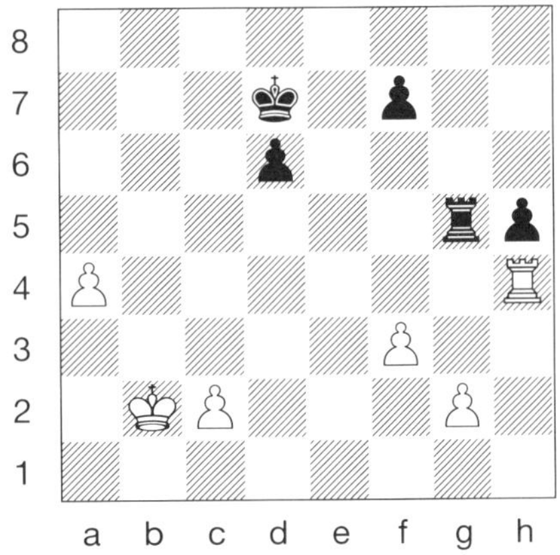

39. ... f5! (0.22)

Dieser feine Zug basiert auf sehr tiefen Berechnungen. Es gehört zu Kasparows Stärken, dass er die Varianten beinahe wie ein Computer durchgehen kann. Nur auf diese Weise behält Schwarz Gegenspiel am Königsflügel, wenn der weisse a-Bauer vorrückt. Dagegen verliert 39. ... Txg2 40. Txh5 Tg3 41. Tf5 Ke6 42. Tf4 f5 43. a5 Ke5 44. Ta4, und Schwarz kommt zu spät: 44. ... Txf3 45. a6 Th3 46. a7. Ich vermute, dass Anand bei 37. Txh4 nur diese Variante gesehen hat.

40. a5 (0.22)

40. Kb3 erlaubt Schwarz nach 40. ... Txg2 41. Txh5 Ke6 42. a5 Tg3 43. a6 Txf3+ mit Tempo zu schlagen, wonach ihm sein eigener f-Bauer ausreichendes Gegenspiel garantiert, um das Remis zu sichern.

40. ... f4 41. a6 Kc7

Aber nicht 41. ... Ta5? wegen 42. Txf4 Txa6 43. Tf5 h4 44. Tf4.

42. Txf4 Txg2 43. Tf7+ Kb8 44. Kc3!

Die besten Gewinnchancen hat Weiss, wenn er seinen König einmittet.

44. ... h4 (1.03*) **45. Kd3** (1.14*) **Tf2** (0.58*)

Auch nach 45. ... h3 46. c4 h2 47. Th7 Tf2 48. Ke4 Te2+ 49. Kd5 gewinnt Weiss.

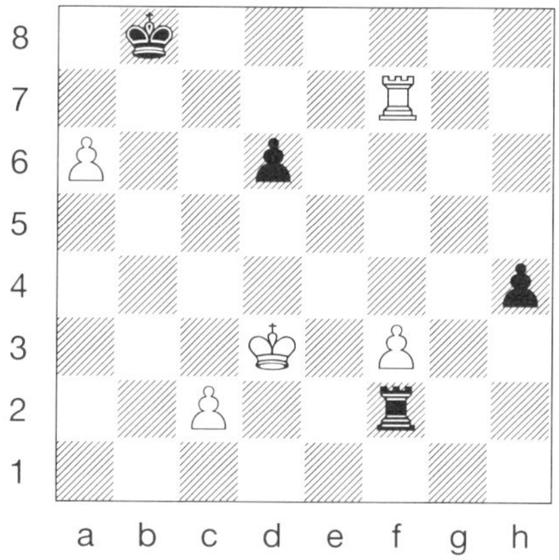

46. c4?

Das verdirbt den Sieg endgültig. Dass Anand nur eine halbe Minute vor seinem 46. Zug nachgedacht hat, lässt zwei Interpretationen zu: Er hat sich im Bauernendspiel verrechnet, oder er glaubt bereits nicht mehr, dass die Stellung zu gewinnen sei. Richtig ist der kurze Schritt 46. c3!, und nach 46. ... Ta2 47. a7+! wird der Unterschied deutlich:

a) Das Bauernendspiel 47. ... Txa7 48. Txa7 Kxa7 49. Ke3 Kb6 50. Kf4 Kc5 51. Kg4 Kc4 52. f4 ist verloren für Schwarz.

b) 47. ... Ka8 48. Th7 h3 (oder 48. ... Ta4 49. c4 Ta3+ 50. Ke4 Tc3 51. f4 Txc4+ 52. Kf5 d5 53. Txh4 Kxa7 54. Ke6 d4 55. f5) 49. Txh3 Kxa7 50. Th4 Kb6 51. Tc4, und mit seinem abgeschnittenen König dürfte Schwarz dieses Turmendspiel nicht mehr halten können.

46. ... Ta2 (0.47*) **47. Ke4** (1.08*)

Der feine Unterschied besteht darin, dass das Bauernendspiel 47. a7+ Txa7 48. Txa7 Kxa7 49. Ke3 Kb6 50. f4 dank 50. ... d5! 51. cxd5 Kc5 jetzt zum Remis führt.

47. ... Txa6 48. Th7 (0.59*)

48. Kd5 Ta5+ 49. Kxd6 Th5 50. c5 h3 51. c6 h2 kann nur Weiss verlieren.

48. ... Ta5 (0.42*)

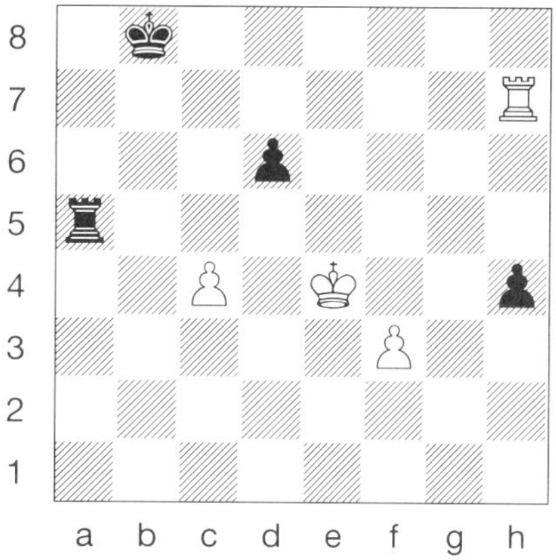

Der letzte kritische Moment. Auch der Versuch, den schwarzen König vertikal vom f-Bauern abzuschneiden, kommt zu spät: 49. Txh4 Kc7 50. Ke3!? d5? (oder 50. ... Kd7? 51. Te4) 51. cxd5 Txd5 52. Tc4+! schneidet den schwarzen König auf der c-Linie ab (52. ... Kd6 53. Td4, mit gewonnenem Bauernendspiel) führt zu einer theoretischen Gewinnstellung, denn Weiss spielt Ke3-f4-g4 und rückt anschliessend den f-Bauern vor. Doch nach 50. ... Kc6! 51. Te4 d5 52. cxd5+ (52. Te5 Ta3+) 52. ... Kxd5 53. Kf4 Ta8 54. Te1 Tf8+ 55. Kg4 Tg8+ hält Schwarz leicht remis.

49. f4 Kc8 50. f5 Kd8!

Noch kann Schwarz fehlgreifen: 50. ... Tc5? 51. f6 Kd8 (51. ... Txc4+ 52. Kd5 Tf4 53. Ke6) 52. Th8+ Kd7 53. f7, und Weiss gewinnt.

51. Kf4 Tc5 52. Kg5 Txc4 53. Kg6 (0.52*)

53. f6 Ke8 54. Kg6 Tg4+ bringt Weiss nicht weiter.

53. ... Tg4+ 54. Kf7 d5 (0.33*) **55. f6** (0.44*)

Oder 55. Ke6 Te4+ 56. Kxd5 Ta4 57. Ke6 (57. f6 Ke8) 57. ... Ta6+ 58. Ke5 (58. Kf7? Ta7+ 59. Kg6 Txh7 60. Kxh7 h3, und Schwarz gewinnt) 58. ... Ke8.

55. ... Kd7

Der Remisplan liegt auf der Hand: Schwarz opfert seinen Turm für den f-Bauern und unterstützt mit seinem König den Vormarsch des d-Bauern.

56. Kf8+ Ke6 57. f7 Tf4 58. Kg8 d4 (0.29*) **59. f8=Dame Txf8+ 60. Kxf8 Ke5 61. Txh4 d3 62. Th3**

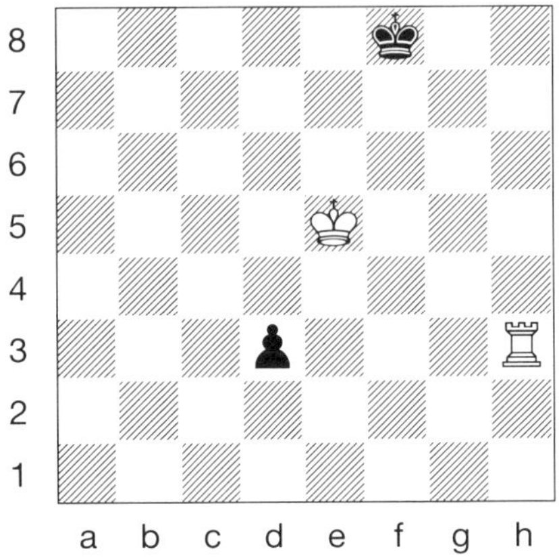

Als Kasparow diesen Zug sah, schaute er auf und bemerkte, dass sich sein Gegner ein Grinsen nicht verkneifen konnte. Dass ein Weltmeister nicht auf 62. ... d2?? 63. Td3 hereinfällt, wusste Anand natürlich. Jetzt grinste auch Kasparow, und nach einem weiteren Zug schüttelten sie sich die Hände – leider, ohne zuvor auch die letzte Figur vor den nackten Königen abgetauscht zu haben. Ein Zeitungsredakteur aus dem Mittelwesten rief an diesem Abend wütend bei einer der Presseagenturen an, um sich über deren Bericht zu beschweren: «Warum zum Teufel Remis? Weiss hat doch einen Turm mehr.»

62. ... Ke4 63. Txd3 remis (1.13 – 0.56*).

**Anmerkung zu den Bedenkzeitangaben: Nach 40 Zügen bekommt jeder Spieler eine Stunde zugerechnet, nach 60 Zügen eine weitere halbe Stunde (für den Rest der Partie).*

Friedensdemo

18. Partie

Bei der Abschlusskonferenz: «Die Kosten unserer Fernsehproduktionen erreichten schwindelerregende Höhen, weil die Nachfrage so gross war», sagte PCA-Geschäftsführer Bob Rice (rechts neben Kasparow). Foto: Jerome Bibuld

«Ich werde nie mehr in meinem Leben zu einem Schachmatch gehen.» Der Mann, der dies sagte, konnte nicht einmal behaupten, dieses Match gesehen zu haben. Als er auf dem Aussichtsdeck des World Trade Center ankam, war das letzte Remis schon perfekt. Nur 14 Minuten dauerte die Schamfrist der beiden lustlosen Hauptakteure. In der Geschichte der Schachweltmeisterschaft gab es nur einmal kürzere Partien, nämlich nachdem sich Michail Botwinnik 1963 bei seiner missglückten Titelverteidigung gegen Tigran Petrosian verloren gegeben hatte.

Wenige Tage nach dem Match reagierte Kasparow auf die Kritik. Bei der nächsten WM will er Anreize gegen Punkteteilungen schaffen: Ein Drittel des Preisgeldes soll darauf verwendet werden, pro Remis eine bestimmte Summe in einem Jackpot zu hinterlegen, der jeweils an den nächsten Sieger ausgeschüttet wird. So wäre Anands einziger Sieg in New York in der 9. Partie 225 000 Dollar wert gewesen.

Im Gegensatz zum Matchbeginn gab es hinterher eine Pressekonferenz, auf der auch die eine oder andere schachpolitische Frage gestellt werden durfte. Angesprochen auf die 10-prozentige Kürzung des Preisgeldes, machte PCA-Geschäftsführer Bob Rice aus der Not eine Tugend: «Es wäre nicht nötig gewesen, das Preisgeld zu kürzen, doch der Grund, wieso es doch nötig war, macht mich sehr glücklich. Die Kosten unserer Fernsehproduktionen erreichten schwindelerregende Höhen, weil die Nachfrage so gross war.»

Ihre Publicityerfolge hatte die PCA schon vorab angekündigt, und so wunderte es niemand, dass die Formeln nun Wiederholung fanden. «Dieses Match ist ein Wendepunkt in der amerikanischen Schachgeschichte», predigte Kasparow: «Die Ära des professionellen Schachs hat begonnen. Ich hoffe, dass dieses Match zu einem Symbol dafür wird. Zum ersten Mal hat sich die Öffentlichkeit für ein Schachereignis interessiert, ohne dass die Politik oder die Feindseligkeiten zwischen den Spielern im Mittelpunkt standen. Wir haben bewiesen, dass Schach auch ohne solche Faktoren attraktiv sein kann.» Eine Friedensdemonstration eben.

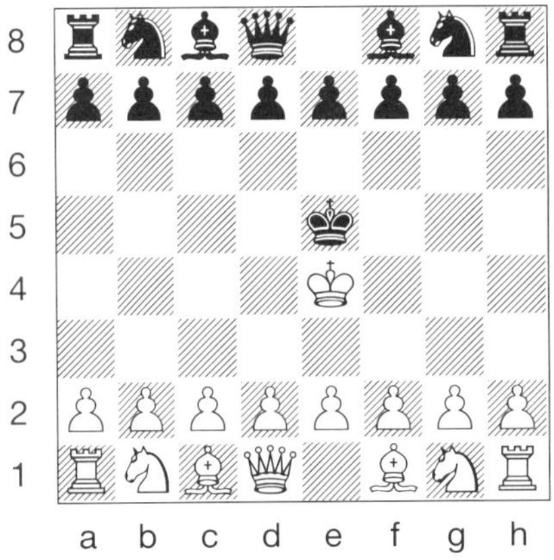

Kasparow - Anand

Sizilianisch, Scheveninger

Kommentiert von Garri Kasparow

1. e4! c5! 2. Sf3 d6 3. d4 cxd4 4. Sxd4 Sf6 5. Sc3 a6 6. Le2 (1.53)

«Dieses Match wird stilprägend für das Schach der nächsten Jahre sein.»

6. ... e6 7. 0-0 Le7 8. a4 Sc6 9. Le3 0-0 10. f4 Dc7 11. Kh1 Te8

«Wenn Weiss auf Sicherheit spielt, also nicht beispielsweise den g-Bauern vorrückt, kann Schwarz nicht gewinnen.»

12. Lf3 remis (1.52 – 1.55).

«Wir waren beide wirklich am Ende unserer Kräfte. Wir haben nur noch das Resultat vervollständigt. Die Ära des professionellen Schachs hat begonnen.»

PCA-WM NEW YORK 1995

	1	2	3	4	5	6	7	8	9	10	11	12	13	14	15	16	17	18	19	20	Total
Anand	1/2	1/2	1/2	1/2	1/2	1/2	1/2	1/2	1	0	0	1/2	0	0	1/2	1/2	1/2	1/2			7 1/2
Kasparow	1/2	1/2	1/2	1/2	1/2	1/2	1/2	1/2	0	1	1	1/2	1	1	1/2	1/2	1/2	1/2			10 1/2

«Es wird Zeit, die Kulissen zu wechseln»

Anand Viswanathan über das, was hinter der Bühne geschah

Am Tag nach der letzten WM-Partie sitzt Anand Viswanathan in seiner Suite im New Yorker Vista Hotel. Der Blick geht nach Süden, zwischen zwei Hochhäusern hindurch kann man auf Liberty Island schauen. Auf einem langen Tisch liegen drei Kunststoffschachplanen, die Figuren sind zum Teil schon eingepackt. Überall liegen Schachinformatoren, «New in Chess»-Jahrbücher, Bücherstapel – einer der höchsten mit Werken zur Drachenvariante.

Anand Viswanathan, wie fühlen Sie sich?

Anand: Halb so wild, jetzt ist es zumindest vorbei. Eigentlich war es schon vor ein paar Tagen vorbei, aber da musste ich noch spielen. Jetzt ist es wirklich vorbei. Nach der 14. Partie habe ich mich an den Gedanken gewöhnt. In den beiden folgenden Partien wollte ich mich ein wenig stabilisieren und es dann mit Weiss noch einmal versuchen. Mit einem Sieg hätte ich einen neuen Anreiz bekommen weiterzukämpfen. Ich war nahe dran. Wenigstens konnte ich in der 17. Partie beweisen, dass ich Schach spielen kann. Dann remis mit Schwarz, und das war's. Ich bin jetzt schon viel zu lange hier, es wird Zeit, die Kulissen zu wechseln.

Sie machen nun vier Wochen Urlaub bei Ihrer Schwester in Detroit. Nehmen Sie ein Schachbrett mit?

Anand Viswanathan: «Wenigstens konnte ich in der 17. Partie beweisen, dass ich Schach spielen kann.»
Foto: Michael Kupferschmidt

Anand: Das Brett nicht mehr anschauen ist keine Lösung. Ich werde bestimmt etwas Schach machen und aufarbeiten, was in den letzten Turnieren geschehen ist, aber sicher nicht so intensiv wie in den letzten Monaten.

Wenn wir noch einmal die kritischen Momente von Beginn an durchgehen, welche Wirkung hatte die 3. Partie auf Sie?

Anand: Eigentlich keine. Ich wusste, dass man in einem Match leicht eine Chance auslässt. Zum Beispiel meine 7. Partie gegen Kamski in Las Palmas war eine dicke Chance, einfach gewonnen. Es wurde remis, und doch endete das Match gut für mich. Eine verpasste Chance macht keinen grossen Unterschied. Der Wendepunkt war die 11. Partie. Zwei Spieler kämpfen Spitz auf Knopf, und du schenkst ihm einen ganzen Punkt. Du weisst zwar, dass du das Match wieder ausgleichen kannst, aber erst mal liegt der andere ohne Grund einen Punkt vorne. Da habe ich die Kontrolle verloren, und er hat sie sofort übernommen. Nach so einer Partie bräuchte man Zeit, um sein Selbstvertrauen wiederzufinden. Ausserdem hatten wir auf einmal Probleme mit dem Drachen.

Die 11. Partie kam nicht wie ein Blitz aus heiterem Himmel. Auch die beiden vorangegangenen Partien wurden entschieden.

Anand: Okay, er hat die 10. Partie ganz gut gespielt. Aber das war kein Grund für mich, so zu reagieren.

Hat Sie Ihr Sieg in der 9. Partie überrascht?

Anand: Nicht wirklich. Ich setzte ihn unter Druck, es war genau, was man gegen den Scheveninger erwartet, man behält die Stellung im Griff, und irgendwann eröffnet sich eine Chance, und das ist geschehen.

Waren Sie enthusiastisch nach dem Sieg?

Anand: Ich war die ganze Zeit schon enthusiastisch. Bis zur 11. Partie, dann ging mein Selbstvertrauen mit einem Schlag verloren. In der 14. Partie habe ich mich erholt und trotzdem eine weitere Niederlage kassiert.

Ihre 13. Partie, in der Sie sich mit Weiss so schnell überspielen liessen, war vielen ein Rätsel.

Anand: Das war ziemlich blöde, Bauer b3 war grauenhaft. Wir haben einige gute Ideen gegen den Drachen entdeckt, aber der Zeitpunkt stimmte nicht für mich. Ich hätte etwas besser Ausgearbeitetes spielen sollen. So wie in der 15. Partie hätte ich wahrscheinlich in der 13. spielen sollen, um dann in der 15. Partie diese lustigen Ideen auszuprobieren. Mit einem Punkt Rückstand, nicht mit drei.

Sie sagen ein Punkt Rückstand, aber da Ihnen als Herausforderer ein 10:10 nicht genügte, hätten Sie zwei Punkte gutmachen müssen.

Anand: Okay. Man muss sowieso einen Schritt nach dem anderen machen.

Wann haben Sie begriffen, dass Kasparow nicht in Form war, die Partien auszukämpfen?

Anand: Er hat gekämpft. Besonders in der 12., 13. und 14. Partie. Erst als es nicht mehr nötig war, hörte er auf. Überrascht hat mich die Zahl seiner Remisangebote. Ein Remis ist eine praktische Lösung. In manchen Partien kamen sie etwas früh, aber in vielen Partien waren sie völlig korrekt. Nach der 14. Partie haben wir beide das Interesse verloren, wenn auch aus verschiedenen Gründen.

Schämen Sie sich nicht ein bisschen für diese vielen frühen Unentschieden?

Anand: Ich will mich nicht herausreden. Bei zwanzig Partien in nicht einmal fünf Wochen an diesem Spielort ist es unvermeidlich, dass wir uns ein paar zusätzliche Ruhetage verschaffen. Es ist einfach, zu sagen, dass sie früher mehr gekämpft haben. Aber früher gab es mehr Ruhetage, Auszeiten, Hängepartien. Zum Beispiel London/Leningrad 1986. Erst spielten sie fünf Wochen, dann eineinhalb Wochen Pause, dann ging es in Leningrad weiter, voller Energie mit wunderbaren, spektakulären Partien. Aber selbst die letzten Partien in London liessen nach. Dasselbe vier Jahre später in New York und Lyon. Damals dauerte eine Wettkampfhälfte solange wie hier das gesamte Match. Ich finde, zwanzig Partien sind immer noch zu viel, vor allem in fünf Wochen. Dann kann man nicht erwarten, dass jeden Tag mit voller Kraft gekämpft wird. Man braucht Kraft, um schönes Schach zu spielen.

Wie würden Sie den WM-Modus verbessern?

Anand: Zwölf Partien in vier Wochen. Oder zehn Partien in drei Wochen. Die Idee, dass der Schachweltmeister ein Übermensch sein muss, der alle anderen überlebt hat, gehört nicht mehr in diese Zeit. Kasparow konnte die letzten Jahre ohne Kandidatenwettkämpfe zu spielen. Die fordern einen wirklich. Ich spielte gegen Jussupow, gegen Romanischin, gegen Adams und zweimal gegen Kamski. Und Kamskis Programm war mindestens so schwer. Der Weltmeister sitzt und wartet. Der ganze Kandidatenzyklus sollte viel kürzer werden, dann könnte die Weltmeisterschaft jedes Jahr stattfinden. Ein Interzonenturnier und ein gemeinsames Kandidatenturnier, etwa so sehe ich das. 1962 in Curacao waren die Absprachen zwischen den sowjetischen Spielern ein Problem. Heute existiert das nicht mehr. Aber wenn man unbedingt beim alten System bleiben will, muss man das sauber tun. Zwanzig Partien in acht Wochen.

Wie haben Sie mit Ihrem Team gearbeitet?

Anand: Wir haben einfach alles Nötige getan und sehr hart gearbeitet. Ich habe mich in meinem Team sehr wohl gefühlt, alles sind sehr nette Menschen. Leider kam von unserer guten Vorbereitung nicht alles ans Licht. Aber ich spüre, dass ich Fortschritte gemacht habe.

In einer der Pressekonferenzen sagten Sie, dass man viel, was in diesem Match vor sich ging, auf dem Brett nicht zu sehen bekam. Können Sie das erklären?

Anand: Warum habe ich in der 13. Partie diese Nebenvariante gespielt? Nach der 11. haben wir begonnen, am Drachen zu arbeiten. Die Zuschauer fragten sich vielleicht: Oh mein Gott, warum spielt er das? Ganz einfach: Es hat Zeit gebraucht, bis die Hauptvariante für mich funktionierte. Wir haben an vielen kleinen Eröffnungsproblemen gearbeitet, aber er fand Läufer c2 für die 10. Partie, und das stellte sich als viel grösseres Problem heraus. In jeder Weltmeisterschaft ist die Vorbereitung entscheidend. Zum Teil auch in diesem Match. Andererseits wurde auch ein guter Teil am Brett entschieden. Hätte ich besser gespielt, hätte ich den anderen Nachteil kompensieren können.

Kasparow hat in seinen ersten vier Weisspartien immer wieder die Eröffnung gewechselt, es aber nicht geschafft, Sie in Gefahr zu bringen.

Anand: Ich habe erwartet, dass er erst mal drei Eröffnungen probiert und dann entscheidet, mit welcher er angreifen will. So ähnlich ist es auch gekommen.

Wie lange werden Sie von den noch geheimen Varianten zehren?

Anand: Einiges kommt in meinen nächsten Turnierpartien, einige Ideen noch in ein paar Jahren. Alles, was wir erarbeitet haben, trägt zu meinem Spielverständnis bei.

Was unterscheidet Ihre Erfahrung hier mit dem Kandidatenfinale gegen Kamski?

Anand: Das sind zwei verschiedene Dinge. Gegen Kamski habe ich etwas gelernt für Matches über acht, zehn oder zwölf Partien. Hier habe ich für lange Matches profitiert. Was Schach betrifft, ist der Unterschied nicht so gross. Aber es gibt andere Dinge, die berücksichtigt werden müssen. Das reicht ein paar Stufen höher.

Was sind die Unterschiede etwa zwischen Kamski und Kasparow?

Anand: Ihr Stil ist völlig verschieden. Am Brett zeigt Kamski im Vergleich mit anderen Spitzenspielern am wenigsten Emotionen. Er verhält sich immer absolut korrekt. Kasparow dagegen zieht Grimassen oder schlägt Türen zu. Das ist seine Persönlichkeit. Kamski ist viel introvertierter.

Wie haben Sie sich gegen Kasparow eingestellt?

Anand: Ich wollte sein Verhalten ignorieren. Ich wusste ja, was kommen würde. Wenn man darauf achtet, beginnt es einen zu beeinflussen.

Stimmt es, dass Sie vom Brett aus die Monitore im Zuschauerraum sehen konnten?

Anand: Ja, ich konnte den grossen Doktor Grossmeister Fritzi bei der Analyse sehen. Man musste sich schon ein wenig anstrengen, um die Kommentarzeilen lesen zu können, aber es war möglich. Ich habe niemals wirklich hingeschaut. Ich glaube auch nicht, dass Kasparow hingeschaut hat. Die Leute, die hier die Bühne eingerichtet haben, zeigten, dass sie keine Erfahrung hatten. Für die Zuschauer war das okay, aber nicht für uns Spieler. Man müsste da einige Standards einführen, wenn so ein Match eine klassische Weltmeisterschaft bleiben soll.

War der Geräuschpegel tatsächlich nur in der 14. Partie ein Problem?

Anand: Kommentare hörten wir im Korridor, auf dem Weg zur Toilette oder zum Weiss-Ruheraum, an besonders lauten Tagen auch auf dem Weg zum Schwarz-Ruheraum. Wenn man wollte, konnte man auch Varianten verstehen. Ich habe das den Ausrichtern erklärt, bevor daraus wirklich ein Problem wurde. Ich habe geschildert, was in der Zeitnotphase geschehen kann, so wie es in der 14. Partie dann auch kam. Sie sagten, sie könnten keine anderen Geräusch-Barrieren anbringen wegen der New Yorker Brandschutzbestimmungen. Sie hätten für die Kommentatoren und Zuschauer anderswo Räume einrichten sollen. Aber da war dieser Konflikt zwischen zwei verschiedenen Zielen, zwischen korrekten Spielbedingungen und Promotion. Damit ich es nicht vergesse: Als der Lärm in der 14. Partie schlimm wurde, hatte ich die Kontrolle über die Stellung schon ein wenig verloren. Ich behaupte nicht, ich hätte die Partie wegen des Lärms verloren. Es geht mir um die Standards.

Interview: Stefan Löffler

Die 13. WM der Mikrocomputer 1995

Von Peter Schreiner

Als die PCA-WM von Köln nach New York verlegt wurde, mussten sich auch die Organisatoren der 13. Weltmeisterschaft der Mikrocomputer nach einem neuen Austragungsort umsehen. Statt im Rahmenprogramm von Anand und Kasparow landete die Veranstaltung an der Universität Paderborn, die sich in den letzten Jahren zum Zentrum der deutschen Computerschachforschung entwickelt hat. Dr. Rainer Feldmann und sein Team arbeiten dort nicht nur an Spielprogrammen, sondern auch an parallel geschalteten Rechensystemen.

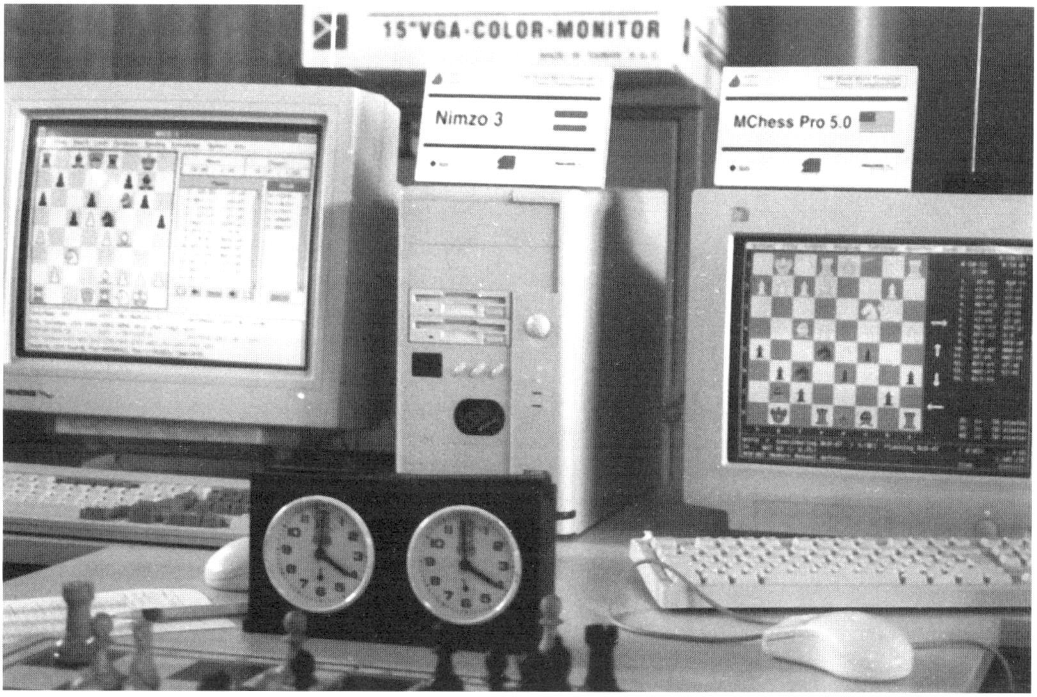

Die einsamen Maschinen spielen gegen sich selber. Foto: Peter Schreiner

34 Programme aus England, Deutschland, Holland, Russland, Spanien, Israel, Frankreich, Österreich und den USA waren vom 8. bis 15. Oktober 1995 am Start. Abgesehen von dem Niederländer Ed Schröder mit seinem «Rebel» und einigen US-Amerikanern, die zu spät von der Veranstaltung erfuhren, waren fast alle bekannten Namen vertreten. Gegenüber früheren Veranstaltungen wurde versucht, den Austragungsmodus und die Spielbedingungen zu verbessern. Jedem Teilnehmer stand mindestens ein schneller Pentium mit 120 MHz und 16 MB RAM zur Verfügung, ein grosser Schritt Richtung Chancengleichheit. Ausserdem wurden erstmals elf Runden nach Schweizer System gespielt statt bisher in der Regel sieben. Die ungewöhnliche Bedenkzeitregelung sah 30 Züge in einer Stunde und dann 40 Züge in einer Stunde vor.
Zu den Favoriten zählten Titelverteidiger «Hiarcs X», «Chess Genius», «MChess Pro» und vor allem «Quest», programmiert vom Niederländer Frans Morsch, der damit im Mai 1995 in Hongkong die offene Computerweltmeisterschaft vor einigen Grossrechnern gewann. Schwerer zu beurteilen waren die Chancen der nichtkommerziellen Programme, die auf schnellen Workstations liefen. Wie der einzige klassische Brettcomputer, der «Mephisto Montreux», auch abschneiden würde, den trotzdem vergebenen Titel der Herstellergruppe hatte es bereits sicher.

Erste Runde

Alle Favoriten gewinnen souverän. Die interessanteste Partie spielt «Quest» - wenn die Resultate stimmen, heisst es übrigens «Fritz 3» - gegen das österreichische Programm «Nimzo 3».

Quest - Nimzo 3
Nimzoindisch

1. d4 Sf6 2. c4 e6 3. Sc3 Lb4 4. f3 d5 5. a3 Lxc3+ 6. bxc3 c5 7. cxd5 Sxd5 8. dxc5 f5 9. e4 fxe4 10. Dc2 0-0 11. fxe4 Dh4+ 12. g3 Df6 13. Lg2 Dxc3+ 14. Dxc3 Sxc3 15. Lf4 Sc6 16. Ld6 Td8 17. a4 Sb4 18. Kd2 Sca2 19. e5 a6 20. Se2 Ta7 21. Le4 Ld7 22. Sd4 Lxa4 23. Lb1 Lb5 24. Lxa2 Sxa2 25. Txa2 Lc4 26. Ta3 Ld5 27. Tha1 Taa8 28. Sb5 Lg2 29. Sc7 Tac8 30. Sxe6 Te8 31. Tg1 Lc6 32. Sd4 Le4 33. Te3 Lg6 34. Tge1 Kh8 35. Tb3 Ted8 36. Txb7 h5 37. e6 Te8 38. c6 h4 39. c7 1:0.

Zweite Runde

Als erste Überraschung des Turniers gewinnt das Amateurprogramm «Ferret» des Amerikaners Bruce Moreland gegen «Chess Genius», das Programm des neunfachen Weltmeisters Richard Lang. Da Moreland bei Microsoft arbeitet, hat er «Ferret» auf 32-Bit programmiert, um das neue Betriebssystem «Windows 95» nutzen zu können. «Mephisto Montreux» wird von «MChess Pro» geradezu überrollt. Das Brettgerät rochiert in den schwarzen Angriff hinein und zeigt damit eine der Schwächen, das viele Schachprogrammierer noch nicht im Griff haben: das Verständnis für die Sicherheit des eigenen Königs.

Mephisto Montreux - MChess Pro 5.0
Wolga-Gambit

1. d4 Sf6 2. c4 c5 3. d5 b5 4. cxb5 a6 5. Sc3 axb5 6. e4 b4 7. Sb5 d6 8. Lc4 g6 9. Lf4 Lg7 10. e5 dxe5 11. Lxe5 0-0 12. Sc7 Sbd7! 13. Lxf6 Dxc7 14. Lxg7 Kxg7 15. Sf3 Sb6 16. De2 Sxc4 17. Dxc4 La6 18. De4 Tfd8 19. 0-0-0 Lb7 20. The1 Txa2 21. Kb1 Da5 22. Td3 La6 23. Tde3 c4 24. De5+ Kg8 25. Ta3 Txa3 26.

bxa3 c3 27. De4 Dxa3 28. Te2 Ta8 29. Ta2 Ld3+ 30. Dxd3 Dxa2+ 31. Kc1 Db2+ 32. Kd1 Ta1+ 33. Db1 Txb1 matt.

Chess Genius X - Ferret

Katalanisch

1. c4 Sf6 2. Sf3 e6 3. g3 d5 4. Lg2 Le7 5. 0-0 0-0 6. d4 dxc4 7. Dc2 a6 8. Dxc4 b5 9. Dc2 Lb7 10. Ld2 Sc6 11. e3 Ta7 12. Tc1 Da8 13. Se1 Sb8

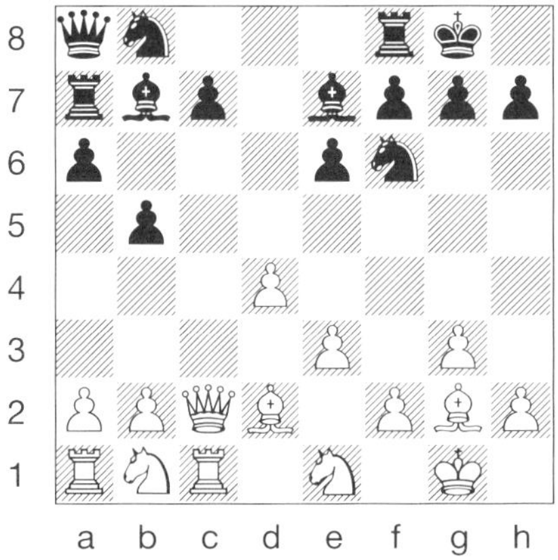

14. La5 Tc8 15. Lb6 Lxg2 16. Sxg2 Tb7 17. Lc5 Lxc5 18. Dxc5 Sbd7 19. Dc6 Da7 20. Sd2 Tb6 21. Df3 c5 22. dxc5 Txc5 23. Txc5 Sxc5 24. Tc1 Tb8 25. Se1 Td8 26. Dc6 Sb7 27. Sef3 h6 28. Se4 Sxe4 29. Dxe4 Sd6 30. Db4 Sc4 31. Sd4 Dd7 32. a4 Sd6 33. Sc6 Tc8 34. Dc5 bxa4 35. Kg2 Kh8 36. Tc2 Sb5 37. Db6 Dd5+ 38. f3 a3 39. bxa3 Dd3 40. Tc5 De2+ 41. Kg1 Dxe3+ 42. Kg2 De2+ 43. Kg1 Dxf3 44. a4 Sc3 45. Sd4 Se2+ 46. Sxe2 De3+ 47. Kf1 Txc5 48. Dxa6 Tf5+ 49. Ke1 Te5 50. g4 Dg1+ 51. Kd2 Dxg4 52. Dc8+ Kh7 53. Dc2+ g6 54. Sc3 Df4+ 55. Kd1 Df1+ 56. Kd2 Df4+ 57. Kd1 Df1+ 58. Kd2 Th5 59. De4 Txh2+ 60. Se2 Df5 61. Dxf5 gxf5 62. a5 f4 63. Kd3 e5 64. Sc3 f3 65. Ke3 f5 66. Sd1 e4 67. Sf2 f4+ 68. Kxe4 Txf2 69. Kxf4 h5 70. a6 a2 71. Kxf3 0:1.

Dritte Runde

Die Zeitüberschreitung von Titelverteidiger «Hiarcs X» in Gewinnstellung sorgt für die nächste Überraschung. Das Reglement erlaubt nur dann eine Justierung der internen Schachuhr, wenn es das Programm anfordert. «Chess Genius» oder «MChess Pro 5.0» sind dagegen für dieses Turnier so eingerichtet worden, dass die Korrektur der Bedenkzeitfunktion regelmässig abgefragt wird. «Hiarcs X»-Autor Mark Uniacke hat dieses Feature einfach einzugeben vergessen.

Complete Chess System Tal - Hiarcs X

Réti-System

1. Sf3 d5 2. g3 Sf6 3. Lg2 c6 4. 0-0 Lg4 5. Se5 Lf5 6. d4 e6 7. Sc3 Sbd7 8. Lg5 Le7 9. Sxd7 Dxd7 10. Dc1 h6 11. Lf4 0-0 12. Td1 Tad8 13. h3 Sh5 14. Le3 Lg6 15. Ld2 Tfe8 16. g4 Sf6 17. Lf4 Ld6 18. Le5 De7 19. Lxd6 Dxd6 20. Dd2 e5 21. Tac1 a5 22. dxe5 Dxe5 23. Dd4 Dd6 24. e3 b5 25. Se2 c5 26. Df4 Dxf4 27. Sxf4 Le4 28. Sd3 Tc8 29. Lxe4 dxe4 30. Sf4 Tcd8 31. Se2 Kh7 32. Kh2 g6 33. Sc3 b4 34. Sb5 Txd1 35. Txd1 a4 36. Sd6 Te7 37. Sc4 Kg7 38. Kg3 h5 39. g5 Sd7 40. Td6 Sf8 41. h4 Se6 42. Sd2 Sc7 43. Tc6 Se6 44. a3 Kf8 45. Tc8+ Te8 46. Txe8+ Kxe8 47. Sxe4 Kd7 48. Kf3 Kc6 49. c3 bxa3 50. bxa3 c4 51. Sd2 Kd5 52. e4+ Kc5 53. Ke3 Sc7 54. f3 Sb5 55. Sb1 Kd6 56. f4 Ke6 57. Ke2 Kd7 58. Kf2 Ke7 59. Kf3 Kd6 60. Kg3 Ke6 61. Kg2 Kd7 62. Kf1 Kd6 63. Kg1 Ke6 64. Kh2 Sd6 65. e5 Sf5 66. Kh3 Kd5 67. Sd2 Se3 68. Kh2 Sd1 69. Sb1 Ke4 70. Sd2+ Kd3 1:0.

Vierte Runde

Während die unmittelbaren Konkurrenten «MChess Pro 5.0» und «Quest» weiterhin ungeschlagen vorne liegen, verliert «Chess

Genius» bereits zum zweiten Mal und zwar gegen «Complete Chess System Tal» des Engländers Chris Wittington. Dessen originelle Entwicklungsmethode enthält sehr viele Muster für Angriffsformationen. Darum spielte das «Complete Chess System Tal» für einen Computer eher untypisch und opfert häufig Material im Königsangriff. In seiner Spielanlage ist es fast menschlich, was gegen starke Computerkonkurrenz aber auch Risiken birgt. In dieser Partie geht das Konzept dagegen auf eindrucksvolle Weise auf:

Chess Genius - Complete Chess System Tal
Englisch

1. c4 e5 2. Sc3 Sf6 3. Sf3 Sc6 4. g3 d5 5. cxd5 Sxd5 6. Lg2 Sb6 7. 0-0 Le7 8. a3 0-0 9. b4 Te8 10. Tb1 Lf8 11. d3 a5 12. b5 Sd4 13. Sd2 Tb8 14. e3 Se6 15. Sf3 Sg5 16. Sxg5 Dxg5 17. Se4 Dd8 18. Dc2 Lg4 19. f4 exf4 20. Txf4 Le6 21. Tf2 f5 22. Sc3 Lf7 23. Se2 Dd7 24. Dc3 Sd5 25. Lxd5 Dxd5 26. Sd4 Te5 27. Dxc7 Ta8 28. Dc3 Tae8 29. Sf3

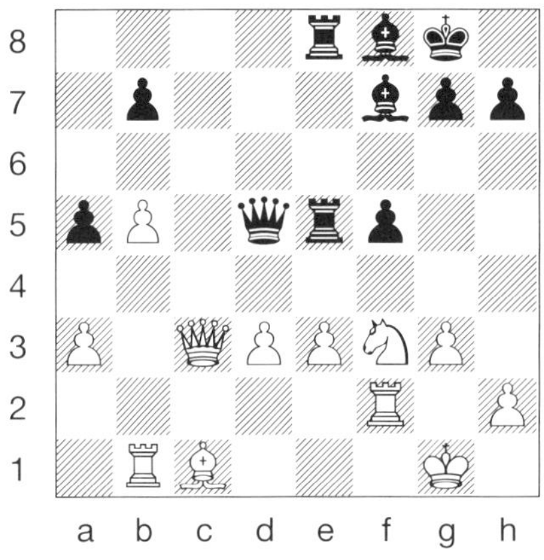

29. ... Txe3!! 30. Lxe3 Txe3 31. Sd4 g6 32. Te2 Lc5 33. Txe3 Lxd4 34. Dc8+ Kg7 35. Tbe1 f4 36. gxf4 Df3 37. Dc7 Lxe3+ 38. Txe3 Dxe3+ 39. Kg2 De2+ 40. Kg1 Dxd3 41. Dxb7 Dxa3 42. b6 Dc5+ 43. Kf1 a4 44. Dc7 Dxc7 45. bxc7 Le6 46. h4 a3 0:1.

Fünfte Runde

Der einzige französische Teilnehmer «Virtual Chess» schlägt «Mephisto Montreux» im Königsangriff, und der nächste Favoritensturz erwischt das niederländische Programm «The King», eines der erfolgreichsten Programme der letzten Jahre und als Motor des Chessmaster 4000 eines der bestverkauften der Welt. Mit 2½ Punkten schon mässig gestartet verlor «The King» gegen «IsiChess» des deutschen Programmierers Gerd Isenberg, das nicht nur eine fantasievolle Benutzeroberfläche mitbringt, sondern auch nicht so leichtsinnig agiert, wie der Name vermeintlich andeutet. Aus zunächst besserer Stellung misshandelt «The King» das Endspiel, weil es die Bedeutung der siebten Reihe ignoriert und die Aktivierung des Königs vernachlässigt.

IsiChess 2. 0 - The King
Vierspringerspiel

1. e4 e5 2. Sf3 Sc6 3. Sc3 Sf6 4. d4 exd4 5. Sxd4 Lb4 6. Sxc6 bxc6 7. Ld3 0-0 8. 0-0 d5 9. exd5 cxd5 10. Lg5 c6 11. Df3 Tb8 12. Df4 Ld6 13. Dh4 h6 14. Lxf6 Dxf6 15. Dxf6 gxf6 16. Sa4 Te8 17. Tae1 Te5 18. Te3 d4 19. Tg3+ Tg5 20. f4 Txg3 21. hxg3 Ld7 22. b3 La3 23. c3 c5 24. cxd4 cxd4 25. Te1 h5 26. Kf2 Kg7 27. Te4 Lxa4 28. bxa4 Tc8 29. Te2 Lc5 30. Kf3 a5 31. Te1 La7 32. Te7 Lb6 33. Tb7 Tc3 34. Ke2 Lc7 35. Tb3 f5 36. Lxf5 Kf6 37. Ld3 Ke7 38. Kf3 Lb6 39. Ke4 Tc6 40. Tb5 Te6+ 41. Te5 Txe5+ 42. Kxe5 f6+ 43. Kd5 La7 44. Kc6 Ke6 45. Kb5 Kd5 46. Kxa5 Kc5 47. Ka6 Lb6 48. a5 Ld8 49. a3 Lc7 50. Lf1 Kc6 51. Lb5+ Kd5 52. Le2 Kc6 53. Lxh5 d3 54. Lg6 d2 55. Lc2 f5

56. La4+ Kc5 57. Ld1 Kc6 58. a4 Kc5 59. g4 fxg4 60. Lxg4 Kb4 61. Kb7 Lxa5 62. Ld1 Kc4 63. g4 Kd5 64. Ka6 Lc7 65. f5 Ld8 66. Kb5 Lf6 67. a5 Kd6 68. Lf3 Kc7 69. Kc5 Kb8 70. Kd6 Lg5 71. Ke6 Ka7 1:0.

Virtual Chess - Mephisto Montreux
Damenbauernspiel

1. d4 Sf6 2. Sf3 d5 3. e3 e6 4. Ld3 c5 5. b3 cxd4 6. exd4 Sc6 7. 0-0 Dc7 8. Lb2 Lb4 9. c4 0-0 10. Sc3 b6 11. Sb5 Dd7 12. a3 dxc4 13. bxc4 Le7 14. Se5 Db7 15. Te1 Td8 16. Sxc6 Dxc6

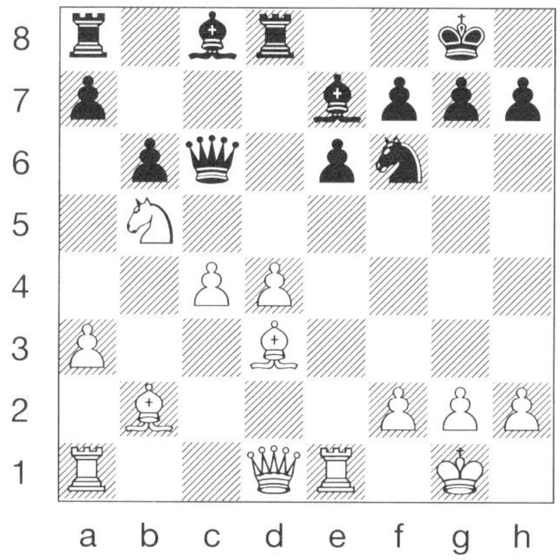

17. d5! Dd7 18. De2 Lc5 19. Lxf6 gxf6 20. Dg4+ h8 21. Df4 f5 22. Sc7 Ld6 23. Dd4+ e5 24. Txe5 f6 25. Te8+ Txe8 26. Dxf6+ Kg8 27. Sxe8 Lxh2+ 28. Kxh2 Dxe8 29. Lxf5 Lxf5 30. Dxf5 Dg6 31. Dh3 Df6 32. Dg3+ Dg7 33. Te1 Dxg3+ 34. Kxg3 Kf8 35. Te6 Td8 36. a4 Td7 37. f4 Tc7 38. d6 Td7 39. f5 Tb7 40. f6 Td7 41. Kf4 h5 42. Ke5 Td8 43. Te7 Ta8 44. Ke6 Td8 45. d7 h4 46. f7 1:0.

Sechste Runde

Die Favoriten siegen weiter, wenn auch mitunter mühsam wie «MChess Pro 5.0», das gegen «IsiChess» lange unter einer einer falschen Bewertung aus dem Eröffnungsspeicher leidet, aber am Ende von seiner Rechenkapazität profitiert. «Chess Genius» überzeugt gegen das dänische Programm «Gandalf» und «Hiarcs X» gegen das deutsche «Diogenes 2.0».

IsiChess 2.0 - MChess Pro 5.0
Sizilianisch, Sweschnikow

1. e4 c5 2. Sf3 e6 3. d4 cxd4 4. Sxd4 Sf6 5. Sc3 Sc6 6. Sdb5 d6 7. Lf4 e5 8. Lg5 a6 9. Sa3 b5 10. Lxf6 gxf6 11. Sd5 f5 12. Ld3 Le6 13. Dh5 Lg7 14. 0-0 f4 15. c4 b4 16. Sc2 Tb8 17. b3 0-0 18. a3 bxa3 19. Txa3 a5 20. Tfa1 Dd7 21. De2 Tb7 22. Sc3 Lg4 23. f3 Le6 24. Sb5 Tfb8 25. Dd2 Sa7 26. Sxa7 Txa7 27. b4 Tc7 28. bxa5 Lxc4 29. a6 Le6 30. Sb4 Ta7 31. Tc1 Tc7 32. Kh1 Txc1+ 33. Dxc1 Tc8 34. Tc3 Txc3 35. Dxc3 Da4 36. Kg1 Lf6 37. Sc6 Ld7 38. Sb8 Dd1+ 39. Kf2 Lh4+ 40. g3 fxg3+ 41. hxg3 Lxg3+ 42. Kg2 Le1 43. Dc2 Lh3+ 44. Kxh3 Dxf3+ 45. Kh2 Dg3+ 46. Kh1 Lf2 47. Dxf2 Dxf2 48. Lb5 Db6 0:1.

Gandalf - Chess Genius
Skandinavisch

1. e4 d5 2. exd5 Dxd5 3. d4 e5 4. Sf3 Sc6 5. Sc3 Lb4 6. Ld2 Lxc3 7. Lxc3 e4 8. Se5 Sxe5 9. dxe5 Se7 10. Le2 Le6 11. 0-0 0-0 12. Dxd5 Sxd5 13. Ld2 Tfd8 14. b3 a5 15. c3 e3 16. fxe3 Sb4 17. Tfd1 Sd3 18. Le1 Sxe5 19. Lg3 f6 20. Td4 c5 21. Txd8+ Txd8 22. Lxe5 fxe5 23. Td1 Txd1+ 24. Lxd1 c4 25. Kf2 Kf7 26. bxc4 Lxc4 27. Lb3 Lxb3 28. axb3 b5 29. Ke2 e4 30. Kd2 Ke6 31. Kc2 h5 32. h3 h4 33. Kb2 Kd5 34. Ka3 Kc5 35. Kb2 a4 36. c4 bxc4 37. bxa4 Kb4 38. Kc2 Kxa4 39. Kc3 Kb5 0:1.

Hiarcs X - Diogenes 2.0
Grünfeldindisch

1. d4 Sf6 2. c4 g6 3. Sc3 d5 4. cxd5 Sxd5 5. e4 Sxc3 6. bxc3 c5 7. Lc4 Lg7 8. Se2 0-0 9. 0-0 cxd4 10. cxd4 Sc6 11. Le3 Sa5 12. Ld3 Sc6 13. Lb5 Dc7 14. Tc1 Td8 15. Da4 Lg4 16. f3 Ld7 17. d5 a6 18. Lxc6 bxc6 19. dxc6 Le8 20. Tc5 e5 21. Sc3 Tac8 22. Dxa6 Lf8 23. Sd5 Dd6 24. Tfc1 De6 25. T5c2 Td6 26. Sf6+ Kh8 27. Sxe8 Dxe8 28. a4 Lg7 29. a5 Tcd8 30. Td2 Txd2 31. Lxd2 Ta8 32. Db7 Lf8 33. a6 1:0.

Siebte Runde

Der Zwischenstand nach sechs Runden: 1.-2. Quest, MChess Pro 5.0 je 5, 3.-6. Dark Thought, Schach 3.0, Ferret, Shredder je 4½, 7. Chess Genius 4. Die Begegnung zwischen den Tabellenführern zählt zu den interessantesten dieser Meisterschaft. Manchem Experten fällt auf, dass «MChess Pro 5.0» einen gegnerischen Bauern vor dem eigenen König nicht schlägt sondern zurecht als Deckung benutzt. «Ferret» heftet sich mit einem Sieg gegen «Shredder» hinter die Spitze.

MChess Pro 5.0 - Quest
Läuferspiel

1. e4 e5 2. Lc4 Sc6 3. Sc3 Sf6 4. d3 Lb4 5. Se2 Sa5 6. Lb3 0-0 7. 0-0 d6 8. Lg5 c6 9. d4 Lg4 10. f3 Lh5 11. Sa4 Sxb3 12. axb3 h6 13. Lh4 Te8 14. c3 La5 15. Dd3 b5 16. b4 Lc7 17. dxe5 Txe5

18. Sg3 g5 19. f4 gxh4 20. fxe5 hxg3 21. Txf6 gxh2+ 22. Kh1 bxa4 23. Taf1 Df8 24. e6 Dg7 25. exf7+ Kf8 26. Da6 Lb6 27. Db7 Td8 28. Te6 1:0.

Shredder - Ferret
Damenbauerspiel

1. d4 Sf6 2. Sf3 e6 3. Lg5 d5 4. e3 Le7 5. Ld3 0-0 6. 0-0 Sbd7 7. c4 dxc4 8. Lxc4 h6 9. Lxf6 Sxf6 10. Sc3 c5 11. Dc2 cxd4 12. Tad1 Ld7 13. Txd4 Dc7 14. Tfd1 Tac8 15. a4 e5 16. Th4 e4 17. Sxe4 Sxe4 18. Txe4 Lf5 19. Txe7 Lxc2 20. Txc7 Txc7 21. Td4 Lxa4 22. h4 Ld7 23. Se5 Le6 24. Lxe6 fxe6 25. b4 Tc1+ 26. Kh2 Tc2 27. f3 Tf5 28. f4 Tc3 29. g4 Tf8 30. Te4 Td8 31. Kg3 Td6 32. f5 exf5 33. gxf5 Kh7 34. Sg6 Tf6 35. Kg4 Tc1 36. Tf4 Tb1 37. Se7 Td6 38. Tc4 Te1 39. Kf4 Td3 40. Tc7 Texe3 41. Txb7 Tf3+ 42. Ke4 Tde3+ 43. Kd4 Td3+ 44. Ke4 Tde3+ 45. Kd4 Te1 46. Txa7 Tf4+ 47. Kc3 Te3+ 48. Kd2 Th3 49. Ke1 Thxh4 50. Sg6 Th1+ 51. Ke2 Txf5 52. Se7 Tb5 53. Sc6 Tb6 54. Sd8 Txb4 55. Kf2 Th2+ 56. Kg3 Td2 0:1.

Achte Runde

«Ferret» besiegt Spitzenreiter «MChess Pro 5.0» mit einem theoretischen Figurenopfer. Da die wichtigsten Konkurrenten «Chess Genius» und «Quest» ebenfalls gewinnen, rückt die Spitze wieder zusammen.

Ferret - MChess Pro 5.0
Sizilianisch, Sweschnikow

1. e4 c5 2. Sf3 e6 3. d4 cxd4 4. Sxd4 Sf6 5. Sc3 Sc6 6. Sdb5 d6 7. Lf4 e5 8. Lg5 a6 9. Sa3 b5 10. Lxf6 gxf6 11. d5 f5

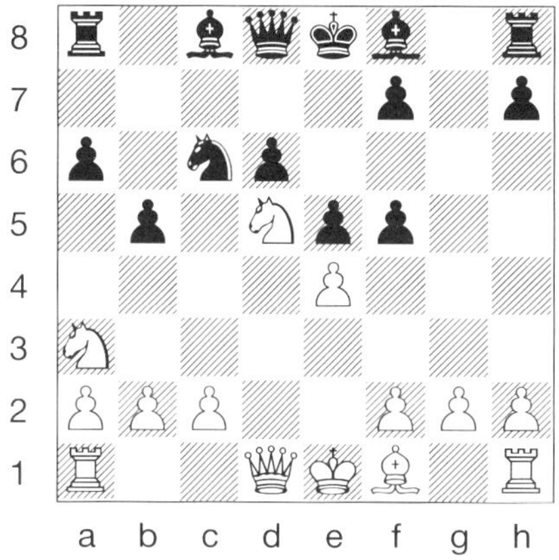

12. Sxb5 axb5 13. Lxb5 Ld7 14. exf5 Lg7 15. 0-0 0-0 16. Te1 Kh8 17. c4 Tg8 18. Dh5 Sd4 19. Lxd7 Dxd7 20. f6 Lf8 21. Te3 Sc2 22. Th3 Dxh3 23. Dxh3 Sxa1 24. Sb4 Tb8 25. Dc3 Tg4 26. b3 Td4 27. Sd3 Ta8 28. a4 d5 29. h3 dxc4 30. Sxe5 Td1+ 31. Kh2 Ld6 32. bxc4 Sb3 33. g3 Lxe5 34. Dxe5 Td2 35. De3 Tb8 36. Kg2 Td7 37. Dg5 Tg8 38. Db5 Td3 39. c5 Sc1 40. Dc4 Td1 41. Dxf7 Sd3 42. Dc7 Td2 43. Kf3 Ta2 44. Ke3 Ta3 45. Kd4 Se1 46. f7 Sf3+ 47. Kc4 Tf8 48. Db6 Se5+ 49. Kd5 Tf3 50. c6 T3xf7 51. Kxe5 Txf2 52. c7 Tc2 53. Kd4 Te2 54. Df6+ Txf6 55. c8=D+ Kg7 56. Dg4+ Kf7 57. Dxe2 Kf8 58. a5 Td6+ 59. Kc5 Td7 60. a6 Td8 61. a7 Kf7 62. Dh5+ Kf8 63. Dg4 1:0.

Quest - Dark Thought
Damenindisch

1. d4 Sf6 2. c4 e6 3. Sf3 b6 4. a3 Lb7 5. Sc3 d5 6. cxd5 Sxd5 7. Dc2 Sxc3 8. bxc3 c5 9. e4 Sc6 10. Le3 cxd4 11. Sxd4 Sxd4 12. cxd4 Ld6 13. Da4+ Kf8 14. Ld3 Dc7 15. Tc1 Dd8 16. 0-0 h6 17. Tc3 a6 18. Tfc1 b5 19. Db3 Tb8 20. e5 Le7 21. a4 b4 22. Tc7 a5 23. Lb5 Kg8 24. Td7 Df8 25. Dc2 Lg5 26. Lxg5 hxg5 27. Dd2 Th5 28. Tcc7 Ld5 29. Dc1 Th8 30. Txf7 Dxf7 31. Txf7 Kxf7 32. Dc7+ Kg8 33. Dxb8+ Kh7 34. Ld3+ Le4 1:0.

Neunte Runde

Der Tabellenführer wird erneut gestürzt: «Quest» schlägt den überraschend starken Newcomer «Ferret», während «Chess Genius» und «MChess Pro 5.0» eine positionell passable Remispartie hinlegen. «The King» scheidet durch eine Niederlage gegen das deutsche Programm «Dark Thought» endgültig aus dem Titelrennen.

Quest - Ferret
Spanisch, Tschigorin

1. e4 e5 2. Sf3 Sc6 3. Lb5 a6 4. La4 Sf6 5. 0-0 Le7 6. Te1 b5 7. Lb3 0-0 8. c3 d6 9. h3 Sa5 10. Lc2 c5 11. d4 Dc7 12. Sbd2 cxd4 13. cxd4 Sc6 14. Sb3 a5 15. Le3 a4 16. Sbd2 Sb4 17. Lb1 Ld7 18. a3 Sc6 19. Ld3 Sa5 20. Tc1 Db8 21. De2 Ta6 22. d5 Ta8 23. Kh2 h6 24. Tg1 b4 25. Sc4 Sxc4 26. Txc4 bxa3 27. bxa3 Dd8 28. Tb1 Tc8 29. Tb7 Txc4 30. Lxc4 Dc8 31. La6 Da8 32. Dd3 De8 33. Sd2 Da8 34. Lb6 Kh7 35. Ta7 Db8 36. Sc4 g6 37. Le3 Th8 38. Tb7 Dd8 39. Sb6 Le8 40. Dc4 Kg7 41. Sxa4 Da5 42. Sc3 Ld7 43. Tb3 Dd8 44. Lb7 Kh7 45. Lc6 Lc8 46. Tb8 La6 47. Txd8 Lxc4 48. Txh8+ Kxh8 49. Lxh6 Ld3 50. f3 Sh7 51. a4 f5 52. Le8 g5 53. exf5 Lxf5 54. a5 Lc8 55. Lb5 Sf6 56. Lxg5 Sxd5 57. Sxd5 Lxg5 58. Sb6 Lb7 59. a6 Lxa6 60. Lxa6 Kg7 61. Kg3 Le3 62. Sd5 Ld4 63. Kg4 Lf2 64. Kf5 Kf7 65. g4 Le1 66. g5 Kg7 67. Sf6 Kf8 68. g6 Lc3 69. Se4 Le1 70. Kg5 Kg7 1:0.

Dark Thought - The King
Französisch

1. e4 e6 2. d4 d5 3. Sc3 Lb4 4. e5 c5 5. a3 La5 6. b4 cxd4 7. Dg4 Se7 8. bxa5 dxc3 9. Dxg7 Tg8 10. Dxh7 Sbc6 11. Sf3 Dc7 12. Lf4 Ld7 13. Lg3 Dxa5 14. Ld3 0-0-0 15. 0-0 Dc5

16. Tfb1

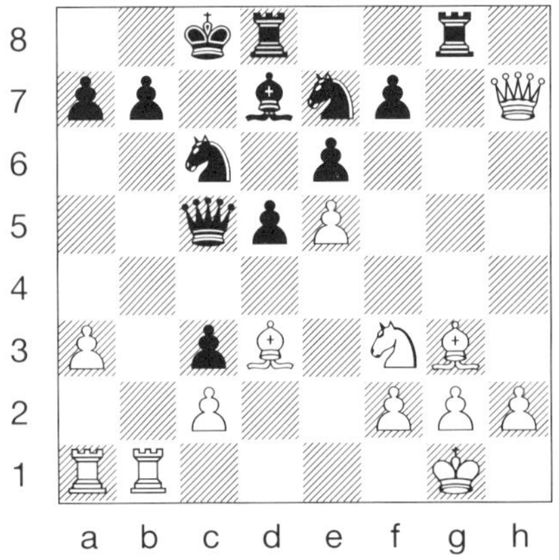

16. ... a6 17. Dxf7 Tdf8 18. Dh5 Sf5 19. Lxf5 Txf5 20. Dh4 Tf7 21. Kh1 Df8 22. Sg5 Tf5 23. Sh3 Dg7 24. Tb6 Th8 25. Da4 Sxe5 26. Db4 Lc6 27. Dxc3 Df6 28. Tab1 d4 29. Dc5 Dg7 30. Txb7 Dxb7 31. Txb7 Kxb7 32. Lxe5 Txe5 33. Dxe5 Txh3 34. Dg7+ Kc8 35. f3 Th4 1:0.

Chess Genius - MChess Pro 5.0
Englisch

1. Sf3 c5 2. c4 Sf6 3. d4 cxd4 4. Sxd4 e6 5. Sc3 Sc6 6. Lf4 a6 7. Sc2 d5 8. e3 Lc5 9. Lg5 0-0

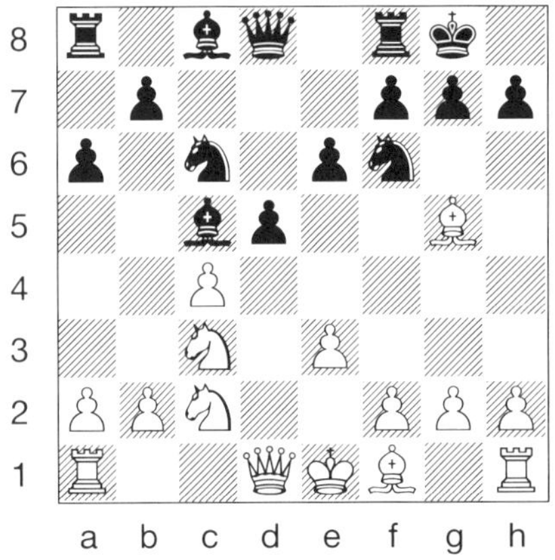

10. cxd5 exd5 11. Lxf6 Dxf6 12. Dxd5 De7 13. Ld3 Le6 14. Dh5 g6 15. Dh6 Tfd8 16. Le2 Sb4 17. Sxb4 Lxb4 18. 0-0 Td2 19. Lf3 Txb2 20. Sd5 Lxd5 21. Lxd5 Td8 22. Tad1 Lc3 23. Td3 Lg7 24. Df4 Tc8 25. Lb3 Le5 26. Df3 Tc6 27. g3 Kg7 28. Td5 Lc3 29. h3 Tf6 30. Dg4 h5 31. Dc4 Db4 32. Td3 Le1 33. Dxb4 Lxb4 34. Td4 Lc5 35. Tc4 b6 36. Tc2 Txc2 37. Lxc2 Td6 38. Td1 Txd1+ 39. Lxd1 Kf6 40. Lb3 b5 41. Ld5 e7 remis.

Zehnte Runde

Der Zwischenstand nach 9 Runden: 1. Quest 7, 2.-6. Ferret, MChess Pro 5.0, Chess Genius, Dark Thought, Nimzo 3.0 je 6½, 7. Virtual Chess 6. Der letzte Sturz eines Spitzenreiters erwischt «Quest» gegen «Chess Genius», das nach dem Sieg selbst gute Titelchancen erhält. Währenddessen schlägt «MChess Pro 5.0» das auf einem schnellen Aplpha-PC laufende «Dark Thought», und «Nimzo 3.0» und «Ferret» remisieren.

Chess Genius - Quest
Katalanisch

1. Sf3 d5 2. c4 e6 3. g3 Sf6 4. Lg2 Le7 5. 0-0 0-0 6. d4 c6 7. Sc3 Sbd7 8. Dd3 b6 9. b3 La6 10. e4 dxc4 11. bxc4 e5 12. dxe5 Sg4 13. Lf4 Sc5 14. Dxd8 Taxd8 15. h3 Sh6 16. Tfd1 Sd3 17. Lf1 Lxc4 18. Lxd3 Lxd3 19. e6

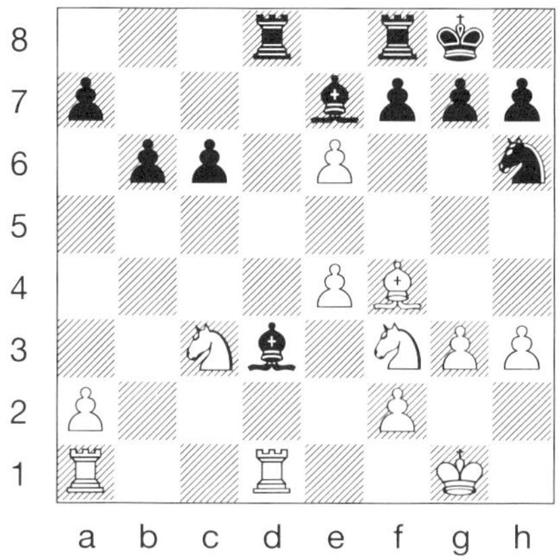

19. ... Lf6 20. e5 Le7 21. exf7+ Kxf7 22. Sg5+ Lxg5 23. Lxg5 Td7 24. Lxh6 gxh6 25. Se2 Tfd8 26. Sf4 Lc4 27. Txd7+ Txd7 28. Tc1 b5 29. e6+ Lxe6 30. Sxe6 Kxe6 31. Txc6+ Td6 32. Txd6+ Kxd6 33. f3 Ke5 34. Kf2 h5 35. Ke3 b4 36. f4+ Kf5 37. h4 a5 38. Kd3 a4 39. Kc4 b3 40. axb3 axb3 41. Kxb3 Kf6 42. Kc3 Ke6 43. Kd4 Kd6 44. f5 h6 45. Ke4 Kd7 46. Ke5 1:0.

Nimzo 3.0 - Ferret

Damengambit, Abtauschvariante

1. d4 d5 2. c4 e6 3. Sc3 Sf6 4. cxd5 exd5 5. Lg5 Le7 6. Dc2 c6 7. e3 Sbd7 8. Ld3 0-0 9. Sf3 Te8 10. 0-0 Sf8 11. Tab1 Sg6 12. b4 Ld6 13. b5 Ld7 14. bxc6 Lxc6 15. Db3 Le7 16. Tfc1 Sf8 17. Se5 h6 18. Sxc6 bxc6 19. Lh4 Tb8 20. Dc2 Se6 21. Txb8 Dxb8 22. Sa4 Sd8 23. Lg3 Ld6 24. Lxd6 Dxd6 25. Sc5 Sd7 26. Sxd7 Dxd7 27. a4 Dd6 28. a5 Te7 29. g3 Tb7 30. a6 Tb6 31. Tb1 Txb1+ 32. Dxb1 Kf8 33. h4 c5 34. dxc5 Dxc5 35. Db8 Ke7 36. Kg2 d4 37. exd4 Dxd4 38. Le2 Dd5+ 39. Lf3 Dc5 40. Db1 f5 41. Db2 Se6 42. Db7+ Sc7 43. Dc8 Se6 44. Lc6 Kf6 45. De8 f4 46. Le4 fxg3 47. fxg3 Dc4 48. Dg6+ Ke5 49. Df5+ Kd6 50. Lb7 g5 51. hxg5 hxg5 52. Df3 g4 53. De3 Dc2+ 54. Df2 Dxf2+ 55. Kxf2 Kc7 56. Ld5 Sc5 57. Ke3 Kd6 58. Lc4 Ke5 59. Le2 Se4 60. Lxg4 Sxg3 remis.

Elfte Runde

Mit einem halben Punkt Vorsprung gehen «Chess Genius» und «MChess Pro 5.0» in die Schlussrunde. Während das erstgenannte Programm gegen «Dark Thought» schnell in ein verlorenes Endspiel gerät, hat auch «MChess Pro 5.0» Schwierigkeiten mit «Nimzo 3.0», doch das österreichische Programm begeht einen unter Computern häufigen Fehler, stösst einen Freibauern viel zu früh vor und verliert ihn. Beide Spitzenpaarungen dauern über fünf Stunden und enden remis.

Nimzo 3.0 - MChess Pro 5.0

Modernes Benoni

1. d4 Sf6 2. c4 c5 3. d5 e6 4. Sc3 exd5 5. cxd5 d6 6. e4 g6 7. Sf3 Lg7 8. Le2 0-0 9. 0-0 Te8 10. Sd2 Sbd7 11. a4 Se5 12. Te1 a6 13. Sf1 h5 14. Lf4 Db6 15. Dc2 Db4 16. Lxe5 dxe5 17. Se3 Db6 18. Sc4 Dc7 19. d6 Dd8 20. Ted1 b6 21. Sd5 Sxd5 22. Txd5 Le6 23. Td3 Ta7 24. a5 b5 25. Sb6 c4 26. Td2 Dh4 27. d7 Td8 28. Tad1 Lf8 29. g3 Df6 30. Lf1 Lc5 31. Sd5 Dg5 32. b3 h4 33. Kh1 Lg4 34. Le2 Lxe2 35. Txe2 hxg3 36. fxg3 Tdxd7 37. bxc4 b4

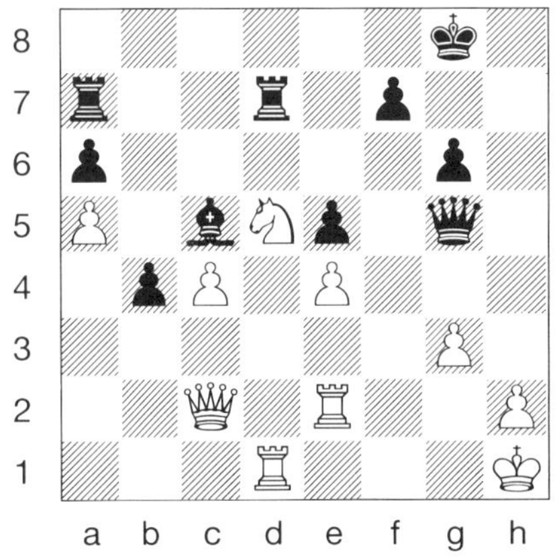

38. Da4 Kg7 39. Tf1 Dg4 40. Tee1 De6 41. Tf6 Dh3 42. Dc6 Le7 43. Tf2 Dg4 44. Sxe7 Txe7 45. Db6 Teb7 46. Df6+ Kh7 47. Dxe5 Te7 48. Dc5 Tab7 49. Tf4 Dd7 50. Th4+ Kg8 51. De3 De6 52. Dh6 Df6 53. Dh7+ Kf8 54. Tf4 Dg7 55. Dh3 Dc3 56. Tef1 Kg7 57. Dc8 Tec7 58. De8 Te7 59. Dc6 b3 60. Th4 Tb8 61. Dd6 De5 62. Dd2 K8 63. Dh6 Dg7 64. De3 b2 65. Tb1 De5 66. Dh6 Teb7 67. c5 Dg7 68. Dd2 Tb5 69. c6 Tc5 70. Df4 Td8 71. c7 Td7 72. Df2 Dc3 73. Txb2 Tdxc7 74. Tb8+ Tc8 75. Txc8+ Txc8 76. Tf4 Tb8 77. Da7 Da1+ 78. Kg2 Tb2+ 79. Kh3 Da2 80. Dxa6 Txh2+ 81. Kg4 Th4+ 82. Kxh4 Dh2+ 83. Kg5 Dxg3+ 84. Tg4 De5+ 85. Kh4 remis.

Während Bruce Moreland mit «Ferret» als «Amateurweltmeister» feststeht, ist der Profititel auch nach der letzten Runde offen. Die Programmierer der beiden punktgleichen Ersten, Marty Hirsch und Richard Lang werden anschliessend von Turnierleiter Jaap van den Herik zu einer Stichkampfpartie mit jeweils 60 Minuten Bedenkzeit gebeten. «MChess Pro 5.0» fallen per Los die weissen Steine zu, und bevor die alles entscheidende Partie beginnt, lädt Ossi Weiner «Chess Genius» mit einer Eröffnungsdatenbank, die den sinnigen Namen «MChess.Bok» trägt.

MChess Pro 5.0 - Chess Genius

Skandinavisch

1. e4 d5 2. exd5 Dxd5 3. Sc3 Da5 4. d4 Sf6 5. Sf3 Lf5 6. Lc4 e6 7. 0-0 c6 8. Te1 Sbd7 9. h3 Ld6 10. Ld2 Dc7 11. Sh4 Lg6 12. Sxg6 hxg6 13. Df3 0-0-0 14. a3 Sb6 15. Lf1 Th4 16. g3 Th5 17. Se4 Sxe4 18. Dxe4 Tdh8 19. c4 Lxg3 20. fxg3 Dxg3+ 21. Dg2 Txh3 22. Dxg3 Txg3+ 23. Kf2

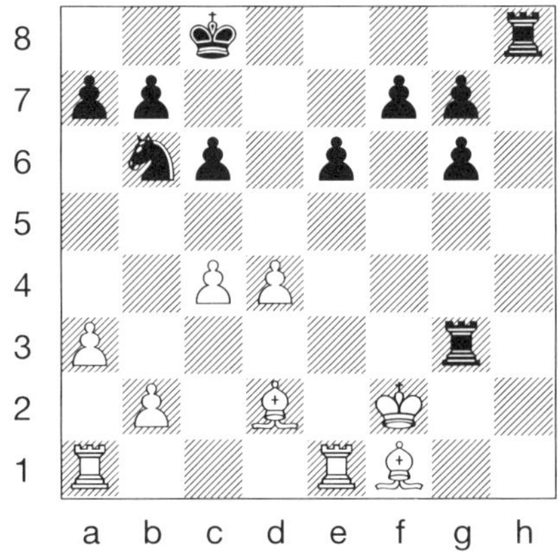

23. ... Tb3

Den Beteiligten und Zuschauern ist hier längst klar, dass «MChess Pro 5.0» in eine von Weiner für diese Begegnung für vorbereitete Variante gelaufen ist, denn «Chess Genius» hat noch fast keine Bedenkzeit verbraucht. Erst hier beginnt das Programm mit eigenen Zügen.

24. Lc1 Th4 25. Te3 Txe3 26. Kxe3 c5 27. dxc5 Sxc4+ 28. Kf2 f6 29. b4 g5 30. Lg2 Se5 31. Ld2 Tc4 32. Ta2 Kc7 33. Lh3 Kd7 34. Lf1 Th4 35. Lg2 Kc7 36. Ta1 Tc4 37. Ke2 Tc2 38. Le4 Tb2 39. Kd1 Tb3 40. Ke2 Th3 41. Th1 Txh1 42. Lxh1 Sc4 43. Lc1 g4 44. Lg2 b6 45. Kd3 Se5+ 46. Ke4 Sg6 47. Lf4+ e5 48. Lg3 bxc5 49. bxc5 Se7 50. Lf1 Kc6 51. Lf2 g3 52.

Lg1 g6 53. a4 a5 54. Lb5+ Kc7 55. Kf3 Sf5 56. Ld3 Se7 57. Kxg3 Kc6 58. Le4+ Kd7 59. La8 Ke6 60. Kg4 Sd5 61. Lb7 Sb4 62. Le3 Kd7 63. Ld2 Sc6 64. La6 Sb4 65. Lb5+ Ke7 66. Lxb4 axb4 67. a5 Kd8 68. a6 Kc7 69. Lc4 f5+ 70. Kg5 f4 71. Ld5 b3 72. Lxb3 f3 73. Lc4 f2 74. Lb5 e4 75. Kf4 g5+ 76. Kxe4 Kb8 77. c6 f1=Dame 1:0.

Rang	Programm	Entwickler	Land	Punkte	Feinwertung
1.	MChess Pro 5.0	Marty Hirsch	USA	**8**	**70,5**
2.	Chess Genius	Richard Lang	GB	**8**	**67,5**
3.	Ferret	Bruce Moreland	USA	**7,5**	**68**
4.	Nimzo 3.0	Christian Donninger	A	**7,5**	**65,5**
5.	Virtual Chess	Jean-Christophe Weill, Marc Bodot	F	**7,5**	**64**
6.	Quest	Franz Morsch, Cock de Corter	NL	**7**	**73**
7.	Dark Thought	Peter Gillgasch, Markus Gille, Ernst Heinz	D	**7**	**71**
8.	The King	Johan de Koning	NL	**7**	**66**
9.	Hiarcs X	Mark Uniacke	GB	**7**	**60,5**
10.	Kallisto	Bart Weststrate	NL	**6,5**	**65,5**
11.	Gandalf	Steen Suurballe	DK	**6,5**	**65**
12.	Junior	Amir Ban, Shay Bushinsky	Isr	**6,5**	**58,5**
13.	Shredder	Stefan Mayer - Kahlen	D	**6**	**74**
14.	Bobby II	Hans-Joachim Kraas, Günther Schrüfer	D	**6**	**58**
15.	XXXX	Martin Zentner	D	**6**	**54,5**
16.	Schach 3.0	Matthias Engelbach,Thomas Kreitmair	D	**5,5**	**72**
17.	IsiChess 2.0	Gerd Isenberg	NL	**5,5**	**70**
18.	Amy II	Thorsten Greiner	D	**5,5**	**60**
19.	Cheiron	Ulf Lorenz	D	**5**	**65**
20.	Mephisto Montreux	Johan de Koning	NL	**5**	**62,5**
21.	Dragon	Yuri Shpeer	Rus	**5**	**59,5**
22.	Centaur - M	Victor Vikhrev, Aleksej Manjakhin	Rus	**5**	**59**
23.	Comet	Ulrich Türke	D	**5**	**54,5**
24.	Alpha I	Rainer Feldmann, Peter Mysliwietz	D	**5**	**51**
25.	Stobor	Tom Kerrigan	USA	**5**	**50**
26.	Chess System Tal	Chris Wittington	GB	**4,5**	**68,5**
27.	Zeus X	Gerado Castano Recio	E	**4,5**	**63**
28.	Mirage	Vladimir Rybinkin	Rus	**4,5**	**51,5**
29.	Diogenes 2.0	Jörg Burwitz	D	**4**	**52**
30.	Gromet	Klaus Schäfer	D	**4**	**47,5**
31.	Nightmare	Reinhold Gellner, Gaby von Rekowski	D	**3,5**	**47,5**
32.	Breakthrough	Werner Koch	D	**3,5**	**46**
33.	Francesca	Tom King	GB	**3**	**47,5**
34.	Ananse 2.0	Walter Bannermann	CH	**0**	**48,5**

RUDOLF TESCHNER HELMUT PFLEGER VIKTOR KORTSCHNOI